MEHR ENERGIE

WIE WIR IN BALANCE LEBEN

DR. MED. ULRICH BAUHOFER

MEHR ENERGIE

WIE WIR IN BALANCE LEBEN

südwest

INHALT

STEP 5

STEP 6

Für Annelie und Cosima

»Dreißig Speichen treffen sich in einer Nabe:
Auf dem Nichts daran, dem leeren Raum,
beruht des Wagens Brauchbarkeit.
Man bildet Ton und macht daraus Gefäße:
Auf dem Nichts daran
beruht des Gefäßes Brauchbarkeit.
Man durchbricht die Wand
mit Türen und Fenstern,
damit ein Haus entstehe:
Auf dem Nichts daran
beruht des Hauses Brauchbarkeit.
Darum: Das Sein gibt Besitz,
das Nichtsein Brauchbarkeit.«

LAOTSE

DIE STUNDE DER WAHRHEIT: IHR KONTOSTAND

Ist Ihr Bankkonto im Plus? Gratulation. Das bedeutet, Ihr Finanzmanagement funktioniert. Und wie sieht es mit Ihrem Energiekonto aus? Ich meine damit nicht, ob Sie Stromuhr oder Wasserzähler abgelesen haben. Ich meine vielmehr, wie es um Ihr persönliches Energiekonto steht. Sind Sie im Plus? Haben Sie Reserven? Ein Depot? Oder stehen Sie knietief im Dispokredit? Anders gefragt: Wie vital, tatkräftig, gesund fühlen Sie sich? Wie energetisch? Sind Sie noch begeistert von dem, was Sie tun? Springen Sie manchmal vor praller Lebensfreude zwei Stufen auf einmal die Treppe hinauf? Nehmen Sie überhaupt die Treppe? Oder bevorzugen Sie den Aufzug? Und wenn ja, zwinkern Sie sich im Spiegel dann selbst zu?

Und wie sieht es mit Ihrer Krisenkompetenz aus? Das Coronavirus hat uns gezeigt, wie schnell, wie unerwartet, wie durchschlagend sich unser Leben innerhalb kürzester Zeit ändern kann. Plötzlich wurde offenbar, wie angreifbar, wie verletzlich unsere Welt ist. Nichts ist wirklich beständig. Verlässliche Sicherheit finden wir nur in uns selbst. Resilienz – die Biegsamkeit unseres Geistes, die Fähigkeit auch unter schwierigen Umständen positiv, innovativ und flexibel zu bleiben – korreliert direkt mit Ihrem energetischen Kontostand. Wie würden Sie Ihre mentale Stärke einschätzen? Sind Sie auch unter Druck fähig, gelassen zu bleiben? Im Kampf gegen einen unsichtbaren Gegner, sei es ein Virus, sei es Stress, seien es kraftraubende Menschen, müssen wir noch besser wissen, wie wir unsere Ressourcen schützen und regenerieren. Ein topfittes Immunsystem etwa ist der beste Schirm gegen Viren, Bakterien und bösartige Erkrankungen. Wir können täglich sehr viel dafür tun, dass unser Schutzschild funktioniert, und werden das in den kommenden Jahren auch dringend brauchen. Ob gegen

das Coronavirus oder andere Erreger. Entscheidend sind Gesundheitsgewohnheiten, die uns stärken, statt uns zu schwächen. Unsere Lebensfreude ist der Lohn dafür.
Während Sie darüber nachdenken, fällt Ihnen vielleicht auch auf, dass es schon eine Weile her ist, als Sie zum letzten Mal herzhaft gelacht haben. Kinder lachen im Schnitt etwa 450-mal am Tag. Erwachsene gerade noch 15-mal. Im Laufe der Zeit scheint uns das Lachen gründlich zu vergehen. Und das, obwohl es ein wunderbarer Gradmesser für Lebensfreude ist. Die meisten meiner Patienten achten sehr genau darauf, dass ihr Bankkonto nicht ins Minus rutscht. Aber wer eigentlich überprüft mit der gleichen Sorgfalt sein Energiekonto?

| ÜBUNG |

Haben Sie Ihr Energiekonto im Blick

Lassen Sie uns gleich zu Beginn dieses Buches praktisch an die Sache herangehen und mit einer ersten Übung anfangen: Wann immer Sie zukünftig den Stand Ihres Bankkontos überprüfen, denken Sie auch an Ihr Energiekonto. Steht es im Plus oder im Minus? Machen Sie es sich in Ihrem Kopf zu einer Gewohnheit, Ihr Bank- immer mit Ihrem Energiekonto in Verbindung zu bringen! Verknüpfen Sie stets das eine mit dem anderen!

Viele Menschen haben es noch nie getan. Wenn wir regelmäßig mehr Geld ausgeben, als wir einnehmen, sind wir irgendwann pleite. Wenn wir kontinuierlich mehr Energie verbrauchen, als wir regenerieren, führt das mit der Zeit unweigerlich in den gesundheitlichen Konkurs.
Ich weiß, was Sie jetzt denken: Wenn das so einfach wäre, Herr Doktor! Ich gebe zu, das Leben ist ein Seiltanz. Dieses Buch soll Sie in der Kunst unterrichten, auf diesem Seil die Balance zu halten. Energie ist die Grundvoraussetzung dafür.
Tief in Ihnen gibt es etwas, das ist reine Energie. Es ist reine Intelligenz. Reines Sein. Es ist nicht verletzbar, es ist frei von Schmerz, unzerstörbar, unwandelbar, ohne Fehl – makellos. Es ist Ihr Selbst. Der hohe heilige Ort, wie es die Bibel nennt. »Wasser netzt es nicht, Feuer sengt es nicht, der Wind trocknet es nicht aus«, heißt es in den vedischen Texten der Bhagavad Gita. Ihr wahres Selbst ist jenseits der Elemente. Nie ist es in Eile, nie steht es unter Druck, immer bleibt es ruhig und gelassen. Ausgeglichen und souverän. Es ist von einem stets freudigen Gleichmut. Genau so sind Sie in Ihrem tiefsten Inneren, und dort finden Sie das Versteck, wo sich Ihr angeborenes Gespür für Balance verschanzt. Und genau aus diesem Quell sprudelt Ihre Lebensenergie.
Wenn Sie künftig Ihren Terminkalender füllen, dann denken Sie darüber nach, ob Sie energetisch leisten können, was Sie eintragen. Überlegen Sie nicht, ob andere das schaffen, sondern ob Sie es bewältigen können, ohne Ihr Energiekonto immer mehr zu überziehen. Klären Sie sehr genau, in welchem Verhältnis Ihr Zeit- zu Ihrem Energiemanagement steht. Managen Sie Energie, nicht Zeit.

STEP 1

Der Raum dazwischen

WO DIE ENERGIE STECKT

Haben Sie schon einmal etwas von ATP gehört? Falls nicht, dann wird es allerhöchste Zeit. Denn ATP steht für eine der wichtigsten chemischen Verbindungen Ihres Körpers: Adenosintriphosphat. Genauer gesagt ist ATP die körpereigene Energiewährung. Ihre Zellen bezahlen mit ATP und bekommen dafür Energie zurück. Keine Angst, das hier wird jetzt keine Biochemievorlesung. Aber auf der Suche nach Energie im menschlichen Organismus ist dieses ATP-Molekül der erste und wichtigste Mosaikstein. Ohne ATP könnten Sie schlichtweg nicht existieren! Sie könnten dieses Buch nicht lesen. Und Sie würden es auch nicht verstehen. Sie könnten die Seiten nicht umblättern. Ihre Augen würden sich nicht Zeile für Zeile von links nach rechts bewegen. Ihr Herz würde nicht schlagen. Kurz: Ohne ATP läuft in Ihrem Körper rein gar nichts. Denn ATP ist Ihr wichtigster Energieträger. Aber damit nicht genug: Seine Struktur offenbart uns ein fundamentales Geheimnis über das Leben. Und daher gibt es für mich zwei Gründe, Sie zumindest kurz mit ATP bekannt zu machen.

Das ATP

An der Seite des ATP-Moleküls hängen drei sogenannte Phosphatverbindungen. Ihr Körper benötigt permanent Energie. Je nach Aktivität mehr oder weniger davon. Immer wenn Sie auf seine Energiereserven zugreifen, wird einer der Phosphatreste des ATP gekappt. Bei dieser Abspaltung wird explosionsartig Energie freigesetzt und es bleibt ADP übrig, das Adenosindiphosphat. Es ist im Wesentlichen das gleiche Molekül, aber eben nicht mehr mit drei, sondern nur noch mit zwei Phosphatverbindungen (vgl. Abbildung Seite 13).
Und was passiert in den Zellen nach dieser energetischen Entladung? Das ADP wird wieder zu ATP zusammengefügt und speichert die Energie erneut im »Raum dazwischen«, in einer chemischen Bindung. Rasend schnell wiederholt sich dieser Vorgang immer und immer wieder. Sie setzen auf diese Weise jeden Tag einmal Ihr gesamtes Körpergewicht an ATP um – das heißt, die Hälfte Ihres Körpergewichts verbrauchen Sie an ATP, die andere Hälfte davon erzeugen Sie wieder neu.
Die Energie lagert also nicht in den Atomen, den Bausteinen des ATP-Moleküls, sondern sie versteckt sich in der Verbindung zwischen den Phosphatgruppen, also in deren Beziehung zueinander.

Im »Raum dazwischen«

Innerhalb der Atomverbindungen lagert aber nicht nur die Energie. Es befindet sich darin ein eigener kleiner Kosmos. Und genau hier finden wir die angekündigte Weisheit über das Leben: Der »Raum dazwischen« enthält eigentlich nichts und gleichzeitig verbirgt sich in ihm alles! Sie werden gleich sehen, was damit gemeint ist.

Die Gesetze des Lebens arbeiten nämlich im Raum zwischen den Dingen. Lassen wir zum Beispiel einen Bleistift fallen, wirkt die Schwerkraft zwischen den Objekten: Die Erde zieht den Bleistift an. Jeden Menschen umgibt eine positive oder negative Energie: Sympathie oder Antipathie zwischen zwei Menschen entscheidet sich durch die nicht greifbare Schwingung im Raum zwischen ihnen. Dieser Text, den Sie gerade lesen, bekommt seinen Sinn nur durch die Räume zwischen den Wörtern. Ein großer Musiker sagte einmal: »Zwischen den Tönen offenbart sich die Unendlichkeit.«
Wenn wir in einer klaren Nacht in den Sternenhimmel blicken, erscheint es halbwegs glaubhaft, dass die unendliche Weite des Alls größtenteils aus dem »Raum dazwischen« besteht: Nur 5 Prozent des Universums setzt sich aus leuchtender Materie zusammen. 22 Prozent sind dunkle Materie und 73 Prozent dunkle Energie. Aber dass es sich in unserem Körper exakt genauso verhält, hört sich zunächst fragwürdig an. Er sieht doch sehr massig aus und fühlt sich auch kompakt an. Tatsächlich beträgt der materielle Anteil im menschlichen Körper aber nur 0,000001 Prozent. Und der Rest? Ist leerer Raum!

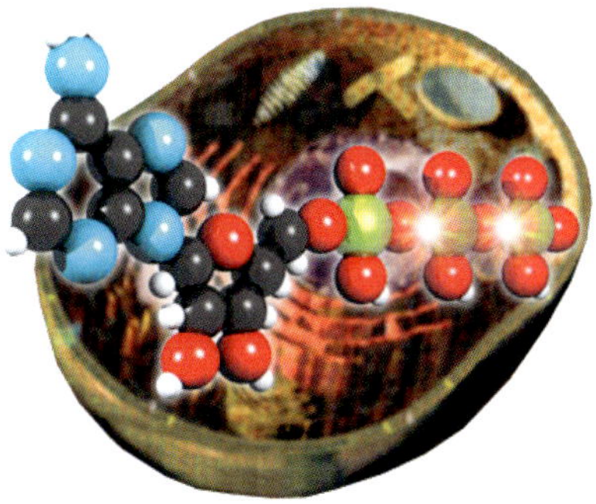

Das ATP-Molekül: Die Energie wird explosionsartig aus dem »Raum dazwischen« freigesetzt.

Räume im Körper

Es wird anschaulicher, wenn Sie sich den Körper als eine riesige Ansammlung unzähliger Atome vorstellen. Die Materie des Atoms beschränkt sich im Wesentlichen auf den Atomkern. Oder wenn Sie das Bild auf ein leeres Fußballfeld übertragen, entspräche der Atomkern einem Kirschkern im Anstoßkreis, und die Elektronen würden um die Eckfahnen herumwirbeln. Auch in unserem Gehirn finden die entscheidenden regulativen Prozesse im Raum zwischen den Nervenzellen statt – in den Synapsen. In einem menschlichen Nervensystem gibt es wohl eine Billiarde Synapsen, das sind 10 000-mal mehr als Sterne in unserer Milchstraße. Doch worin steckt nun die Lebensweisheit? Was lehrt uns dieses grundlegende Prinzip der Natur? Und hier kommt die Antwort: Der »Raum dazwischen« hält das Leben in der Balance. Ist dieser elementare »Raum dazwischen« aus irgendwelchen Gründen zugestellt oder undurchlässig, kippt das Gleichgewicht. Und das System gerät immer weiter aus seiner Balance. Als erste Symptome im menschlichen Organismus könnten beispielsweise häufiger auftretende Kopfschmerzen, Müdigkeit, Trägheit und Konzentrationsschwäche oder ein allgemeines Unwohlsein auftreten. Wer diese ersten Anzeichen im Alltag dauerhaft ignoriert, stellt diesen Raum immer weiter zu und riskiert dadurch chronische Beschwerden.

Balance halten

Um den Seiltanz des Lebens elegant auszubalancieren, sollten wir deshalb stets darauf achten, genug »Raum dazwischen« zu lassen: zwischen Mahlzeiten, Terminen, im Prozess einer Entscheidung, in der Beziehung zu anderen Menschen. Wenn es nämlich zwischen unseren Gedanken, in unserem Magen, in unserem Kalender, in unserer Partnerschaft oder in unserer Wohnung zu eng wird, fühlen wir uns unwohl – wir beginnen zu leiden!
In der ältesten Menschheits- und Gelehrtensprache Sanskrit ist das Wort für Leid *Dukha*. Es bedeutet »blockierter Raum«. Sein Gegenteil ist *Sukha* – Freude. Das heißt »offener Raum«.

TIPP: **Geben Sie diesen ersten Gedanken über Energie und das ATP nun ein bisschen Raum, um zu wirken. Legen Sie das Buch kurz beiseite und bereiten Sie sich eine Tasse Ingwerwasser zu. (Rezept auf Seite 23)**

Wenn Sie nun vor dem Hintergrund dieser Erkenntnis über Ihren Alltag nachdenken, werden Sie wahrscheinlich feststellen: In meinem Leben ist meist nicht mehr genügend Platz für den »Raum dazwischen«. Lassen Sie mich Ihnen darum an dieser Stelle eine zweite Übung für heute Abend ans Herz legen:

| ÜBUNG |

Schaffen Sie sich ganz gezielt Ihren »Raum dazwischen«

Wie gehen Sie dabei vor? Nehmen Sie sich jeden Abend zehn Minuten nur für sich. Schalten Sie Ihre Telefone aus. Bleiben Sie bewusst allein. Machen Sie sich in dieser Zeit klar, was Ihnen an diesem Tag Gutes passiert ist. Wählen Sie nur das Gute. Auch wenn es im Ganzen vielleicht kein guter Tag war, irgendetwas Gutes ist immer dabei. Möglicherweise nur eine Kleinigkeit. Oder Sie entdecken im Kern dessen, was Sie eigentlich als schlecht empfanden, doch etwas Gutes. Dann bedanken Sie sich dafür. Und anschließend bedanken Sie sich bei Ihrem Körper – bei Ihren Organen, Ihren Zellen – für alles, was er tagein, tagaus leistet. Ohne Unterlass. Was Ihnen so selbstverständlich erscheint. Was aber alles andere als selbstverständlich ist. Haben Sie dafür schon einmal »Danke« gesagt?
Und versprechen Sie Ihrem Körper, ihn gut zu behandeln. Nicht wie einen Mülleimer. Nein, wie einen Tempel. Auch wenn es nicht immer gelingen mag – dass Sie sich aber zumindest bemühen werden. Probieren Sie bitte, mit dieser kleinen Übung anzufangen. Schaufeln Sie sich diese paar Minuten jeden Abend frei. Es ist wie fast alles nur eine Frage der Entscheidung. Glauben Sie mir: Es wird sich dadurch mit der Zeit vieles in Ihrem Leben positiv verändern.

ENERGIE VERSTEHEN

Ich denke, wir haben jetzt genau verstanden, wie der wichtigste Energieträger im Organismus funktioniert. Ihre Energie ist der Dreh- und Angelpunkt für alles, was Sie im Leben tun. Denn die ATP-Power entscheidet über Ihre Vitalität, Ihre Kreativität, Ihre Attraktivität, Ihre Ausstrahlung und Ihre Lebensfreude! Aber auch über Ihre Leistungskraft, Ihre Durchsetzungsfähigkeit und Ihre Abwehrstärke. Und dieses ganze Energiepotenzial soll sich im ominösen Nichts verbergen – dem »Raum dazwischen«?

Lassen Sie uns das Phänomen der Energie doch einmal genauer untersuchen. »Energie« ist eigentlich ein Begriff aus der Physik. Vielleicht sogar der wichtigste überhaupt in der Physik. Doch auch ein Physiker wird Ihnen diese Frage nicht in zwei Sätzen beantworten können. Er würde wahrscheinlich zuerst einmal mit dem Irrglauben aufräumen, Energie ließe sich einfach so erzeugen. **Denn Energie lässt sich nur verwandeln: von einer Energieform in eine andere!**

Und so sieht Energieumwandlung in der Praxis aus: Fällt ein Löffel vom Tisch herunter, wandelt sich Lage- in Bewegungsenergie. Unsere Suppe wird warm, weil sich am Elektroherd elektrische Energie zu Wärmeenergie umändert. Ziehen wir eine Sprungfeder auseinander, wird Bewegungs- zu Spannenergie. Fahrradpedale können wir nur treten, weil unsere Muskeln chemische Energie in Bewegungsenergie umformen. In einem größeren Umfeld betrachtet: Windkraftwerke wandeln die Bewegungsenergie der Luftteilchen zu elektrischer Energie um.

Einstein und die Relativitätstheorie

Albert Einstein hat die Formel $E = mc^2$ so in einem Nachtrag zu seiner »Speziellen Relativitätstheorie« von 1905 veröffentlicht. Die Formel besagt, dass Masse eine andere Form der Energie ist und sich beides ineinander umwandeln lässt. Zum Beispiel in einem Atomkraftwerk bei der Erzeugung der Atomenergie: Wenn der Kern eines Uranatoms gespalten wird, haben die Spaltprodukte des Kerns zusammengenommen eine geringere Masse als der ganze Urankern. Die Massendifferenz wird in Form von Energie frei.

ENERGIE ERHALTEN

Während all dieser Umwandlungsprozesse bleibt die Gesamtenergie immer gleich – in der Physik ist diese Erkenntnis unter dem Energieerhaltungssatz bekannt. Aber wie hängen dabei Materie und Energie zusammen? Und damit sind wir nun bei der wohl berühmtesten Formel in der Geschichte angelangt: $E = mc^2$ (siehe Kasten Seite 15). Jetzt sagen Sie vielleicht: Natürlich, Albert Einstein und seine Relativitätstheorie! Richtig. Fast jeder hat diese Formel schon mal gesehen, aber was bedeutet sie für unseren Alltag? Nur Geduld, gleich werden Sie es noch besser verstehen.

Die Formel besagt: Energie und Masse, also Materie, sind gleichwertig. Masse ist also nur eine andere Form der Energie und beides lässt sich ineinander umwandeln. Energie ist ein Maß dafür, wie viel Arbeit ein Mensch, ein Gerät oder eine Maschine verrichten kann. Ganz egal, was wir tun, sei es den Garten umgraben, die Wohnung aufräumen oder eine Präsentation vorbereiten – wir ändern immer nur Energie in Arbeit um. Das heißt aber auch: **Energie ist wie ein Vorrat, also ein Zustand. Wohingegen bei der Arbeit etwas passiert, ein Prozess abläuft.**

Genau diese Essenz steckt auch bereits in dem Wort »Energie«, wenn man seinen griechischen Ursprung betrachtet: *En* bedeutet »in« und *ergos* bedeutet »Arbeit« – also »in Arbeit«. Alle Energieträger auf der Erde sind letztlich nichts als umgewandelte Sonnenenergie. Unser Körper-Motor funktioniert also mit dem Treibstoff der Sonne.

Die Sonne als Gottheit

Nicht zufällig haben alle Hochkulturen der Sonne den höchsten Stellenwert eingeräumt und sie als Gott verehrt – die Ägypter ebenso wie die Babylonier, Azteken, Mayas, die Kelten und natürlich auch die Inder. Bei den Indern gehörte König Rama der Sonnendynastie an, ebenso war Buddha ein Spross dieser Linie. Die Ägypter verehrten den Sonnengott Ra als höchste Gottheit. Bei den Griechen war es Helios, bei den Römern Sol. Für die christlich-abendländische Kultur ist die Übereinstimmung des Sol-Feiertags am 25. Dezember und die Festlegung der Geburt Jesu bedeutsam. Der genaue Geburtszeitpunkt von Jesus wurde von der Kirche erst in der ersten Hälfte des 4. Jahrhunderts festgelegt – in Anlehnung an den Sonnengott Sol.

SONNE UND LEBENSENERGIE

Was bedeutet das also für uns konkret? Wie können wir zum Beispiel unsere Arbeitsfähigkeit steigern? **Wird einem System Energie zugeführt, so steigt dessen Arbeitsfähigkeit.** Machen wir uns also bewusst, wie Energie in den Körper gelangt. Und wie wir positiven Einfluss darauf nehmen können. In unserem Universum ist die Sonne der Energielieferant Nummer eins. Ohne die Sonne gäbe es kein Leben auf der Erde. Wohldosiert, wirkt sie sich positiv auf unsere Gemütslage und andere Körperprozesse aus. Doch von Sonnenstrahlen allein können wir leider nicht leben. Es wäre natürlich schon praktisch, wenn man mit einem ausgedehnten Sonnenbad seine müden Akkus wieder aufladen könnte. Aber so einfach ist es leider nicht, weil unser Körper-Motor nur mit modifizierter Sonnenenergie zum Laufen gebracht werden kann. Die Sonnenenergie wandert in Form von chemischer Energie in unsere Nahrungsmittel – und diese chemische Energie verwertet der Körper mithilfe der Verdauung und des Stoffwechsels. Die Ernährung ist also ein entscheidendes Instrument für unsere Energiegewinnung!

Unser Stoffwechsel entspricht der Aktivität eines Verbrennungsmotors, der wie beim Auto die Energie im Benzin in Bewegungsenergie umwandelt. Darum ist es das A und O, den Stoffwechsel zu pflegen!

Auf Touren bringen

Theoretisch hieße das: Je energetisch hochwertiger eine Mahlzeit ausfällt, desto mehr chemische Energie liefert sie auch dem Organismus. Aber das stimmt nicht ganz. Denn nicht jeder Mensch verstoffwechselt seine Mahlzeiten immer gleich. Richtig ist: Je besser der Stoffwechsel arbeitet, desto effektiver können die Nährstoffe aus dem Essen gezogen werden. Wie gut oder schlecht die Aktivität des Stoffwechsel-Motors ist, hängt von mehreren Faktoren ab – dazu gleich mehr. Aber die gute Nachricht vorab: Es gibt einfache Tricks, wie Sie Ihren Stoffwechsel selbst ankurbeln können!

»Lass Nahrung deine Arznei
und Arznei deine Nahrung sein.«

HIPPOKRATES

Stoffwechsel

Vom Physiker haben wir bereits gelernt, dass alle Energieträger, mit denen wir unseren Körper speisen, letztlich Umwandlungsprodukte der Sonnenenergie sind: Nahrung, Flüssigkeit, Luft und Licht. Alle zusammen sind essenzielle Faktoren für einen gut funktionierenden Stoffwechsel. Nun betrachten wir unseren Körper mal durch die Brille eines Biochemikers. Wie der Begriff »Stoffwechsel« bereits anzeigt, geschieht dabei vereinfacht gesagt Folgendes:

- Der Körper nimmt Stoffe, also Energieträger, auf,
- wandelt sie um,
- setzt in diesem Prozess die darin gespeicherte Energie frei,
- verrichtet damit Arbeit und
- scheidet die dabei entstandenen Abfallprodukte wieder aus.

Limitierende Faktoren

Unser Physiker würde beim Thema Energiegewinnung noch auf den Wirkungsgrad hinweisen. Wenn wir beim Fahrradfahren die chemische Energie unserer pumpenden Muskeln in kinetische Energie umwandeln, mit der wir uns fortbewegen, verpufft ein Teil der Energie. Wieso? Weil sowohl die Fahrradkette als auch die Reifen auf dem Asphalt Reibung erzeugen. Dieser Energieverlust wird hier als Wärme abgegeben.
Übertragen wir dieses Prinzip auf unseren Stoffwechsel, so wollen auch wir einen möglichst hohen Wirkungsgrad in unserem Körper erzielen. Und damit sind wir, wie angekündigt, bei den Faktoren angelangt, die die chemischen Stoffwechselvorgänge in den Zellen bremsen oder ankurbeln.

Energieverteilung im Körper

Wie verteilt der Körper die ihm zur Verfügung stehende Energie? An erster Stelle nutzt er die Energie für seine Vitalfunktionen, das heißt dafür, um am Leben zu bleiben. Das nennt man den Grundumsatz – die Menge Energie, die der Körper ohne jegliche Tätigkeit verbraucht. Dazu gehört zunächst mal die Wärmebildung, die allein schon 60 Prozent des Grundumsatzes ausmacht. Auf die verschiedenen Organsysteme entfallen folgende Anteile:
Muskulatur – 24 Prozent, Leber – 22 Prozent, Gehirn – 19 Prozent, Niere – 10 Prozent, Herz – 7 Prozent, Fettgewebe – 4 Prozent und 14 Prozent für andere Funktionen.

AYURVEDA – ALTES WISSEN IN NEUEM KLEID

Auf der Suche nach limitierenden und fördernden Maßnahmen, mit denen wir unsere Energiegewinnung besser verstehen und auch selbst beeinflussen können, hilft uns die Ayurveda-Heilkunde weiter. Dazu greifen wir nun auf einige Grundkonzepte des Ayurveda zurück, weil diese Lehre für ein praktisches Verständnis besonders hilfreich ist. Auch wenn es sich dabei um das älteste Medizinsystem der Menschheit handelt, werden Sie erstaunt sein, wie hochaktuell das ayurvedische Wissen in unserer modernen Zeit ist und welche kostbaren praktischen Weisheiten sich für unseren heutigen Alltag darin verbergen.

Lassen Sie mich Ihnen diese Heilkunde, die laut des All India Ayurvedic Congress heute in seiner authentischen Form als Maharishi Ayurveda bekannt ist, darum zunächst von einer Seite bekannt machen, die Ihnen möglicherweise neu ist.

Ayurveda ist nicht nur das Wissen vom Leben – Ayurveda ist ebenso das Wissen vom Gleichgewicht. Denn das Leben strebt stets nach Balance. Als das Wissen vom Leben und das Wissen vom Gleichgewicht befasst sich das ayurvedische Medizinsystem logischerweise mit den Gesetzmäßigkeiten, die das Leben im Gleichgewicht halten. Gesetze aber beschreiben immer nur Beziehungen. Ayurveda ist darum auch das Wissen von den Beziehungen. **Da Beziehungen sich jedoch immer im Raum zwischen Lebewesen, Dingen oder Phänomenen abspielen, ist die wahre Domäne des Ayurveda der »Raum dazwischen«.** In erster Linie der Raum zwischen Ayus und Veda – der Raum zwischen dem Leben und seinen ihm innewohnenden Gesetzen, die es hervorbringen und bewahren.

ENZYME

Um nun die Brücke zwischen Ayurveda und dem menschlichen Stoffwechsel schlagen zu können, werfen wir noch einen kurzen Blick auf eine ganz besondere Stoffgruppe unseres Körpers und deren herausragende Stellung bei der Umsetzung von Nahrungsenergie: die Enzyme.
Enzyme sind hochkomplexe Eiweißmoleküle, die alle Stoffwechselprozesse in unserem Körper steuern. **In unserem Organismus läuft nichts ohne Enzyme!**
Ohne Enzyme können wir unser Essen nicht verdauen, ohne Enzyme kann der Magen-Darm-Trakt die aufgeschlüsselten Nahrungsbausteine nicht aufnehmen. Ohne Enzyme können die Nährstoffe nicht transportiert werden, ohne Enzyme können sie nicht in die Zellen geschleust und verwertet werden. Das heißt, ohne Enzyme könnten wir keine Energie gewinnen. Ohne Enzyme wäre die Umwandlung von ATP zu ADP und umgekehrt nicht möglich. Der Körper ruft die Produktion dieser Enzyme von der DNS, also unserem Erbgut, je nach Bedarf ab.
Es gibt knapp 6000 erfasste Enzyme, Biochemiker schätzen aber, dass der menschliche Organismus mit mehr als 10 000 unterschiedlichen Enzymen arbeitet. Der Wirkungsgrad der Energieumwandlung aus der Nahrung in für uns verwertbare Energie hängt von der Effizienz unserer Enzymsysteme ab.
Unsere Körpertemperatur liegt nur deshalb bei 37 Grad Celsius, weil die Enzyme unter diesen Bedingungen am effektivsten arbeiten können. Diese Erkenntnis können wir im Alltag sehr gut für uns nutzen und mithilfe folgender Übung direkt in die Praxis umsetzen.

| ÜBUNG |

Getränke nicht zu kalt trinken

Meiden Sie zu den Mahlzeiten kalte Getränke. Sie schwächen damit Ihre Verdauungskraft. Denn die Enzyme, die zur Verdauung Ihrer Nahrung verantwortlich sind, funktionieren optimal bei Körpertemperatur. Im Sommer mögen kalte Getränke kurzfristig erfrischen, danach schwitzen Sie aber noch mehr. Denn Ihr Körper glaubt jetzt, es wäre kalt, und heizt auf. Gewöhnen Sie sich daran, nicht kälter als Zimmertemperatur zu trinken. Kalte alkoholische Getränke zum Essen in kleinen Schlucken trinken, dann sinkt die Temperatur in Ihrem Verdauungssystem nicht ab.

Der Wirkungsgrad und Agni

Mit diesem Grundwissen wenden wir uns nun wieder dem Ayurveda zu. In der ayurvedischen Medizin entsprechen die Enzymsysteme dem sogenannten *Agni*. Agni heißt »Feuer« und ist – wie die Enzyme – für die Verarbeitung der Nahrung und deren Umwandlung in die Körpergewebe zuständig. Bereits in den jahrtausendealten ayurvedischen Texten steht, wofür Agni verantwortlich ist:

- Lebensspanne
- Ausstrahlung
- Stärke
- Gesundheit
- Begeisterungsfähigkeit
- Körperfülle
- Energie
- Wärmeregulation
- Vitalität

Im Ayurveda wird ein sehr großes Augenmerk auf Agni gelegt. Denn Agni ist für alle Umwandlungsprozesse im Organismus verantwortlich. Und diese finden stets im »Raum dazwischen« statt. Agni arbeitet also bei uns fleißig und unermüdlich in allen möglichen Räumen dazwischen. **Ein starkes Agni verhilft uns zu mehr Energie!**
Auch wenn es abstrakt klingen mag, die praktischen Anwendungsbereiche stellen sich für unseren Alltag als sehr hilfreich dar. Da Agni diese herausragende Bedeutung besitzt, sollten wir uns zunächst fragen: Welche Verhaltensweisen bringen unser Agni durcheinander?

- Wenn wir uns überessen
- Wenn wir unregelmäßig essen
- Wenn wir fasten
- Wenn wir essen, bevor die letzte Mahlzeit verdaut ist
- Wenn wir frühstücken und das Abendessen noch nicht verdaut ist
- Wenn wir bei Verdauungsstörungen essen
- Wenn wir Nahrung zu uns nehmen, die zu schwer, zu kalt, unverträglich, verdorben ist
- Wenn wir die Nahrung nicht der Tageszeit, Jahreszeit, dem Alter oder einem Ortswechsel anpassen
- Wenn wir zum Essen Kaltes oder zu viel trinken
- Wenn wir natürliche Bedürfnisse unterdrücken wie Darm- oder Blasenentleerung, Entweichen von Darmgasen, Husten, Niesen, Weinen et cetera
- Wenn wir uns psychisch überlasten

Was den Wirkungsgrad schwächt

Wenn unser Agni nicht richtig arbeitet, sinkt der Wirkungsgrad der Energieumwandlung. In unserem Organismus entsteht dann das, was der Ayurveda-Experte *Ama* nennt. Ama beschreibt unverarbeitete Nahrungs- oder Stoffwechselrückstände. Es stellt die Räume des menschlichen Organismus zu – es verklebt und blockiert sie. Eine Ansammlung von Ama verhindert den reibungslosen Kommunikationsfluss zwischen den Zellen, Organen und Organsystemen. Die unterschiedlichsten Komponenten des komplexen physiologischen Netzwerks funktionieren dann nicht mehr in aufeinander abgestimmter Weise. Der Organismus zerfällt gleichsam in seine Teile, die nicht mehr wissen, was sie wechselseitig tun, da der innere Informationsaustausch blockiert ist.

Für uns bedeutet das auch: Ein schwach loderndes Agni ist nicht mehr in der Lage, alle Nahrungsmittel oder Stoffwechselprodukte komplett zu verwerten. Selbst die hochwertigste, vitaminreichste Biokost kann ihre positiven Eigenschaften nicht vollständig an uns abgeben, wenn die Enzymsysteme nicht optimal arbeiten können. Sie sind dann zu schwach, um die Nahrung in ihre kleinsten Bestandteile zu zerlegen und alle Nährstoffe aus ihr zu extrahieren. So kommt es, dass Stoffwechselabfälle in unserem Körper zurückbleiben und sich noch mehr Ama anhäuft. Dieser Teufelskreis muss unbedingt vermieden oder durchbrochen werden! Denn je mehr Ama sich im Gewebe ansammelt, desto schwächer wird Agni. Auf lange Sicht bekommen wir Mangelerscheinungen, unsere inneren Räume verkleben, und das macht nach und nach krank!

Ama entsteht durch eine Überlastung von Agni. Dadurch wird der Wirkungsgrad bei der Energiegewinnung massiv geschwächt. Doch Ama kann nicht nur durch das, was wir essen, entstehen, sondern auch durch eine Überforderung unseres Geistes oder unserer Sinne – also durch Stress, Reizüberflutung oder negative Gedanken. Alles, was wir denken, hören und sehen, was wir tasten, schmecken oder riechen, hinterlässt seine Spuren in unserem Organismus.

Selbstcheck: Woran erkennt man, dass sich Ama im Körper abgelagert hat?

- Müdigkeit, Energielosigkeit
- Appetitlosigkeit
- Blähungen und Blähbauch, vor allem nach dem Essen
- Verstopfung
- Saures Aufstoßen
- Saurer, bitterer, süßer oder salziger Geschmack im Mund
- Schweregefühl im Brustbereich
- Glieder- und Gelenkschmerzen
- Trüber Urin
- Im Wasser sinkender Stuhl

Falls Sie nun festgestellt haben, dass Ihr Körper mit Ama belastet ist, finden Sie auf der nächsten Seite eine Art Erste-Hilfe-Köfferchen. So können Sie mit ganz einfachen Tricks sofort damit beginnen, Ihren Körper bei der Ama-Ausleitung zu unterstützen.

| ÜBUNG |

Detox-Programm zum Abbau von Ama und zur Anregung von Agni für 5 bis 10 Tage

- *Morgens ein großes Glas – mindestens einen halben Liter – warmes Zitronenwasser mit Honig trinken. Wasser kurz aufkochen, auf etwa 40 Grad Celsius abkühlen lassen, dann den Saft einer halben Zitrone und einen Teelöffel Honig hinzufügen.*
- *Verzichten Sie, wenn es Ihnen leichtfällt, auf das Frühstück. Falls Sie morgens sehr hungrig sind, essen Sie gedünstetes Obst nach Wahl mit Gewürzen – Zimt, Kardamom, Nelken, Sternanis – frühestens eine Stunde nach dem Aufstehen.*
- *Tagsüber regelmäßig eine Tasse heißes, abgekochtes Wasser trinken. Kochen Sie das Wasser zehn Minuten in einem Topf und füllen Sie es dann in eine Thermoskanne. Sie können beim Abkochen auch ein paar Scheiben einer frischen Ingwerwurzel hinzufügen, dadurch erhöht sich die stoffwechselanregende Wirkung. Dafür einen Liter Wasser mit drei bis vier Scheiben Ingwer zehn Minuten lang kochen.*
- *Wenn es Ihnen leichtfällt, kauen Sie vor dem Mittagessen zwei bis drei Scheibchen einer frischen Ingwerwurzel mit einigen Tropfen Zitronensaft und Salz.*
- *Bitte verzichten Sie während der Detox-Woche auf kalte, kohlensäurehaltige und alkoholische Getränke, Kaffee und schwarzen sowie grünen Tee.*
- *Achten Sie auf leicht verdauliche Mahlzeiten. Essen Sie während der Detox-Tage sehr viel Gemüse – ausgenommen Tomaten, Pilze, Kohl, Lauch, Zwiebeln, Knoblauch –, dazu Reis, Dinkel, Nudeln, Quinoa oder Kartoffeln.*
- *Meiden Sie – da schwer verdaulich – Rohkost, Fleisch, Fisch, Wurst, Eier, Frittiertes, Gebratenes, Süßigkeiten, Brot und Milchprodukte wie Sahne, Quark und Hartkäse.*
- *Überessen Sie sich nie!*
- *Beschränken Sie sich auf zwei Mahlzeiten am Tag. Nehmen Sie mittags Ihre Hauptmahlzeit ein. Abends genügt eine Gemüsesuppe. Nach 19 Uhr nichts mehr essen.*
- *Das Essen sollte gut schmecken und Sie befriedigen und sättigen.*
- *Falls Sie eine Zwischenmahlzeit benötigen, essen Sie Obst (keine Bananen) – allerdings nicht mehr nach 16 Uhr.*
- *Essen Sie in Ruhe und bewusst. Also gut kauen und nach der Mahlzeit fünf Minuten bis eine Viertelstunde entspannen.*

TIPP: An dieser Stelle möchte ich Ihnen wieder eine kleine Pause empfehlen. Wir haben nun eine gewisse Ahnung davon, wo Energie herkommt und wodurch wir sie wieder verlieren. Mit diesem Wissen sind wir unserem Ziel, in Balance zu leben, zumindest theoretisch schon einen ganzen Schritt näher gekommen.

STEP 2

Energiewende

ENERGIERÄUBER UND ENERGIESPENDER

Was Energie theoretisch bedeutet, haben wir gemeinsam in Step 1 erarbeitet. In Step 2 wollen wir nun zum einen eine subjektive Bestandsaufnahme Ihres Energielevels durchführen und zum anderen Ihren persönlichen Energy-Score ermitteln. Kurz: Hier entschlüsseln Sie, wo Sie momentan energetisch stehen – eine Art Batterie-Check sozusagen.
Erinnern Sie sich noch an die erste Übung? Wie war das gleich wieder mit dem Energiekonto? Genau, die wenigsten von uns haben es auf dem Schirm. Dabei sollte es mindestens mit der gleichen Sorgfalt im Blick behalten werden wie das Bankkonto. Um dieses Bewusstsein weiter zu kultivieren, ziehen wir einmal Energiebilanz. Wodurch geben Sie Energie aus und auf welche Weise nehmen Sie Energie ein?

| ÜBUNG |

Ihre persönliche Energiebilanz

Tragen Sie in die linke Spalte, die Sollseite, bitte alle Energieräuber ein – also all die Faktoren, die Ihnen Ihrem persönlichen Empfinden nach Energie wegnehmen. In der rechten Spalte, der Habenseite, notieren Sie bitte alle Energiespender – also all die Aspekte, die Ihnen in Ihrem Leben Energie schenken. Denken Sie nicht zu lange nach, sondern notieren Sie direkt alles, was Ihnen in den Kopf kommt.

Energieräuber (SOLL)	*Energiespender (HABEN)*

Ziehen Sie nun ein erstes Resümee: Welche Faktoren überwiegen in Ihrem Leben? Steht nach dieser Liste Ihr Energiekonto jetzt im Plus oder im Minus?
Ziel dieser Übung ist, dass Sie sich grundsätzlich einmal bewusst machen, wodurch Sie Energie verlieren und gewinnen. Ob unter dem Strich ein Plus oder ein Minus steht.
Nachdem Sie sich einen Überblick über die Energiespender und die Energieräuber in Ihrem Leben verschafft haben, nehmen Sie sich bitte für eine Woche Folgendes vor: Führen Sie jeden Tag Buch darüber, was auf Ihr Energiekonto eingegangen ist und wie viel abgehoben wurde, ob mehr auf der Soll- oder mehr auf der Habenseite steht. Dadurch wird Ihnen klar werden, was oft ganz unmerklich und unnötigerweise durch »energetische Daueraufträge«, die Sie eigentlich schon längst stoppen wollten, aber immer noch nicht gekündigt haben, von Ihrem Konto abfließt. Natürlich kann man nicht von heute auf morgen sein ganzes Leben umkrempeln und alle Energievampire aus dem Alltag verbannen. Aber einige kleine schon. Und damit können Sie sofort beginnen.

GIBT ES EINE QUALITÄT DER ENERGIE?

Wenn wir über Energiespender und Energiekiller nachdenken, wirft das eine neue, doch sehr wichtige Frage auf. Hat Energie nicht auch eine Qualität? Gilt der Grundsatz »Hauptsache, Energie, egal wodurch«? So, wie viele über Geld denken – gleichgültig, auf welche Weise man es verdient, entscheidend ist, dass das Konto im Plus steht. Oder gibt es positive und negative Energie? Gibt es gute und schlechte Energiequellen?

Energievampire

Möglicherweise tauchen auf Ihrer Energieliste auch Personen auf. Kein Wunder! Denn bei jedem zwischenmenschlichen Austausch spüren wir eine Art Energiefluss – eine bestimmte Qualität von Energie. Positiv, negativ, aggressiv, freundlich, wertschätzend, respektlos. Auch an bestimmten Orten ist Ihnen das sicherlich schon passiert: Sie betraten ein Haus, und auf einmal fühlten Sie sich extrem unwohl. Irgendein undefinierbares, ungutes Gefühl, ein Unbehagen, eine seltsame Schwingung in der Atmosphäre, trieb Sie sofort wieder rückwärts hinaus. Und genau diese schwer zu greifenden Eindrücke, diese qualitative Energie, versuchen wir nun genauer zu ergründen.

Good Vibes versus Bad Vibes

Sprache kann zum Beispiel freundlich, liebevoll und sanft oder harsch, aggressiv und beleidigend sein. Physikalisch betrachtet passiert beim Sprechen aber immer das Gleiche: Chemische Energie, gespeichert im ATP, wird zu Bewegungsenergie in unseren Stimmbändern, der Zunge und den Lippen verwandelt – Luftteilchen werden in Bewegung gesetzt und es entstehen Schallwellen. Diese Schallwellen treffen auf das Trommelfell unseres Gegenübers, setzen es in Schwingung, übertragen diese Schwingung auf die Gehörknöchelchen, dann auf das Innenohr, Nerven werden angeregt, elektrische Energie wird erzeugt, in den Synapsen zu chemischer Energie umgewandelt und schließlich nehmen wir das gesprochene Wort in der Großhirnrinde bewusst wahr. So weit, so gut. Alles nur Energieübertragung – quantitativ betrachtet. Doch was ist mit der Qualität?

QUALITATIVE ENERGIE IM AYURVEDA

Wenn wir uns anhand dieses Beispiels näher mit der Qualität von Energie beschäftigen wollen, holen wir uns am besten erneut Rat von der ältesten Wissenstradition der Menschheit, der vedischen Wissenschaft. Ayurveda und auch Yoga gehören zu diesem unermesslichen Weisheitsschatz. In Bezug auf unser Beispiel würde uns ein vedischer Gelehrter erklären, dass Sprache, wie alles andere auch, ganz unterschiedliche energetische Wirkungen entfalten kann. Um das besser zu verstehen, würde er uns mit den drei *Gunas Sattva*, *Rajas* und *Tamas* bekannt machen. Demnach ist es nicht nur entscheidend, was man sagt, sondern auch, wie man es ausspricht und aus welchem Beweggrund heraus – welche Energie man vermittelt.

Was genau sind die drei Gunas Sattva, Rajas und Tamas?

Zu den 40 Disziplinen der vedischen Wissenschaft gehören die sogenannten sechs *Upangas*. Man bezeichnet sie auch als die sechs Systeme der indischen Philosophie. Yoga gehört dazu, ein anderes heißt *Sankhya*. Darin beschreibt der große vedische Seher Kapila 25 Kategorien, mit deren Hilfe die Zusammensetzung von allem, was in der Schöpfung existiert, erklärt wird.

Eine dieser Kategorien ist *Prakriti*, die Natur. Im System des Sankhya gilt sie als die Ursubstanz, aus der das Universum hervorgeht. Prakriti wiederum besteht aus den drei Gunas:

- Sattva
- Rajas
- Tamas

Dabei übernimmt Rajas den Antrieb, Sattva und Tamas erhalten die Richtung der Bewegung aufrecht. Die Natur von Tamas besteht darin zu bremsen und zu verlangsamen, den Status zu stabilisieren, damit sich dann mithilfe von Sattva die nächste Entwicklungsstufe vollziehen kann. Übertragen wir das beispielsweise auf ein Auto, dann ist Rajas das Gaspedal, Tamas die Bremse und Sattva das Lenkrad. Wenn wir vor einer Kurve nicht abbremsen, können wir die Richtung nicht halten – darum ist Tamas oder die Bremse für den evolutionären Prozess ebenso wichtig wie Rajas, das den Fortschritt vorantreibt, und Sattva, das die Richtung vorgibt. **Solange die drei Gunas völlig im Gleichgewicht sind, erscheinen sie nicht als drei verschiedene Qualitäten. Die Schöpfung beginnt mit einem Symmetriebruch dieser drei, sie werden aktiv und kreieren die ganze weite Welt der Vielfalt.** In diesem evolutionären Prozess spielen sie stets zusammen.

Charaktertypen: Räuber oder Spender?

Der Sanskrit-Begriff *Guna* bedeutet auch »Eigenschaft«. Demnach stehen die drei Gunas für die Eigenschaften von all dem, was sie hervorbringen:

- Einen Menschen, der von Sattva geprägt ist, charakterisieren die folgenden Merkmale: Reinheit, Wahrhaftigkeit, Ehrlichkeit, Gleichmut, innere Ruhe, Optimismus, Begeisterung, Offenheit, Mut, Bestimmtheit, Tugendhaftigkeit, Stärke, Furchtlosigkeit, Bescheidenheit, Klugheit, Großzügigkeit, Freude, Fröhlichkeit.
- Rajas verleiht diese Eigenschaften: Ehrgeiz, Habgier, Neid, Missgunst, Eifersucht, Aggressivität, Zorn, Ungeduld, Unbeherrschtheit, Rechthaberei.
- Und wenn ein Mensch von Tamas geprägt ist, zeichnet er sich durch Trägheit, Faulheit, Lethargie, Lustlosigkeit, Zweifel, Niedergeschlagenheit, Feigheit, Ängstlichkeit und Verlogenheit aus.

Analysieren wir auf der Grundlage der drei Gunas die Wirkung unserer Sprache auf einen anderen Menschen:

- Ehrlichkeit beispielsweise ist ein Zeichen von Sattva. Wenn ich einem anderen Menschen in liebevollem Ton ein ehrlich gemeintes Kompliment mache, kann ihn das energetisch heben. Ich vermittle ihm sattvische Energie.

- Wenn ich ihn harsch zurechtweise, kann ich ihn damit möglicherweise animieren, sein Verhalten zu überdenken, und ihn motivieren, sich mehr Mühe zu geben. Ich vermittle ihm rajasische Energie.
- Wenn ich über ihn Lügen verbreite, kann ich ihn demütigen, demotivieren und energetisch demoralisieren. Ich vermittle ihm tamasische Energie.

NÜTZLICHE UND SCHÄDLICHE ENERGIE

Der Physiker hat uns erklärt, dass alles letztlich nichts als Energie ist. Das ist zunächst weder gut noch schlecht. Es ist einfach so. Doch in unserem Leben kann Energie eine Qualität annehmen, die uns nützt oder schadet. So kann beispielsweise ein vor Energie strotzender Mensch mit seiner Kraft Gutes oder Böses bewirken. Seine Energie kann von Sattva, von Rajas oder von Tamas geprägt sein. Wie kommt es dazu? Sicher formt ihn die Qualität der Energie, die er in sich aufnimmt. Wenn ein Kind in einer Umgebung aufwächst, die stark von Tamas, also Negativität, Unreinheit, Unrecht, Kriminalität oder Faulheit geprägt ist, werden es diese Qualitäten in seiner Entwicklung beeinflussen. Die Wahrscheinlichkeit, kriminell zu werden, ist erwiesenermaßen in solch einem Umfeld deutlich höher als für Kinder, die behütet in einer harmonischen Familie groß werden, liebevoll gefördert werden und denen von klein auf ein hohes Maß an Sozialkompetenz vermittelt wird.

Der gefühlte Unterschied

Die meisten Physiker werden mit so etwas wie qualitativer Energie wahrscheinlich nicht sehr viel anfangen können. Sie ist ja nicht messbar. Oder sollten wir besser sagen: Sie ist heute noch nicht messbar! Denn ebenso wie sich vielleicht der reine Energiegehalt von Schallwellen einer Aussage wie »Sie sind ein Vollidiot!« oder »Sie sind wundervoll!« nicht unterscheiden müssen, erzeugen sie bei

uns gefühlt komplett unterschiedliche energetische Wirkungen. **Die Quantität der Energieübertragung aus diesen Worten ist vielleicht dieselbe. Der qualitative Aspekt unterscheidet sich grundlegend. Energetisch betrachtet aber ist er nicht messbar!**
Nehmen wir ein Beispiel: Kochen Sie gerne? Wenn Sie ein Essen auf dem Herd zubereiten, wandeln Sie elektrische in Wärmeenergie um. Woher die Elektrizität kommt, spielt für den Kochvorgang scheinbar keine Rolle. Dennoch würde es sich wohl für die meisten von uns völlig anders anfühlen, wenn wir wüssten, dass unser Herd seinen Strom aus sogenannter erneuerbarer Wind- oder Sonnenenergie bezöge und nicht aus dem Atomkraftwerk durch Kernspaltung. Obgleich der messbare Energiegehalt der gleiche sein mag, ist die nicht messbare Qualität eine ganz andere.
Wenn wir Nahrung zu uns nehmen, essen wir Energie. Der Körper wandelt die in der Nahrung gespeicherte chemische Energie in die Energieform um, mit der er Arbeit verrichten kann. So betrachtet sollte es eigentlich keine Rolle spielen, in welcher Darreichungsform wir Nahrungsenergie zu uns nehmen. Denn ob der Spinat, die Kartoffeln und die Eier mit ein paar Gewürzen lieblos auf einen Teller geklatscht werden oder aber ob uns dieselben Zutaten mit Liebe zubereitet, schön angerichtet bei Kerzenlicht serviert werden, macht vom Brennwert und dem quantitativen Energiegehalt keinen Unterschied. Dennoch unterscheidet sich das eine Ergebnis deutlich vom anderen.
Daraus folgt: Achten Sie bei allem, was Sie tun, darauf, wie Sie es tun! Mit welcher inneren Haltung. Denn wenn die Qualitäten von Sattva in Ihr Denken und Handeln einfließen, ernten Sie die Früchte, die Sie erstreben.

QUALITATIVE ENERGIE UND NAHRUNG

Aus der Sicht eines ayurvedischen Arztes ist es sehr wichtig, mit welcher inneren Haltung wir unsere Mahlzeiten zubereiten und wie wir sie essen: mit einem Gefühl der Freude und Dankbarkeit, in einer schönen und sauberen Umgebung, mit positiven Gesprächen. Natürlich kochen wir unsere gegenwärtige Stimmung und damit eine energetische Qualität in unser Essen hinein. Doch besitzen auch die Lebensmittel an sich ihre charakteristischen Eigenschaften und können von sattvischer, rajasischer oder tamasischer Energie geprägt sein. Je nach Prägung beeinflussen sie damit unseren Organismus, unsere Gefühle und unsere Geisteshaltung.
Jeder von uns wird die Erfahrung machen, dass wir sattvische Nahrung einfacher verdauen und verstoffwechseln als tamasische und rajasische. Yogis legen großen Wert auf sattvisches Essen. Nehmen wir vermehrt sattvische Nahrungsmittel zu uns, unterstützen wir damit auch unser Agni. Diese Form der Ernährung steigert den Wirkungsgrad der Energieumwandlung und somit auch unser Wohlbefinden.

Eigenschaften sattvischer Nahrung

Beleben und erheben Körper und Geist. Sie machen den Menschen leicht, ausgeglichen und friedlich.

Sattvische Nahrungsmittel:

- Ghee (geklärte Butter)
- Frisches Gemüse*
- Frisches Obst
- Honig
- Frische Vollmilch
- Mandeln
- Rosinen
- Datteln
- Getreide
- Reis

* Gemüse, die über der Erde reifen, sind denen vorzuziehen, die unter der Erde wachsen. Ausnahmen sind Rote Bete und Karotten.

Eigenschaften rajasischer Nahrung

Erhitzen Körper und Geist. Im Übermaß oder falsch dosiert, machen sie den Menschen rechthaberisch, aggressiv und ungeduldig.

Rajasische Nahrungsmittel:

- Alle scharfen Gewürze
- Rettich
- Zwiebeln und Knoblauch
- Paprika
- Chilis
- Kaffee
- Schwarzer Tee
- Alkohol

Sind Koch oder Köchin innerlich gereizt, voller Spannung oder zornig, während sie das Essen zubereiten, wird die Nahrung rajasisch.

Eigenschaften tamasischer Nahrung

Machen Geist und Körper dumpf, müde, träge und faul. Sie sind schwer verdaulich.

Tamasische Nahrungsmittel:

- Fleisch
- Pilze
- Hartkäse
- H-Milch
- Nahrungsmittel mit Konservierungsstoffen
- Dosenprodukte
- Aufgewärmtes oder in der Mikrowelle erhitztes Essen
- Instantprodukte
- Genmanipulierte und synthetische Nahrung
- Essig
- Raffinierter Zucker
- Industriell hergestelltes Salz
- Erdnüsse

Fühlen sich Koch oder Köchin beim Kochen müde, lustlos, faul oder voll negativer Gedanken, nimmt das Essen eine tamasische Qualität an. Auch die Hygiene in der Küche spielt eine Rolle: Ist die Küche schmutzig, wird der Einfluss auf das Essen unrein, also tamasisch.

TIPP: **Verinnerlichen Sie diese Listen – vielleicht hängen Sie sich eine Kopie davon irgendwo in der Küche auf. Stellen Sie sich in kleinen Schritten auf eine bewusstere Ernährung um. Achten Sie auf die Qualität Ihrer Nahrung. Investieren Sie nicht mehr Geld in das Motoröl Ihres Autos als in Ihre Lebensmittel. Machen Sie sich klar: Was Sie essen, wird Ihr Körper! Ernähren Sie sich von frischen Zutaten, meiden Sie Aufgewärmtes, vor allem Essen aus der Mikrowelle und aus der Dose.**

IHR ENERGY-SCORE

Wir werden später damit fortfahren zu verstehen, was der Körper aus ayurvedischer Sicht mithilfe von Agni aus unserer Nahrung macht. Lassen Sie uns aber an dieser Stelle einen Test einschieben und das Wissen von den Gunas dabei praktisch verwerten. Wir wollen Ihren Energy-Score ermitteln und Sie werden an den Fragen erkennen, dass es dabei sowohl um quantitative als auch um qualitative Energie geht. Dafür füllen Sie bitte den folgenden Fragebogen aus. Nehmen Sie sich dafür eine halbe Stunde Zeit.

| ÜBUNG |

Testen Sie Ihren Energy-Score

Können Sie eine Frage zu 100 Prozent mit Ja beantworten, geben Sie sich zehn Punkte. 100 Prozent Nein entspricht null Punkten. Alles dazwischen ergibt ein bis neun Punkte.

Allgemeinbefinden

1. *Fühlen Sie sich grundsätzlich gesund?* .... | |
2. *Bescheinigt Ihnen Ihr Arzt gute Gesundheit?* .... | |
3. *Sind Sie frei von emotionalen Konflikten?* .... | |

Ruhe/Regeneration

4. *Sind TV und PC vor dem Schlafengehen tabu?* .... | |
5. *Gönnen Sie sich den Schönheitsschlaf vor 23 Uhr?* .... | |
6. *Schlafen Sie leicht ein?* .... | |
7. *Können Sie durchschlafen?* .... | |
8. *Wachen Sie ohne Wecker auf?* .... | |
9. *Reicht Ihnen Ihr Schlaf? Fühlen Sie sich morgens grundsätzlich frisch und ausgeruht?* .... | |
10. *Machen Sie tagsüber auch mal Pause?* .... | |
11. *Gönnen Sie sich täglich eine Ego-Einheit, Zeit nur für sich?* .... | |
12. *Meditieren oder entspannen Sie regelmäßig bewusst?* .... | |
13. *Ist Zeitnot in Ihrem Leben eine Rarität?* .... | |

Ernährung/Flüssigkeit

14. *Essen Sie regelmäßig?* .... | |
15. *Lassen Sie sich Zeit beim Essen, ohne zu schlingen?* .... | |
16. *Nehmen Sie mittags Ihre Hauptmahlzeit zu sich?* .... | |
17. *Achten Sie auf ein leichtes Abendessen?* .... | |
18. *Essen Sie abends vor 19 Uhr?* .... | |
19. *Kochen Sie immer mit frischen Zutaten?* .... | |
20. *Essen Sie täglich frisches Obst und Gemüse?* .... | |
21. *Fühlen Sie sich nach dem Essen unbeschwert und voller Power?* .... | |
22. *Und da sind auch bestimmt keine ungesunden Snacks zwischendurch dabei?* .... | |
23. *Schaffen Sie es, täglich 2,5 Liter zu trinken? (Alkohol, Kaffee, Schwarztee, Cola und Soda zählen nicht dazu.)* .... | |
24. *Trinken Sie zum Essen grundsätzlich keine eiskalten Getränke?* .... | |

Genussmittel

25. *Führen Sie ein Leben ohne Nikotin?*
26. *Schaffen Sie es, Ihren Kaffeekonsum (Koffein!) auf zwei Tassen täglich einzuschränken?*
27. *Trinken Sie weniger als einen Viertelliter Alkohol am Tag? (keine Spirituosen!!!)*

Arbeit/Beruf/Unternehmen

28. *Freuen Sie sich am Morgen auf die Arbeit?*
29. *Achten Sie darauf, nicht überfordert oder überlastet zu sein?*
30. *Macht Ihr Job Sie happy?*
31. *Fällt Ihnen Ihre Arbeit leicht?*
32. *Haben Sie zu Kollegen, Mitarbeitern oder Vorgesetzten ein gutes Verhältnis?*
33. *Können Sie sich bei der Arbeit frei entfalten?*
34. *Haben Sie ausreichend Erfolgserlebnisse im Job?*
35. *Freuen Sie sich auf kommende Herausforderungen?*
36. *Macht Ihre Tätigkeit für Sie Sinn?*
37. *Schätzt man Ihre Anregungen und setzt sie um?*
38. *Genießen Sie geschäftlich und privat ausreichend Anerkennung?*

Resilienz

39. *Nach der Arbeit ist »abschalten« kein Fremdwort für Sie – trifft das auf Sie zu?*
40. *Ist Ihr »Akku« nach einem Urlaub beziehungsweise nach dem Wochenende wieder voll?*
41. *Sind Sie nach einer aufreibenden Situation schnell wieder ausgeglichen?*
42. *Sind Sie kritikfähig?*

Licht/Luft/Natur

43. *Sind Sie ein »Täglich-mindestens-eine-halbe-Stunde-Open-Air-Mensch«?*
44. *Verbringen Sie regelmäßig Zeit in der Natur?*

Partner/Freunde

45. *Leben Sie in einer glücklichen Beziehung?*
46. *Führen Sie ein Leben ohne familiäre Sorgen?*
47. *Genießen Sie den 100-prozentigen Rückhalt Ihrer Familie?*
48. *Haben Sie ausreichend gute Freunde?*
49. *Ist Ihr Umfeld nahezu frei von chronischen Bedenkenträgern und Neinsagern?*
50. *Sind Sie stattdessen umgeben von Gute-Laune-Menschen?*

Sinn/Freude/Glück

51. *Lachen Sie viel?* .... | |
52. *Sind Sie ein Optimist?* .... | |
53. *Begeistern Sie sich leicht?* .... | |
54. *Können Sie sich über schöne Momente freuen?* .... | |
55. *Haben Sie Freude am Leben?* .... | |
56. *Erkennen Sie Sinn in Ihrem Leben?* .... | |
57. *Sind Sie happy?* .... | |

Bewegung/Sport

58. *Bewegen Sie sich regelmäßig mindestens zweimal die Woche?* .... | |
59. *Achten Sie beim Sport darauf, sich nicht zu übernehmen?* .... | |
60. *Fühlen Sie sich nach dem Sport gut und energetisiert?* .... | |

Gesamte Punktzahl: ________

AUSWERTUNG

Wenn Sie alle Fragen beantwortet haben, zählen Sie bitte Ihre Punktzahl zusammen. Der Maximalwert liegt bei 600 Punkten.

Hoher Energy-Score: ab 450 Punkten

Glückwunsch! Sie liegen energetisch voll auf Kurs. Machen Sie weiter so. Sie wissen selbst am besten, ob Sie an dem einen oder anderen Punkt noch optimieren können. Denn: The sky has no limit.

Mittlerer Energy-Score: 300 bis 449 Punkte

Es besteht Verbesserungsbedarf. Fangen Sie zunächst mit den zwei Aspekten an, bei denen Sie spüren, dass sie Ihnen am meisten schaden. Das müssen nicht die mit der geringsten Punktzahl sein. Versuchen Sie, ein neues Gewohnheitsmuster einzuüben. Setzen Sie sich dabei aber nicht zu sehr unter Druck und verzeihen Sie es sich, wenn es nicht auf Anhieb gelingt.

Schwacher Energy-Score: unter 300 Punkte

Sie sollten etwas in Ihrem Leben ändern. Nehmen Sie sich dafür gleich ein bisschen Zeit. Suchen Sie zunächst all die Fragen heraus, bei denen Sie null Punkte eingetragen haben. Überlegen Sie dann, bei welchen Sie einen direkten Einfluss haben und es Ihnen am leichtesten fiele, die Punktzahl zu erhöhen. Beginnen Sie mit nicht mehr als zwei Punkten. Wenden Sie sich erst dann den nächsten beiden energieraubenden Faktoren zu, wenn die ersten beiden erfolgreich verbannt worden sind. Seien Sie gnädig mit sich selbst und geben Sie sich genau die Zeit, die Sie für die Umstellung benötigen. Das Tempo bestimmen nur Sie!

OJAS – DIE INTELLIGENZ IN DER ENERGIE

Wenn Sie bei unserem letzten Test einen hohen Energy-Score erzielt haben, steigt damit die Wahrscheinlichkeit, dass Sie eine Qualität auszeichnet, die in der ayurvedischen Medizin eine herausragende Rolle spielt und mit der ich Sie an dieser Stelle gerne vertraut machen möchte.

Grundsätzlich müssen wir begreifen, dass Nahrung all das ist, was uns nährt. Ein gutes Essen ebenso wie ein Kompliment oder der Anblick eines ergreifenden Sonnenuntergangs. Was immer wir unserem Organismus präsentieren, was unsere fünf Sinne Hören, Fühlen, Sehen, Schmecken und Riechen aufnehmen, muss unser Agni verstoffwechseln.

Ein funktionstüchtiges Agni vermag alles, was in unser System gelangt, in seine subtilste Qualität zu verfeinern – Nahrung ebenso wie Sinneserfahrungen. Wenn also unser Stoffwechsel optimal arbeitet, entsteht eine Qualität, die im Ayurveda *Ojas* heißt.

Ojas ist das Resultat einer Energieumwandlung mit höchstem Wirkungsgrad. Ojas ist das feinste Stoffwechselprodukt im Organismus. Es ist eigentlich schon gar kein Stoff mehr, aber auch noch nicht reine Intelligenz. **Ojas ist unsere Lebenskraft, es verkörpert das, wodurch wir lebendig sind, es schlägt die Brücke zwischen Körper und Geist, zwischen Stoff und Bewusstsein – es stellt unsere Körperintelligenz dar.**

Ojas ...

- ist pure Lebenskraft, schenkt Ausstrahlung, innere Ruhe und Lebensfreude.
- repräsentiert die Abwehrkräfte und unsere Resistenz gegen Stress.
- hält unseren Organismus in der Balance, verleiht Vitalität, Begeisterung und Optimismus.

So beeinflussen Sie Ihr Ojas

Unsere Gesundheit hängt von Ojas ab und darum sollte man meiden, was Ojas zerstört, und suchen, was es stärkt.
DOs: Hochwertige frische Nahrungsmittel, mit Liebe gekochtes, leicht verdauliches Essen – zur rechten Zeit genossen. Ausreichend Ruhe, schöne Erlebnisse, Ehrlichkeit, Wahrhaftigkeit, Nächstenliebe, Güte, Toleranz und Großzügigkeit.
DON'Ts: Essen aus der Dose oder mit der Mikrowelle zubereitet, Aufgewärmtes, viel Alkohol, Zigaretten. Negative Gespräche, Überforderung und unerfreuliche Erfahrungen.

Worin besteht nun die Verbindung zwischen Ojas und den drei Gunas? Für unser Agni ist es natürlich sehr viel einfacher, sattvische Nahrung oder Sinneseindrücke in Ojas zu verwandeln als zum Beispiel tamasische. Darum nährt alles Sattvische auch Ojas und alles Tamasische führt leicht zur Bildung von Ama.

| ÜBUNG |

Der Status quo: Wo stehen Sie heute?

Wir haben Ojas und die drei Gunas kennengelernt, um den Wert der qualitativen Energie besser verstehen zu können. Lassen Sie uns nun ein Gedankenexperiment machen: Erinnern Sie sich an die Zeit in Ihrem Leben, in der Sie sich energetisch am besten fühlten. Setzen wir Ihr Energielevel zu dieser Zeit als 100 Prozent an. Notieren Sie nun bitte, wie genau Sie sich in dieser Zeit fühlten. Wie fühlte es sich an – körperlich und geistig? Fühlen Sie sich möglichst genau in den Zustand hinein, den Sie damals hatten.

....

....

....

....

Nun haben Sie dank Ihrer Erinnerung wieder ein Gefühl dafür bekommen, wo Sie im Idealfall stehen könnten. Spüren Sie als Nächstes bei sich nach, wo Sie jetzt energetisch stehen. Bei wie viel Prozent, gemessen an den maximal 100 Prozent.

Heute stehe ich bei ____ Prozent.
Wenn es im Moment nicht so gut aussieht, seien Sie bitte nicht deprimiert! Wir wollen das ja ändern. Darum nun die nächste Frage:

Was hat Priorität in Ihrem Leben? Was ist Ihnen wirklich wichtig?

Überlegen Sie in Ruhe und seien Sie ganz ehrlich zu sich. Sie müssen diese Liste nicht in ein paar Minuten erstellen. Sie können auch ein paar Tage verstreichen lassen und die Einfälle noch einmal überdenken. Notieren Sie Ihre Punkte ruhig zuerst auf einem Notizblatt. Ordnen Sie die verschiedenen Prioritäten erst dann nach Wichtigkeit und tragen Sie sie anschließend hier ein.

TIPP: Holen Sie sich eine Tasse frischen Zitronengras- oder Minztee! Das regt nicht nur Ihren Stoffwechsel an, sondern gibt Ihnen auch etwas Zeit, über Ihre Prioritäten im Leben nachzudenken.

Lesen Sie bitte noch nicht weiter, bevor Sie diese Aufgabe erledigt haben.

»In dir selbst ist eine Ruhe und ein Heiligtum,
in welches du dich jederzeit
zurückziehen und ganz du selbst sein kannst.«

HERMANN HESSE

So, nun sind Sie sich darüber klar geworden, was für Sie im Leben wesentlich ist. Gewusst haben Sie es möglicherweise schon vorher – doch jetzt haben Sie es sich konkret vor Augen geführt und niedergeschrieben.

- Nehmen Sie bitte zwei Stifte in unterschiedlichen Farben. Denken Sie in Ruhe darüber nach, wie viel Prozent Ihres Energiepotenzials Sie zurzeit für welche Ihrer Prioritäten einsetzen, und schreiben Sie die Zahl in einer der beiden Farben dahinter.
- Als Nächstes machen Sie sich bitte bewusst, wie viel Prozent Ihres Energiepotenzials Sie für die verschiedenen Punkte auf Ihrer Prioritätenliste gerne einsetzen würden. Schreiben Sie die Prozentzahl in der anderen Farbe neben die erste Zahl. Lassen Sie die Zahlen auf sich wirken.

Nun wissen Sie noch etwas genauer, wo Sie im Augenblick stehen. Wofür Sie Ihre Energie einsetzen. Ob Sie die Energie, über die Sie verfügen, auch auf die priorisierten Lebensschwerpunkte verteilen.

Nachdem Sie diese Selbstreflexion abgeschlossen haben, werden Sie vielleicht, wie die meisten Menschen, zu zwei Einsichten gelangen: Erstens befinden Sie sich energetisch nicht auf dem Höhepunkt und zweitens verteilen Sie Ihre Energie nicht entsprechend der wahren Prioritäten in Ihrem Leben.

Warum ist das so? Weshalb vernachlässigen wir oft die Menschen und die Dinge im Leben, die uns wirklich wichtig sind? Ganz sicher spielt Stress dabei eine herausragende Rolle. Das ist für viele heute ein abgedroschener Begriff. Doch lassen wir uns davon nicht beirren – es ist wichtig, sich damit auseinanderzusetzen! Und das tun wir im nächsten Kapitel.

Aber zuvor nehmen Sie sich bitte Zeit für die Lektüre des folgenden Textes.
Vor einiger Zeit bekam ich eine Mail mit dieser amüsanten Geschichte, die ich Ihnen nicht vorenthalten möchte:

Ein Philosophieprofessor stand vor seinem Kurs und hatte ein kleines Experiment vor sich aufgebaut: ein sehr großes Marmeladenglas und drei geschlossene Kisten. Als der Unterricht begann, öffnete er die erste Kiste und holte daraus Golfbälle hervor, die er in das Marmeladenglas füllte. Er fragte die Studenten, ob das Glas voll sei. Sie bejahten es.

Als Nächstes öffnete der Professor die zweite Kiste. Sie enthielt M&M's. Diese schüttete er zu den Golfbällen in das Glas. Er bewegte das Glas sachte und die M&M's rollten in die Leerräume zwischen den Golfbällen. Dann fragte er die Studenten wiederum, ob das Glas nun voll sei. Sie stimmten zu.

Daraufhin öffnete der Professor die dritte Kiste. Sie enthielt Sand. Diesen schüttete er ebenfalls in das Glas. Logischerweise füllte der Sand die verbliebenen Zwischenräume aus. Er fragte ein drittes Mal, ob das Glas nun voll sei. Die Studenten antworteten einstimmig mit »Ja«.
Der Professor holte zwei Dosen Bier unter dem Tisch hervor, öffnete sie, schüttete den ganzen Inhalt in das Glas und füllte somit den letzten Raum zwischen den Sandkörnern aus. Die Studenten lachten.

»Nun«, sagte der Professor, als das Lachen nachließ, »ich möchte, dass Sie dieses Marmeladenglas als Ihr Leben ansehen. Die Golfbälle sind die wichtigen Dinge in Ihrem Leben: Ihre Familie, Ihre Kinder, Ihre Gesundheit, Ihre Freunde, die bevorzugten, ja leidenschaftlichen Aspekte Ihres Lebens, welche, falls in Ihrem Leben alles verloren ginge und nur noch diese verbleiben würden, Ihr Leben trotzdem noch erfüllen würden.«

Er fuhr fort: »Die M&M's symbolisieren die anderen Dinge im Leben wie Ihre Arbeit, Ihr Haus, Ihr Auto. Der Sand ist alles andere, die Kleinigkeiten.«

»Falls Sie den Sand zuerst in das Glas geben«, schloss der Professor, »hat es weder Platz für die M&M's noch für die Golfbälle. Dasselbe gilt für Ihr Leben. Wenn Sie all Ihre Zeit und Energie in Kleinigkeiten investieren, werden Sie nie Platz haben für die wichtigen Dinge. Achten Sie zuerst auf die Golfbälle, die Dinge, die wirklich wichtig sind. Setzen Sie Ihre Prioritäten. Der Rest ist nur Sand.«

Einer der Studenten erhob die Hand und wollte wissen, was denn das Bier repräsentieren solle.
Der Professor schmunzelte: »Ich bin froh, dass Sie das fragen. Das zeigt Ihnen, egal, wie schwierig Ihr Leben auch sein mag: Es ist immer noch Platz für ein oder zwei Bier.«

STEP 3

Im Auge des Orkans

UNSER UMGANG MIT STRESS

Mein Doktorvater war ein Geriater – ein Arzt und Hochschullehrer, der sich mit älteren Menschen und deren Krankheiten beschäftigte. Mit besonderer Leidenschaft forschte er mit 100-Jährigen. Er wollte das Mysterium ihres Alters ergründen. Als Höhepunkt seiner Semestervorlesung stellte er seinen Studenten solch einen hochbetagten Patienten vor. Krankheitsgeschichte, Familienchronik, körperlicher Untersuchungsbefund, Laborwerte, EKG, Röntgenbilder – alles wurde im Detail diskutiert. Am Ende fragte mein Professor seinen Patienten: »Und jetzt verraten Sie uns bitte Ihr Geheimnis: Wie wird man 100 Jahre alt? Was würden Sie denn diesen jungen Menschen empfehlen, damit sie auch so alt werden und geistig wie körperlich rüstig bleiben?« Der Mann vor uns, in vorzüglicher Verfassung mit seinen 104 Lebensjahren, dachte kurz nach und sagte dann mit einem verschmitzten Lächeln:

»Gehen Sie Stress aus dem Weg. Ich habe immer versucht, das zu befolgen. Darum habe ich mir auch mit meiner Frau ein kleines Haus am Wald gekauft. Immer wenn es Krach zwischen uns beiden gab, habe ich meinen Mantel, meinen Hut und meinen Schirm genommen und bin im Wald spazieren gegangen. Und so habe ich die letzten 40 Jahre fast immer nur im Wald verbracht.«

Mit dieser Empfehlung erntete er schallendes Gelächter.

Versehen mit einem Schuss Humor – die Botschaft war klar. Also lassen Sie uns dem Rat dieses klugen greisen Mannes folgen und uns mit Stress als einem der größten Energieräuber unserer Zeit beschäftigen. Und behalten wir dabei das Bild eines Wirbelsturms im Blick, das uns viel über Stress und unseren Umgang damit lehren kann. **In der Peripherie eines Orkans, weg von seiner Mitte, ist es turbulent und chaotisch. Dort richtet er Unheil an, dort verwüstet er. In seinem Innersten jedoch, in seinem Auge, herrscht Ordnung. Dort ist es friedvoll und ganz still.**

STRESS – EINE DEFINITION

In Step 1 und Step 2 haben Sie eine Idee von Energie bekommen. Woher Energie kommt, wo Sie selbst energetisch stehen und welche Faktoren Ihnen in Ihrem Leben Energie spenden oder rauben. Bevor wir uns in Step 4 Ihrem ganz persönlichen Stress widmen, sehen wir uns hier erst mal einige Fakten über Stress an.

Der Begriff »Stress« leitet sich von dem lateinischen Wort *strictus* – »angezogen, stramm, gespannt« – und dem englischen Wort *stress* – »Druck, Anstrengung, Belastung, Mühe, Sorge oder Erschöpfung« – ab. Im Englischen wurzelt die Bezeichnung in der Werkstoffkunde und bezeichnet den Zug oder Druck auf Material. 1936 übernahm der kanadische Mediziner Prof. Dr. Hans Selye – der eigentliche Pionier in der Stressforschung – dieses Wort für seine Arbeiten, und seit den 1950er-Jahren wird es im Sinne eines psychologischen Phänomens verwendet. Von Selye stammt die Definition: **»Stress ist die unspezifische Reaktion des Körpers auf jede Aufgabe, die an ihn gestellt wird.«**

Diese Definition beschreibt Stress völlig neutral als eine körperliche Reaktion, um sich an neue Umstände anzupassen. Darum bezeichnete Selye Stress auch als »allgemeines Anpassungssyndrom«, also zunächst weder als etwas Negatives noch etwas Positives.

Jeder von uns weiß, dass eine Herausforderung oder gelegentlicher Druck durchaus auch eine beflügelnde und leistungssteigernde Wirkung haben kann. Wir nennen das dann positiven Stress, also Stress, der Begeisterung in uns auslöst, uns antreibt und zufrieden macht, wenn wir die Aufgabe gelöst haben.

Selye charakterisierte diese Form von Stress als Eustress, abgeleitet vom griechischen *eu* für »gut«.

Der Stress, der uns belastet, den wir als negativ empfinden, trägt nach Selye den Namen Disstress – von griechisch *dis* für »schlecht«. Mit dieser Form von Stress wollen wir uns jetzt befassen.

Was ist Stress?

Stark verallgemeinert könnte man behaupten: Viele Menschen assoziieren mit Stress negative und belastende Umstände, in denen Zeit- und Leistungsdruck eine dominante Rolle spielt. Doch jeder Mensch hat seine ganz individuelle Stresswahrnehmung, und die ist abhängig von seiner augenblicklichen Befindlichkeit und inneren Balance. Was Sie heute möglicherweise fürchterlich stresst, bewältigen Sie nach einem erholsamen Urlaub völlig gelassen und souverän. Was Ihre Kollegin auf die Palme bringt, lässt Sie völlig kalt. Wenn plötzlich ein Tiger vor Ihnen stünde, bekämen Sie Todesangst. Ein Tigerdompteur würde solch eine Situation vielleicht als einen anregenden Nervenkitzel empfinden. Fragen Sie zehn Personen auf der Straße, was sie unter Stress setzt, und Sie bekommen ebenso viele verschiedene Antworten. Auch die Reaktionen auf Stress gestalten sich bei jedem anders. Der eine wird nervös und hektisch, der andere aggressiv, der Dritte ganz introvertiert. Daraus ergibt sich der Schluss: Stress ist immer subjektiv! Mein Freund Jens Corssen, Coach und Psychologe, fasst das immer in das schöne Bild, dass alle Menschen, die uns im Straßenverkehr ärgern, nach einem Urlaub wie durch Zauberhand in die Anstalt eingewiesen scheinen. Das bedeutet: Wir treffen sie nicht mehr auf der Straße, weil wir sie nicht wahrnehmen, denn wir sind ausgeruht und zufrieden.

WAS PASSIERT BEI STRESS IM KÖRPER?

Die auslösenden Faktoren und Umstände für Ihr Stressempfinden beeinflussen den subjektiven Aspekt von Stress. Doch was dann rein objektiv in unserem Körper abläuft, ist bei uns allen gleich. Egal, ob Sie in der Savanne plötzlich einem wilden Tier in die Augen blicken oder auf der Autobahn einen Geisterfahrer auf sich zukommen sehen, Ihr ganzer Organismus gerät in Alarmbereitschaft: Ihr Gehirn erkennt augenblicklich die Bedrohung und setzt nun eine Kaskade von Prozessen in Gang – mit dem Ziel, Ihr Überleben zu sichern. Die Natur hat die Stressreaktion als einen Überlebensreflex konzipiert. Der amerikanische Mediziner Walter B. Cannon hat sie bereits 1932 als »Fight or Flight Response« beschrieben. Bei diesem physiologischen Prozess geht es im Wesentlichen um nichts anderes als um die schnelle Bereitstellung von Energie. **Die Stressreaktion führt also zu einer sofortigen Freisetzung von Energie!**

Dabei läuft Folgendes ab: In Ihrem Gehirn werden innerhalb von Sekundenbruchteilen alle verfügbaren Informationen abgerufen, die zur Bewältigung der Gefahrensituation beitragen können. Die Stressreaktion selbst entspringt dem limbischen System, das aktivierende Reize an den Hypothalamus schickt. Von dieser Region des Zwischenhirns strömen dann blitzschnell stimulierende Impulse zum Sympathikus – dem aktivierenden Teil Ihres autonomen oder vegetativen Nervensystems, das nicht Ihrer willentlichen Kontrolle unterliegt. Dadurch kommt es im Nebennierenmark zur gesteigerten Ausschüttung der Hormone Adrenalin und Noradrenalin – der Stresshormone. Diese Botenstoffe, auch bekannt als Katecholamine, kreisen auch sonst in sehr kleinen Dosen durch Ihre Blutbahnen. In einer Lebenslage, die Ihr Wahrnehmungsapparat jedoch als bedrohlich einordnet, schnellt die Konzentration sofort in die Höhe.

Durch die vermehrte Ausschüttung der Katecholamine beginnt Ihr Herz zu rasen und pumpt mehr Blut dorthin, wo es benötigt wird – vor allem zu den Muskeln und zum Gehirn. Ihr Blutdruck schnellt in die Höhe, Sie atmen rascher und Ihre Atemwege weiten sich, damit Sie mehr Sauerstoff in Ihren Körper bekommen. Gleichzeitig beginnen Sie an Händen und Füßen zu schwitzen und Ihr Mund wird trocken.

Ein aktivierter Sympathikus und ein erhöhter Stresshormonspiegel ermöglichen in erster Linie aber die unmittelbare Bereitstellung von Energie. Zucker – aus den Glykogendepots in der Leber – und Fettsäuren – durch den Abbau aus dem Speicherfett des Körpers – werden freigesetzt.

Die Katecholamine Adrenalin und Noradrenalin wirken schnell und kurz. Darum zündet der Körper bei einer anhaltenden Stresssituation nun eine zweite Stufe. Dabei scheidet der Hypothalamus im Zwischenhirn das CRH (Corticotropin Releasing Hormone) aus, das wiederum in der Hirnanhangsdrüse die Bildung des Hormons ACTH veranlasst – das adrenocorticotrope Hormon. ACTH bewirkt in der Nebennierenrinde die Produktion und Ausschüttung von Glukokortikoiden – insbesondere Cortisol – sowie von Aldosteron.

Um eine länger währende Stresssituation überhaupt bewältigen zu können, braucht der Körper weiterhin Energie. Dabei hilft nun Cortisol. Es sorgt für die zusätzliche Herstellung von Noradrenalin und Adrenalin, für den Abbau von Eiweiß und dessen Umwandlung in Zucker sowie für die Freisetzung von Fettsäuren. Cortisol hält weiterhin den Blutdruck hoch und hemmt alle Entzündungsprozesse im Körper. Aldosteron erhöht das Blutvolumen und den Blutdruck.

Erinnern Sie sich noch an ATP, Adenosintriphosphat, unsere Energiewährung? Das Energiemolekül, von dem wir die große Bedeutung des »Raums dazwischen« gelernt haben. Machen Sie sich klar: All diese Vorgänge zur Gewinnung von Energie münden letztlich immer in die Bildung von ATP!

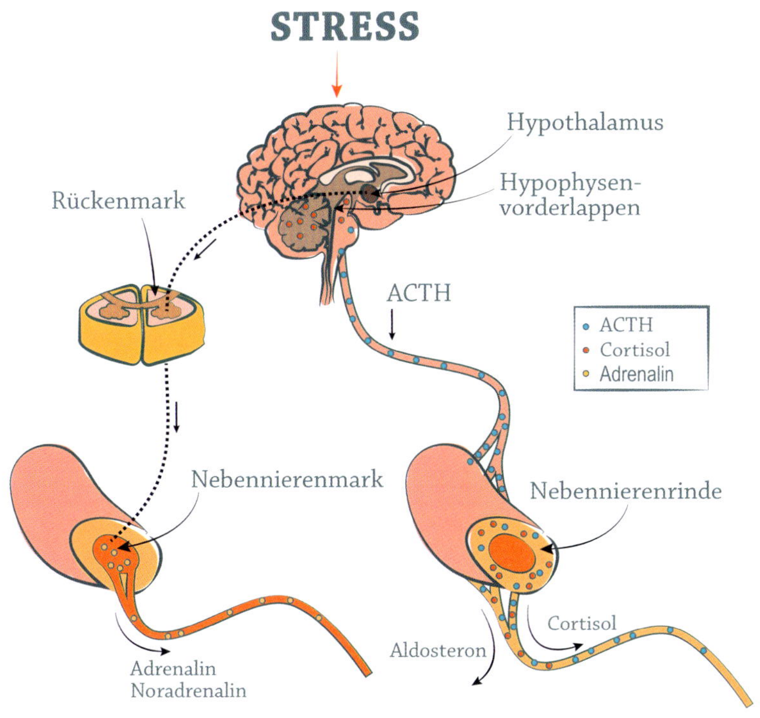

Kurzfristige Stressantwort

- Glykogenabbau zu Glukose, Anstieg des Blutzuckerspiegels
- Blutdruckanstieg, höhere Atemfrequenz
- Erhöhter Stoffwechselumsatz
- Veränderte Durchblutungsmuster, erhöhte Aufmerksamkeit, erniedrigte Verdauungs- und Nierenaktivität

Langfristige Stressantwort

- Erhöhte Wasserrückresorption
- Gesteigertes Blutvolumen, erhöhter Blutdruck
- Protein- und Fettabbau zu Glukose, erhöhter Blutzuckerspiegel
- Unterdrückung der Immunfunktionen

Die körperliche Stressreaktion

- Herz-Kreislauf-System: Beschleunigung der Herzfrequenz und des Pulses, Blutdruckanstieg, Schwindel, kalte Hände und Füße.
- Atmung: Schnelle und flache Atmung, die Atemwege weiten sich – die Lunge wird beim Einatmen nicht mehr komplett mit Luft gefüllt.
- Muskeln: Spannen sich an.
- Flüssigkeitshaushalt: Schwitzen, nasse Hände und Füße, Schluckbeschwerden, trockener Mund.
- Blutgefäße: Drosselung der Blutzufuhr zu Haut, Magen-Darm-Trakt, Nieren und der Peripherie (Arme und Beine), Verengung der Blutgefäße, Erhöhung der Blutgerinnungsfähigkeit, verstärkte Blutversorgung der Muskulatur und des Gehirns.
- Stoffwechsel: Mobilisation der Energiereserven, Blutzucker- und Blutfettkonzentration steigen an.

WAS PASSIERT BEI STRESS IN DER PSYCHE?

Stellen wir uns eine Situation vor, in der sich unsere Ahnen immer wieder befanden. Auf der Jagd standen sie plötzlich einem wilden Tier gegenüber. Ihr Leben war in Gefahr. Diese Einsicht katapultierte sie blitzschnell in einen völlig anderen energetischen Orbit. Schlagartig waren sie hellwach. Augenblicklich mussten sie die Entscheidung treffen: Kampf oder Flucht? Hatten sie Angst, liefen sie davon. Angriffslust motivierte sie zum Kampf. Heute begegnen wir auf der Straße keinen wilden Tieren mehr. Stress hat in unserer Zeit ein anderes Gesicht. Doch wie gehen wir damit um? Ich erzähle Ihnen dazu eine Anekdote.

Wie der Stressreflex mutierte

Jens ist ein junger Manager. Kürzlich fuhr er zu einem wichtigen Kundentermin. Auf dem Weg geriet er auf der Autobahn in einen Stau. Zunächst kein großes Problem, denn er hatte sich rechtzeitig auf den Weg gemacht und einen ausreichenden zeitlichen Puffer eingeplant. Es war ein wunderschöner Frühsommermorgen – die Sonne schien, die Wiesen blühten und die Vögel zwitscherten. Jens war anfänglich noch recht entspannt, doch schon bald merkte er, dass sich bei dem Stau nichts bewegte. Er sah immer wieder auf die Uhr, und bald wurde klar, dass er sich verspäten würde. Schließlich holte er sein Handy hervor, um seinen Kunden zu benachrichtigen. Doch zu seinem Entsetzen stellte er fest, dass er sich in einem Funkloch befand. Er geriet in Panik. Sein Herz klopfte schneller, er atmete kürzer, seine Muskulatur spannte sich an, er begann zu schwitzen, seine Hände wurden kalt und feucht. Unruhe und Nervosität erfassten ihn, seine Finger klopften unruhig auf das Lenkrad, er rutschte auf dem Sitz hin und her. Dann wurde er wütend und am liebsten hätte er jetzt auf sein Lenkrad eingeschlagen. Was war passiert?

Jens erlebte genau die körperliche und geistige Reaktion, die wir eben beschrieben haben. Sein Organismus verhielt sich so, als ob ihn plötzlich ein gefährliches wildes Tier überrascht hätte. Wie bei unseren Urahnen vor Zigtausenden Jahren tickt auch unser Stresssystem immer noch im Steinzeittakt. In Wirklichkeit jedoch saß Jens an einem traumhaften Tag wohlbehütet in einem bequemen Auto und sein Leben war nicht im Geringsten in Gefahr. Möglicherweise würde er einen Termin verpassen – das war alles. Sicherlich haben Sie so eine Situation auch schon erlebt. Doch welche Schlüsse ziehen wir daraus?

Die Evolution hat die Stressreaktion als biologische Überlebensstrategie entworfen. Für unsere Vorfahren erwies sich dieser Reflex als überlebensnotwendig. Beim modernen Menschen jedoch stellt sich die Stressreaktion in den meisten Situationen als unpassend heraus. Heute setzen meist psychosoziale Konflikte den »Kampf-oder-Flucht-Reflex« in Gang. Nur: In einem Verkehrsstau kann man nicht kämpfen oder weglaufen, in einem dicht gedrängten Terminplan lässt sich kein Feind stellen, im wirtschaftlichen Konkurrenzkampf kann man Mitbewerber nicht mit dem Faustrecht ausschalten. Durch die dramatische Veränderung der Lebensbedingungen mutierte die Stressreaktion selbst zur Gefahr und gilt laut International Labour Organization (ILO) in den westlichen Industrieländern mittlerweile als direkte oder indirekte Ursache von 70 Prozent aller Krankheiten.

Machen wir uns einmal Folgendes klar …

Mit der digitalen Revolution hat sich in den letzten 20 Jahren unser Leben radikaler verändert als in Tausenden Jahren zuvor. Um die Menge an Informationen zu verarbeiten, die heute jeden Tag in unser Gehirn strömt, hatte Goethe ein paar Jahre Zeit! Über Jahrtausende hinweg war der schnellste Transportweg das Pferd oder die Kutsche, bis plötzlich vor 200 Jahren eine Explosion der Geschwindigkeit begann. Goethe brauchte für seine Reise nach Italien noch Wochen – wir fliegen in einer Stunde dorthin.

Vor 50 Jahren besaßen nur wenige ein Telefon. Heute steckt bei allen ein Handy, bei den meisten sogar ein internetfähiges Smartphone in der Tasche. Permanent »socializen« wir via Internet, E-Mail, Facebook, Instagram oder Twitter – wir sind immer erreichbar. Und die Kommunikation wird auch zukünftig immer mehr Fahrt aufnehmen. **Der moderne Mensch sieht sich damit einem fein dosierten, meist nicht erkennbaren Strom von Stressreizen gegenüber.**

Doch gelingt es auch unserem Gehirn und unserem Körper, so, wie sie konzipiert sind, mit dieser Entwicklung Schritt zu halten? Verbraucht der menschliche Organismus in diesem Prozess nicht viel zu schnell seine energetischen Ressourcen? Das menschliche Stresssystem kann als klassisches Beispiel dafür dienen, was passiert, wenn die Entwicklung von Lebensverhältnissen und von Technik und biologische Evolution derart auseinanderdriften.

Arbeitet ein Mensch unter Hochdruck, verbraucht er mehr Energie. Entwickelt er kein Bewusstsein dafür, seine energetischen Ressourcen immer wieder zu regenerieren, landet er im Burn-out – einer großen menschlichen Energiekrise, die längst nicht mehr nur hoch bezahlte Manager betrifft.

Können wir Schritt halten?

Mit dem Eintritt in das Informationszeitalter und seit der Corona-Krise ist für uns alle die Grundanspannung massiv angestiegen. Doch haben wir uns adäquat darauf eingestellt?

Die meisten Unternehmen investieren bei der Personalentwicklung hauptsächlich in die Optimierung der fachlichen Fähigkeiten. Nur wenige kümmern sich um die energetischen Ressourcen ihrer Belegschaft. Deren Leistungsstärke und Vitalität setzt man irrtümlicherweise als selbstverständlich voraus. Doch mittlerweile dokumentieren wissenschaftliche Studien-

Technische Entwicklung der Menschheit

Die steil ansteigende Kurve zeigt, wie sehr das Tempo der technischen Entwicklung in den vergangenen gut 100 Jahren zugenommen hat.

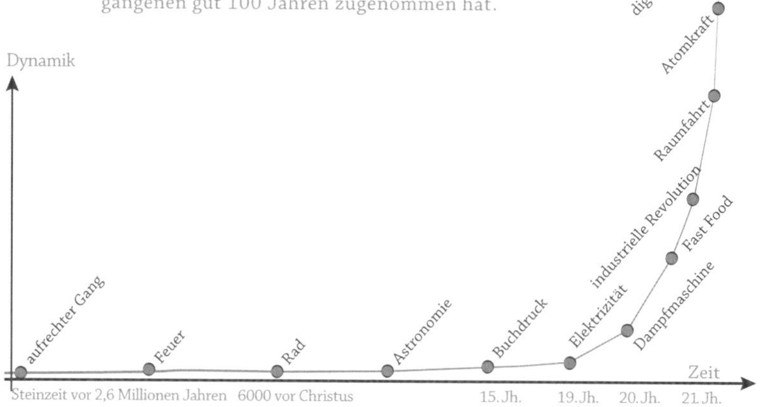

ergebnisse, dass vor allem Führungskräfte, die in die Regeneration ihrer Energiespeicher investieren, mehr in weniger Zeit erledigen. Und das mit mehr Engagement und größerer Nachhaltigkeit!

Folgen von Stress in Zahlen

- Die Zahl derer, die bereits unter einem Erschöpfungssyndrom leiden, hat in den vergangenen Jahren in alarmierender Weise zugenommen. Nach Schätzungen der Krankenkassen fühlt sich ein Drittel der Bevölkerung ausgebrannt. Laut Umfrage des Wirtschafts- und Sozialwissenschaftlichen Instituts des Deutschen Gewerkschaftsbundes arbeiten 84 Prozent der Unternehmen unter hohem Zeit- und Leistungsdruck. Die Zahl der Fehlzeiten von Arbeitnehmern mit psychischen Erkrankungen ist gemäß Erhebungen der AOK seit 2007 um rund 115 Prozent gestiegen. Besonders betroffen sind Berufstätige der älteren Generation. So registrierten die KKH (Kaufmännische Krankenkassen) einen Anstieg bei 50- bis 65-Jährigen von sogar 260 Prozent.
- Schon jetzt sind psychische Erkrankungen zudem die häufigste Ursache von Frühverrentungen. 2019 begründeten laut Deutscher Rentenversicherung bereits 51 Prozent ihren vorzeitigen Ausstieg aus dem Berufsleben mit hartnäckigen Depressionen, Angstzuständen oder anderen seelischen Störungen – mehr als doppelt so viele wie noch zehn Jahre zuvor. Frauen sind dabei deutlich stärker betroffen als Männer.
- Krankheitstage sind teuer: Nach Auskunft des Bundesarbeitsministeriums stieg die Zahl der Krankheitstage von 48 Millionen im Jahr 2007 auf 107 Millionen im Jahr 2017. Der wirtschaftliche Schaden habe sich im selben Zeitraum von 12,4 Milliarden auf 33,9 Milliarden Euro nahezu verdreifacht.
- Hauptursache: Burn-out-(Aus-)Fälle: Vor wenigen Jahren standen noch Rückenschmerzen an vorderster Stelle bei Krankmeldungen.

WAS PASSIERT BEI CHRONISCHEM STRESS IM KÖRPER?

Kommen wir zu Jens zurück, dem jungen Manager, der im Stau stand. Als er zum ersten Mal zu mir kam, klagte er über Müdigkeit, Konzentrationsprobleme und mangelnde Leistungsfähigkeit. In letzter Zeit habe er viel beruflichen Druck verspürt. Seine Stressresistenz habe deutlich nachgelassen. In diese Episode fiel auch der Zwischenfall mit dem verpassten Kundentermin. Jens ist von seinem Naturell her ein engagierter, ehrgeiziger, perfektionistischer aufstrebender Manager. Sein Chef delegiert gerne wichtige Projekte an ihn, da er weiß, dass

Jens sie zuverlässig erledigt. Er ist jung verheiratet und vor einem halben Jahr Vater geworden. Seine Frau versuchte er insbesondere nach der Entbindung zu unterstützen. Gleichzeitig wurde in seinem Unternehmen umstrukturiert. Dadurch arbeitete er lange und kam häufig erst spät aus dem Büro nach Hause. Nachts schlief er nicht genug, da sein kleiner Sohn häufig aufwachte und weinte. Jens spürte, dass er durch chronischen Stress auf ein Burn-out zusteuerte. Was passierte in seinem Körper?

Wenn Stress keine Pause hat, kein »Raum dazwischen« mehr ist, kann sich der Organismus nicht mehr erholen. Die Folge: Er reagiert so, als ob er dauerhaft bedroht wäre, und seine Nebennieren schütten nun permanent Stresshormone aus. Wie wir vorhin bereits gelernt haben, sorgen die Katecholamine und Cortisol vor allem für die Bereitstellung von Energie. Nun hemmt aber das ausgeschwemmte Cortisol die Verwertung von Zucker und sorgt auf diese Weise dafür, dass ein anderes Energiedepot angezapft wird. Darum werden nun verstärkt Fettsäuren aus den Fettzellen freigesetzt. Cortisol bedient sich hierbei auch der Hilfe des Adrenalins, dessen Synthese es stimuliert. Gleichzeitig verhindert das Cortisol, dass die Speicher in den Fettzellen wieder aufgefüllt werden. Bei chronisch-psychischem Stress, auf den wir anders als unsere Vorfahren nicht mit einer körperlichen Kampfhandlung oder Flucht reagieren können, zirkulieren nun die Fettsäuren im Blut, ohne jedoch eine energetische Verwendung zu finden. Denn wie Jens sitzen wir vielleicht nur in unserem Auto, das uns bedrohende Raubtier ist eine lange, stehende Fahrzeugschlange und in unserem Körper entsteht ein Energiestau.

Bestimmt fühlen Sie sich entspannt und erleichtert, wenn Sie nach einem stressigen Tag noch Sport machen. Sie lösen damit Ihren inneren Energiestau auf. Regelmäßige körperliche Bewegung dient daher als bewährte Strategie der Stressbewältigung.

Doch was passiert, wenn Sie die durch eine Stressreaktion in Ihrem Körper bereitgestellte Energie nicht ausgeben? Dann suchen die Fettsäuren wieder Ihren Weg zurück in die Fettzellen, sobald die hohen Cortisolspitzen etwas abgeklungen sind. Dabei bevorzugen sie häufig die Zellen des Bauchfetts. Wenn sich mehr Fett im Bauchraum anhäuft, gilt das als ein bedeutender Risikofaktor für Herz-Kreislauf-Erkrankungen, also Herzinfarkt und Schlaganfall, wie auch für Diabetes mellitus, die Zuckerkrankheit.

Das Risiko für einen Herzinfarkt kann sich durch chronischen Stress verdreifachen. Doch neben der Stoffwechsel- und der Herz-Kreislauf-Problematik führt chronischer Stress auf Dauer auch zu Erkrankungen des Bewegungsapparates. Bei der akuten Stressreaktion spannt sich Ihre Muskulatur an, der Muskeltonus erhöht sich, um sich auf Kampf oder Flucht vorzubereiten. Wird der Stress chronisch, leben Sie also in dauernder Anspannung, verhärten und verkürzen sich im Laufe der Zeit Ihre Muskeln. Es entwickelt sich ein Hartspann. Vielleicht spüren Sie die Verhärtung, wenn Sie die Muskulatur Ihrer Schulter-Nacken-Partie ertasten. Bei vielen Menschen ist die Last, die sie auf ihren Schultern tragen, sehr deutlich spür- und sichtbar. Wenn Ihre Rückenmuskeln sich in einem fortwährend angespannten Zustand befinden, wirkt sich das längerfristig natürlich auf Ihre Wirbelsäule und Bandscheiben aus. Kein Wunder also, dass Rückenschmerzen zu einem Volksleiden geworden sind – mit ein Resultat von chronischem Stress. Um das Bild zu vervollständigen, gibt es noch eine Fülle anderer Beschwerden, die durch chronischen Stress zustande kommen. Dazu gehören unter anderem Hörsturz und Tinnitus, Infektanfälligkeit durch Schwächung des Immunsystems, Verdauungsprobleme und Bluthochdruck.

WAS PASSIERT BEI CHRONISCHEM STRESS IN DER PSYCHE?

Stress – wenn er zum Dauerzustand wird – hinterlässt seine Spuren. Nicht nur im Körper, auch in der Psyche. Früher waren es wilde Tiere und feindliche Kohorten, die den Stressreflex auslösten. Heute sind es die überbordende Erlebnisdichte, Reizüberflutung, Überlastung und Überforderung, Beziehungsprobleme, Termin- und Konkurrenzdruck, Mobbing am Arbeitsplatz, Schlafmangel, Existenz- und Zukunftsängste, aber auch Lärm und Umweltverschmutzung. Laut Stressreport 2012 (Bundesanstalt für Arbeitsschutz und Arbeitsmedizin) fühlt sich jeder zweite Arbeitnehmer durch seine Arbeit gestresst und jeder fünfte sogar völlig überfordert.

Wenn Sie dauernd unter Druck stehen und sich dadurch eine immer größere innere Anspannung entwickelt, verzehren sich mit der Zeit Ihre Energiereserven. Ihr Stresssystem verliert allmählich die Fähigkeit, sich Belastungen anzupassen. Die Folge: Sie befinden sich ständig im Alarmzustand. Nach einem stressigen Tag fühlen Sie sich einerseits innerlich überdreht, andererseits aber auch energie- und kraftlos. Sie bemerken, wie Sie immer fahriger werden, sich nicht mehr richtig konzentrieren können, Sie wundern sich über Gedächtnislücken, vergessen oft, was Sie sich vorgenommen hatten, entwickeln Schwierigkeiten, sich zu motivieren, bringen Zusammenhänge durcheinander und können das Kopfkino nicht mehr abstellen, selbst wenn Sie schlafen wollen.

Der Einfluss von Dauerstress

- Blutwerte: Bluthochdruck, erhöhter Cholesterinspiegel und Blutzucker
- Muskelverspannungen, Kopf- und Rückenschmerzen
- Verdauung: Verdauungsstörungen, Magenschmerzen, Sodbrennen, zu viel oder zu wenig Appetit
- Schwache Immunabwehr: Anfälligkeit für Infektionen und Allergien durch ein dauerhaft geschwächtes Immunsystem
- Psyche: ständige Müdigkeit und Konzentrationsschwäche, Vergesslichkeit, Angst und Panik, Schlafstörungen, leichte Reizbarkeit, Aggressivität
- Gestörte Sexualfunktionen
- Häufige Kompensation: steigender Alkohol-, Zigaretten-, Koffein- oder Tablettenkonsum

AM ENDE STEHT DAS BURN-OUT

Sicher kennen Sie das Problem, vor lauter Gedanken nicht einschlafen zu können. Oder mitten in der Nacht aufzuwachen und stundenlang wach zu liegen. Nach Erkenntnissen der modernen Erholungsforschung strahlt die Art und Dauer der Belastungsphase in die Regenerationsphase aus. Das bedeutet: **Je länger und stärker man sich strapaziert, umso mehr Zeit muss man wieder in die Entspannung investieren.** Wenn Ruhe und Aktivität aus der Balance geraten, wenn die Erholungsphase nicht mehr ausreicht, um die Phase der Beanspruchung auszugleichen, entwickelt sich die Belastung schon sehr schnell zur Überlastung. An diesem kritischen Punkt greifen die Methoden der Regeneration oft nicht mehr, und dadurch entwickelt sich ein Teufelskreis.

Überforderung verlangt nach mehr Ruhe. Wenn der Organismus jedoch überdreht, kann er nicht mehr entspannen. Der Schlaf ist schlecht, man kann nicht einschlafen, wacht zwischendurch auf, fühlt sich am Morgen gerädert und nicht leistungsfähig. Dennoch warten unerledigte Aufgaben, die man nur unzureichend abarbeitet. Die Überlastung wächst weiter und damit die Notwendigkeit nach tieferer und längerer Erholung. Man sehnt sich nach Schlaf, hat aber Panik davor, ins Bett zu gehen, weil man fürchtet, nicht schlafen zu können. Diese Angst verhindert den dringend erforderlichen Schlaf, und die Negativspirale in das Burn-out dreht sich immer schneller.

Was machen dabei die Stresshormone?

Weil wir so viel über die Stresshormone erfahren haben, wollen wir natürlich wissen, was mit ihnen passiert, wenn der Stress andauert. Bei chronischem Stress steigt durch die Aktivierung der Nebenniere der Cortisolspiegel an. Hält dieser Zustand jedoch über eine längere Periode an, wird mit zunehmender Erschöpfung auch die Nebenniere müde und schüttet immer weniger Cortisol aus. Außerdem sinkt der Spiegel des Glückshormons Serotonin, das bei Niedergeschlagenheit abfällt, in den Keller. Das Gleiche passiert mit Melatonin und Dopamin. Melatonin steuert den Tag-Nacht-Rhythmus und fungiert als ein wichtiger Fänger freier Radikale. Dopamin erhöht das Wohlgefühl und wirkt antriebssteigernd.

Welche Persönlichkeitsstruktur neigt zur Überforderung?

- Engagiert
- Ambitioniert
- Idealistisch
- Verantwortungsbewusst
- Perfektionistisch
- Verbissen
- Unachtsam sich selbst gegenüber

... und so kann es ablaufen

Die Patientin, die vor mir sitzt, ist Herzchirurgin. Ihre Persönlichkeitsstruktur erinnert an die von Jens, dem jungen Manager. Ehrgeizig, engagiert, verantwortungsbewusst, zielstrebig, perfektionistisch, etwas verbissen und unachtsam sich selbst gegenüber. Sie liebte ihren Beruf und ging darin auf. Lange Arbeitszeiten, viele Stunden im OP, Nachtschichten ohne Schlaf, danach gleich ohne Unterbrechung weiter. Ihr Chef war begeistert von ihr, was ihr natürlich schmeichelte und sie weiter anstachelte. In der Fachsprache nennt man solche Mitarbeiterprofile »Overachiever«. Menschen, die überengagiert sind, gehören meistens zu den Lieblingen der Chefs, denn sie erledigen Aufgaben selbstständig, akkurat und perfekt. Auch die junge Herzchirurgin wollte ihren Chef keinesfalls enttäuschen und schlug darum auch solche Aufgaben nicht aus, die sie überforderten. Aufgrund ihres beruflichen Engagements kam natürlich ihr Privatleben zu kurz. Ihre Beziehung litt und sie vernachlässigte ihre Freunde. Mit der Zeit konnte es nicht ausbleiben, dass sich die junge Ärztin immer erschöpfter fühlte. Es fiel ihr zunehmend schwer, sich zu motivieren. Obwohl ihr Beruf darin bestand, Menschen zu helfen, erkannte sie nicht mehr den Sinn ihrer Tätigkeit. Sie wurde mürrisch, lustlos und launisch, zog sich mehr und mehr zurück, verschloss sich den Gesprächen und Bemühungen

ihrer Familie und Freunde. Allmählich glitt sie in eine Depression ab und konnte nicht mehr arbeiten. Ihr Zustand eskalierte so weit, dass sie verzweifelte, wenn sie 50 Meter zum Bäcker gehen musste, um Brot zu kaufen. Sie glaubte, solch eine Aufgabe nicht bewältigen zu können. Die Diagnose: Burn-out.
Es dauerte Monate, bis sich diese einst so strebsame Medizinerin mithilfe intensiver Therapie von ihrer Erschöpfungsdepression erholte. Selbst Ärztin, hatte sie die deutlichen Anzeichen missachtet, die ihr die heraufziehende Gefahr klar signalisierten. Warum hat sie sie nicht erkannt oder nicht darauf reagiert? Zum einen ist solch ein Verhalten typisch für die Persönlichkeitsstruktur, die für ein Burn-out prädestiniert ist. Zum anderen nimmt dieser Krankheitsprozess ab einem bestimmten Punkt eine Eigendynamik auf, aus der es schwierig ist, sich selbst zu befreien.

Warnsignale der Erschöpfung

- Vermehrtes Engagement, pausenloses Arbeiten, keine Erholungsphasen, Hyperaktivität, Overachievement
- Nichtbeachtung eigener Bedürfnisse, Verdrängung von Misserfolgen
- Beschränkung sozialer Kontakte auf einen Bereich
- Erschöpfung, Müdigkeit, Antriebsarmut, Lustlosigkeit, Schlaflosigkeit
- Konzentrations- und Gedächtnisschwäche
- Angstzustände, depressive Verstimmung
- Kleinste Arbeiten sind zu viel (einkaufen gehen, eine Überweisung tätigen)

DER IRRTUM DES INTELLEKTS

Bei den Inkas bedeutet das Wort für Burn-out »wenn man seine Seele verloren hat«. Im Maharishi Ayurveda versteht man das als *Pragya Aparadh*. Dieser Sanskrit-Begriff heißt »Irrtum des Intellekts« und gilt als Urgrund aller Krankheiten. In den jahrtausendealten ayurvedischen Texten steht dazu geschrieben: »Wenn man das Ewige als vergänglich sieht und das Vergängliche als ewig, wenn man das Schädliche als nützlich erkennt und das Nützliche als schädlich, dann ist der Intellekt verwirrt. Der gesunde Intellekt begreift die Dinge, wie sie sind.«
Dem Intellekt wird also eine elementare Bedeutung für die Gesundheit zugebilligt. Was genau ist dabei eigentlich seine Funktion? Der Verstand differenziert, analysiert und entscheidet. Zum Beispiel was und wann wir essen oder trinken, wie lange wir arbeiten und schlafen, wie oft wir uns bewegen, wie viel Zeit wir mit unserer Familie und unseren Freunden verbringen – alles eine Frage der Entscheidung. **Mit den richtigen Entschlüssen nützt der Verstand unserer Gesundheit, mit den falschen schadet er ihr.** Oft irrt er aus Gewohnheit.

Weil unsere Prägungen ihn täuschen, die Gepflogenheiten unseres Lebens ihn fehlleiten. Der Intellekt trifft seine Entscheidungen nämlich immer aus seiner Sicht der Wirklichkeit – einer Wirklichkeit, die er gelernt hat. Unsere Urteile sind also Ausdruck unserer Weltsicht. Ist sie eingeschränkt, treffen wir falsche Entschlüsse. Ist sie ganzheitlich, sind es die richtigen. Dazu gehört auch, sich selbst zu prüfen. Sind Sie ein Overachiever?

Nach ayurvedischem Verständnis ist ein Mensch gesund, der in seinem Selbst ruht. **Wer bei sich ist, in seiner Mitte, der ist im Gleichgewicht.** Erinnern Sie sich an das Bild des Orkans und der Ruhe in seinem Zentrum? Zu sich selbst zurückzukehren, in sein inneres Ordnungssystem, zu seiner natürlichen Balance, bedeutet, aufs Neue zu lernen, sich zu spüren. Darin besteht die Essenz eines erfolgreichen Stress- und Energiemanagements.

»Balance« ist der Schlüsselbegriff in allen medizinischen Systemen. Damit wollen wir uns im nächsten Kapitel näher befassen.

| ÜBUNG |

Mit dem Atem zu mehr innerer Ruhe und Balance

Gewähren Sie den eben gelesenen Gedanken über Stress und Balance etwas Zeit, um zu wirken. Schließen Sie die Augen und atmen Sie ganz tief und lang durch die Nase ein und aus. Richten Sie Ihre ganze Aufmerksamkeit nur auf die Atmung. Ziehen Sie die Atmung bewusst in die Länge. Halten Sie nach jedem Ein- und Ausatmen für zwei Sekunden bewusst inne – wenn die Lunge prall mit Luft gefüllt ist, warten Sie zwei Sekunden, bevor Sie die Luft wieder durch die Nase ausströmen lassen, und wenn die Lunge ganz leer ist, warten Sie zwei Sekunden, bevor Sie von Neuem tief durch die Nase einatmen. Wiederholen Sie sechs Atmungszyklen.

STEP 4

Balance

DER PERSÖNLICHE STRESSPEGEL

Vom theoretischen Stressverständnis kommen wir nun zu Ihrem persönlichen Stresslevel. Das vornehmliche Ziel dieses Buches besteht darin, ein intensiveres Gefühl für den eigenen Körper zu entwickeln, damit Sie bewusster mit Ihrer Energie umgehen und die Signale des Körpers besser begreifen. Stress ist nicht nur einer der größten Energieräuber, er macht auch krank, wenn er sich dauerhaft in Ihrem Leben breitmacht. Daher sollten Sie ihn besonders gut im Blick behalten. Es gibt verschiedene Arten, Stress im Körper zu messen, eine davon geschieht mithilfe der sogenannten Herzratenvariabilität (HRV). Sie beschreibt die Schwankungen zwischen den einzelnen Herzschlägen, die je nach Entspannungs- oder Belastungszustand unterschiedlich ausfallen. Mit dieser anerkannten Methode lässt sich der innere Spannungspegel bestimmen und man sieht, wie schnell sich Ihr Körper nach einem Stressreiz wieder erholen kann.

Wenn Sie ein Smartphone besitzen, können Sie diese HRV heute relativ einfach über eine App bestimmen. Geben Sie »Stresscheck« oder »Herzratenvariabilität« in eine Suchmaschine ein und laden Sie sich ein Angebot herunter – zum Beispiel von Azumio. Mittels des Kamerablitzes erkennt und misst die App Ihren Fingerpuls und daraus leitet sie Ihren augenblicklichen Stresslevel ab. Ihr Finger ändert nämlich geringfügig die Farbe, während die Kapillaren sich mit jedem Herzschlag weiten oder zusammenziehen. Achten Sie also darauf, dass Ihre Hände nicht kalt sind und dass Sie den Finger nicht zu fest anlegen. Während der Messung erscheinen interessante Informationen zum Thema Stress über das Display. Bei erfolgreicher Messung wird Ihr aktueller Stresslevel auf einem Stresstachometer in Prozenten angezeigt und in einem kurzen Text erläutert. In einer Timeline können Sie Ihre Messungen abspeichern und diesen Test unter verschiedenen Umständen wiederholen – wenn Sie sich gestresst oder entspannt fühlen.

Je besser Ihr HRV-Wert ausfällt, umso höher ist Ihre momentane Resilienz. Führen Sie diese Messung in regelmäßigen Abständen und unterschiedlichen Situationen aus, um ein Gespür für Ihren Spannungspegel zu bekommen. Versuchen Sie, einen erhöhten Stresslevel möglichst zeitnah durch gezielte Pausen herunterzuregeln.

WAS IST RESILIENZ?

Allgemein steht Resilienz für die Fähigkeit eines Systems, seine innere Balance nach einem Stressreiz, einem Störeinfluss oder einer Strapaze wiederherzustellen. Beim Menschen gilt als Resilienz seine Widerstandsfähigkeit oder auch seine innere Stärke. Ein Sinnbild dafür ist das Stehaufmännchen, das immer wieder in seine aufrechte Haltung zurückschwingt, auch wenn man es aus dem Gleichgewicht kippt. Oder ein Flummi, der sich beim Aufprall gegen eine Wand kurzzeitig verformt, aber als wohlgeformte Kugel wieder zu uns zurückspringt.

Menschen mit einer hohen Resilienz erleben Belastungen oder Krisensituationen als herausfordernd, sie blühen geradezu darin auf, meistern sie souverän und überstehen sie ohne bleibende Beeinträchtigungen. Bei niedriger Resilienz hingegen reagiert man hilflos, leidet dauerhaft und gerät in Schwierigkeiten. Psychologen verstehen einen resilienten Menschen als jemanden mit einer positiven Lebenseinstellung, einer hohen seelischen Kraft und Widerstandsfähigkeit. Ihn charakterisiert außergewöhnliche Selbstkongruenz und Feldunabhängigkeit, das heißt, er orientiert sich in seinem Verhalten weniger an seiner Außenwelt als vielmehr an seinem inneren Wertesystem. Der Begriff »Resilienz« findet auch in anderen Bereichen Anwendung – zum Beispiel bei Ökosystemen. Wälder werden als resilient bezeichnet, weil sie sich nach einem Brand relativ schnell wieder regenerieren.
Das Fundament der Resilienz bildet die Homöostase. Dabei handelt es sich um das wichtigste Funktionsprinzip in unserem Organismus. Was genau ist darunter zu verstehen?

DAS HOMÖOSTATISCHE PRINZIP – DIE RUHE DER MITTE

Das Leben strebt immer nach einem Gleichgewicht. Es sucht nach einem Bezugspunkt. Dieser magische Punkt beschreibt den Zustand, in dem sich ein System zu Hause fühlt, in dem es ganz bei sich ist, zu dem es hinstrebt, in dem es am glücklichsten ist. **Ein Organismus befindet sich in Balance, wenn all seine vielfältigen Funktionen so aneinandergekoppelt sind, dass er seine immanente Ordnung trotz Störfaktoren von außen erhält.**
Alle Einflüsse, die ein System von diesem Zustand wegtreiben, meidet es eigentlich automatisch – aus seiner innersten Natur heraus. Dennoch kann es sein, dass äußere Faktoren ihre

eigene Dynamik entfalten, sodass das System sie quasi als Gewohnheit annimmt und es sich damit immer weiter von seinem wahren Wesen entfernt. Wie wir in Step 3 gelernt haben, ist solch ein Einfluss der Stress – insbesondere chronischer Stress.
In unserem Dasein ist der Bezugspunkt unser Selbst, unsere Mitte, unsere immanente Ordnung, unser inneres, bedingungsloses Glück. Dieser Fixpunkt heißt im Maharishi Ayurveda *Svastha* – das Sanskrit-Wort für Gesundheit, das vom Sprachursprung her »im Selbst ruhen« bedeutet und einen Zustand perfekter Resilienz beschreibt.

Chaostheorie

In der Chaostheorie – der modernen Theorie nicht linearer dynamischer Systeme – bezeichnet man den Orientierungspunkt als Attraktor. Derartige komplexe Netzwerke streben immerzu nach einem Zustand, in dem sie in Balance gleichsam schweben, eben hin zum Attraktor. Scheinbar übt er eine Art magnetische Anziehungskraft auf das große Ganze aus, als ob er es restlos in sich hineinziehen wollte.
In unserem menschlichen Organismus geht es äußerst beziehungsreich zu – er ist das vielleicht komplexeste nicht lineare dynamische System überhaupt. All die unterschiedlichen Funktionen innerhalb unseres Körpers verändern sich pausenlos. Trotzdem gelingt es der Natur, sie so zu koppeln, dass das System als Ganzes dem Wandel des Augenblicks widersteht. Morgens in den Spiegel zu gucken und das gleiche Gesicht des Vorabends wiederzuerkennen, ist nicht selbstverständlich. Der Körper befindet sich nämlich in einer ständigen Transformation: Von seinen 100 Billionen Zellen tauscht er jeden Tag etwa 600 Milliarden aus. In jeder einzelnen Sekunde führt er etwa 10^{30} chemische Operationen durch – eine 1 mit 30 Nullen. 98 Prozent der Atome, die unseren Körper bilden, werden jedes Jahr ersetzt. **Von seiner materiellen Zusammensetzung her ist also der Körper, den wir morgens im Spiegel betrachten, ein ganz anderer als der, mit dem wir uns Stunden zuvor ins Bett gelegt haben.**

Gesundheit als Attraktor

Für uns Menschen ist die Gesundheit der Attraktor. In diesem Zustand fühlen wir uns am wohlsten. Danach sehnt sich unser Geist-Körper-System. Der Begriff »Zustand« ist dafür aber eigentlich nicht ganz richtig, weil er etwas Statisches beschreibt. **Gesundheit ist jedoch in Wirklichkeit extrem dynamisch. Sie erschafft sich immer wieder neu. Sie ist ein Prozess. Dabei geht es darum, die innere Balance zu bewahren, wenn sich um uns herum stetig alles verändert.** Und was ist das Resultat für unsere Befindlichkeit, wenn genau das gelingt? Wohlgefühl, Vitalität und Lebensfreude!
Wie aber schafft es die Natur oder unsere Körperintelligenz, bei einer so unüberschaubaren Vielfalt von Ereignissen die Balance in unserer inneren Welt zu bewahren? Mit welchem Trick koordiniert sie 10^{30} chemische Reaktionen, die je Sekunde in unserem Organsystem ablaufen?

»Krankheiten fallen nicht vom Himmel, sondern sind das Resultat all der kleinen Sünden, die wir täglich begehen.«

HIPPOKRATES

DIE FÄHIGKEIT ZUR SELBSTREGULATION

Den Wissenschaftler, der auch hier einen entscheidenden Beitrag zur Lösung dieses Rätsels leistete, kennen Sie bereits aus dem letzten Kapitel: Es ist der amerikanische Pathologe Walter B. Cannon (1871–1945). Er beschrieb 1914 die Homöostase – das Gleichgewicht der Körperfunktionen, das sich später als das wohl bedeutendste Prinzip der modernen Physiologie herausstellte. Cannons Forschungen bauten auf der Arbeit des französischen Physiologen Claude Bernard (1813–1878) auf, der bei lebenden Systemen die Fähigkeit zur Selbstregulation entdeckt hatte. Mithilfe dieser Anlage können lebende Organismen ihr inneres Milieu trotz widriger Einflüsse von außen aufrechterhalten.
Cannon erkannte bereits vor 100 Jahren, dass eine der größten Gefahren für die Homöostase der Stress ist. Und 1932 beschrieb er die physiologische Reaktion auf Stress, die wir in Step 3 als »Fight or Flight Response«, die Kampf-oder-Flucht-Reaktion, kennengelernt haben.

Der homöostatische Regelkreis

Homöostase entsteht also als ein Produkt der Selbstregulation. Doch wie ist solch ein selbststeuerndes System aufgebaut? In einem Regelkreis heißt der Bezugspunkt Sollwert. Bei der Körpertemperatur zum Beispiel beträgt er 37 Grad Celsius. Dieser Sollwert wird ständig mit dem Istwert verglichen, also der aktuellen Temperatur. Weicht der Istwert vom Sollwert ab, unter- oder überschreitet er also die Temperatur 37 Grad Celsius, wird ein Regler aktiviert. Er setzt die notwendigen Prozesse in Gang, um die erwünschte Temperatur, also den Sollwert, wiederherzustellen. Bezogen auf unser Beispiel heißt das: Wenn es kalt wird, verengen sich die Gefäße der Haut, die Körperwärme kann dadurch weniger gut nach außen abgeführt werden. Außerdem wird unser Stoffwechsel zur Wärmebildung aktiviert, die Muskeln zittern – auch das erzeugt Wärme. Auf diese Weise erhält der Organismus mithilfe des homöostatischen Prinzips auch bei einer Außentemperatur von minus 10 Grad Celsius sein inneres Milieu bei plus 37 Grad Celsius.

Lassen Sie uns an dieser Stelle noch einmal auf die Resilienz zurückkommen: Sie ist das Ergebnis dieses Fließgleichgewichts, das sich mit jeder Veränderung immer wieder bewähren muss. Je stabiler die Homöostase, umso größer die Resilienz. Sie gerät in Gefahr, wenn durch chronische Überlastung die Regulationskräfte eines Organismus erlahmen – ähnlich wie bei einer Feder, die bei Überbeanspruchung ihre Spannkraft verliert.

| ÜBUNG |

Wie ist es um Ihre Homöostase bestellt? Was sind Ihre Stressoren?

Machen Sie sich doch einmal bewusst, wann und wie Ihre Homöostase, also Ihr inneres Gleichgewicht und Ihre Resilienz, durch Stress gefährdet ist. Welche Umstände empfinden Sie als Stress? Was sind Ihre Stressoren, also die Faktoren, die Sie unter Anspannung setzen?

....

....

....

....

....

....

....

....

DER AYURVEDISCHE LEITSATZ: DAS GLEICHGEWICHT BEWAHREN

Westliche Mediziner denken meist in Begriffen von Organen oder bestenfalls Organsystemen. **Viele vergessen dabei, dass jedes Teil nur in Verbindung mit den anderen Teilen funktioniert, und deshalb müssen wir vor allem die Beziehung der Teile untereinander verstehen. Das ist die Botschaft der Homöostase, und sie bildet die Basis der ayurvedischen Medizin.**

Im Grunde basiert jedes heilkundliche System auf dem Prinzip der Homöostase. Ayurveda, als die älteste Gesundheitslehre der Menschheit, hat dieses Konzept in das medizinische Verständnis eingeführt. Dabei verliert sich die ayurvedische Lehre nicht in der Wechselwirkung unzähliger homöostatischer Regelkreise, sondern sie reduziert alle Prozesse in unse-

rem Geist-Körper-System auf die Interaktion von drei biologischen Programmen: den drei Doshas. Um sie etwas genauer zu verstehen, lohnt es sich, zumindest in Kürze die Wurzeln des Ayurveda und damit die Grundlage des Maharishi Ayurveda zu erforschen.

Das Reich der Stille

Der Begriff »Ayurveda« setzt sich zusammen aus *Ayur* (Leben) und *Veda* (Wissen). Wissen gehört in das Terrain des Abstrakten. Leben dagegen ist etwas Konkretes. Es spielt sich in einem Körper ab, es ist aus Fleisch und Blut. Was ist damit gemeint? Das Gesetz der Schwerkraft zum Beispiel hält uns auf der Erde, bestimmt die Umlaufbahnen der Gestirne, doch es ist nicht sichtbar, verbirgt es sich doch im »Raum dazwischen«. Seine Wirkung dagegen sehen wir. Das Wissen, das man braucht, um ein Auto zu bauen, ist abstrakt, das Produkt dieses Wissens aber transportiert uns von einem Ort zum anderen.

Ayus ist das Produkt von Veda, das Leben entstammt dem Wissen oder der Intelligenz der Natur. In unserem persönlichen Leben bildet der Geist den abstrakten und der Körper den konkreten oder materiellen Aspekt. Unseren Geist erfahren wir fast nur aktiv, gefüllt mit Gedanken, Ideen, Gefühlen oder Bildern. Wir führen innere Dialoge in der abstrakten Welt unseres Bewusstseins.

Eine Schwesterdisziplin des Ayurveda – das System des Yoga – beschreibt Bewusstseinstechnologien, um unsere inneren Gespräche verstummen zu lassen. Wenn mithilfe dieser Techniken der mentale Lärm verhallt, die Turbulenzen des Bewusstseins verebben, der Geist stiller wird und schließlich schweigt, dann hört Bewusstsein sich selbst zu, es vernimmt seine Eigenfrequenz, sein inneres Summen, die Matrix purer Intelligenz. Das ist Veda, das Wissen der Natur, und es wird beschrieben als *Sruti* – »das, was man hört« –, wenn Bewusstsein, endlos ausgedehnt, seiner eigenen ungestörten Stille lauscht.

Bewusstsein schafft Leben

Wenn nun die Matrix der Intelligenz, der Veda oder die Gestalt des Bewusstseins, ihre Schatten in die Welt der Erscheinungen wirft, also Ayus – das Leben – gebiert, dann wandelt sich Abstraktes in Konkretes um, dann bildet sich das abstrakte Gewebe von Wissen in den konkreten, materiellen Formen des Lebens ab. Die Welt, die Wirklichkeit, in der wir leben, ist gleichsam die Schattenwelt der Formen des Bewusstseins – das, was Platon die »Manifestationen der Urideen« nannte und in seinem Höhlengleichnis beschrieb.

Woraus der Veda gemacht ist

Wie entsteht nun die Eigenfrequenz des Bewusstseins, nämlich der Veda, überhaupt? Schließlich ist Bewusstsein im Yogazustand, also in seiner vollkommen stillen, nicht aktiven Phase jenseits der Dualität, entblößt von jeder Vielfalt, inhaltslos, ganz allein mit sich selbst. Da es Bewusstsein ist, ist es in sich selbst wach. Es ist sich aber nicht einer Idee oder einer Wahrnehmung bewusst – all das hat es im Yogazustand hinter sich gelassen, es ist sich nur seiner selbst bewusst. Es ist das Selbst oder Atman. Etwas Zweites existiert hier nicht. Trotzdem können wir, weil es Bewusstsein ist – und nur deshalb –, in dieser Einheit eine verschwommene Dreierstruktur ausmachen: Bewusstsein ist die erste und eigentlich einzige Komponente. Doch es ist sich ja bewusst, und dieses Sichbewusst-Sein gestaltet sich als eine zweite Komponente. Wenn es sich bewusst ist, muss es sich irgendetwas, eines Objekts bewusst sein. Dieses Objekt erscheint als die dritte Komponente. Da es aber nichts anderes gibt als nur Bewusstsein selbst, wird Bewusstsein auch zum Objekt seiner eigenen Wahrnehmung. Es nimmt sich also fortwährend nur selbst wahr und festigt damit seine eigene Einheitserfahrung. In vedischen Begriffen heißt diese Einheit *Samhita*, seine drei Komponenten nennt man *Rishi*, *Devata* und *Chhandas*.

Unser Verstand mit seiner analytischen Fähigkeit hat nun etwas fast Paradoxes erreicht: Er hat das Unteilbare geteilt, ohne seine Einheit wirklich zerstört zu haben. Doch wenn das Eine die drei enthält und dabei doch eins bleiben kann, dann müssen die drei so unendlich schnell hin- und herschwingen, dass sie in ihrer unendlichen Dynamik die unbewegte Stille der Einheit strukturieren. Aus dieser unendlich schnellen Hin-und-her-Bewegung, die man *Soma* nennt, entsteht eine Schwingung mit einer unendlichen Frequenz. Das bedeutet, dass die Schwingung zum einen unendlich schnell ist, zum anderen alle möglichen Frequenzen in sich vereint. Frequenz erzeugt Klang, unendliche Frequenz erzeugt alle möglichen Klangmuster. Bewusstsein besitzt also einen »Klangkörper« und Rishi, Devata und Chhandas erscheinen als die drei Instrumente, die diese ewige Sinfonie des Bewusstseins spielen. Diese Sinfonie ist der Veda.

Ayurveda – fest verankert in der vedischen Wissenschaft

Ayurveda steht nicht isoliert von den anderen vedischen Disziplinen da. Hierin liegt auch die herausragende Leistung von Maharishi Mahesh Yogi, der die faszinierende innere Ordnung und Vernetzung der vedischen Disziplinen entdeckt und die Rolle des Ayurveda in diesem Gesamtbild herausgearbeitet hat. Daher rühmt auch die Standesorganisation der ayurvedischen Ärzte Indiens, der All India Ayurvedic Congress, dieses moderne Verständnis des Maharishi Ayurveda als die ursprüngliche und authentische Form des uralten Wissens.

Unendliche Dynamik – totale Stille

Machen wir uns diese etwas verwirrende Gedankenfolge mithilfe einer Analogie deutlich. Stellen wir uns dabei die Samhita oder die Einheit von Rishi, Devata und Chhandas in Form eines Propellers mit drei Flügeln vor. Je schneller sich der Propeller dreht, je dynamischer seine Flügel rotieren, umso ruhiger erscheint er. Wäre die Umdrehungsgeschwindigkeit unbegrenzt hoch, dann wirkte der Propeller völlig ruhig. Er erschiene als eine unbewegte Scheibe. Drei Flügel schaffen eine Scheibe, unendliche Dynamik – Soma – erzeugt totale Stille. Doch gleichzeitig würde diese unendliche Dynamik einen Druck, einen Sog oder auch einen Wirbel hervorrufen.

Dieser Druck ist nach vedischem Verständnis die Schöpfungsenergie in der Einheit des Bewusstseins, die aus der unendlichen Dynamik von Rishi, Devata und Chhandas entsteht und aus sich selbst heraus die grenzenlose Vielfalt des Kosmos erzeugt. In diesem Schaffungsprozess nimmt Vata die Gestalt von Rishi, Pitta die Form von Devata und Kapha den Korpus von Chhandas an. Die »Dynamik der Stille«, die Struktur der Einheit, bricht dabei nach außen, ohne wirklich aus sich herauszukommen. **Denn die Struktur der Einheit bildet sich nur in der Vielfalt ab, als Schatten sozusagen, sie ist der Plan oder die Matrix, nach der das Universum funktioniert. Diese Matrix ist die Quelle allen Gleichgewichts, der Ursprung der Homöostase und der endlose »Raum dazwischen«.**

Der Veda stellt also den Bauplan für die gesamte Schöpfung dar. Ebenso wie die DNA das Wissenspaket verkörpert, das bis ins feinste Detail den Aufbau sämtlicher Strukturen und Funktionen eines Organismus beinhaltet. Die DNA findet sich in jeder Körperzelle – außer in den gereiften roten Blutkörperchen. Die Ganzheit des Wissens ist also in jedem Punkt enthalten. Ebenso postuliert die moderne Physik, dass in jedem Punkt des Universums das Ganze vorhanden ist.

Für jeden Menschen ist die Idealkonstellation seiner Doshas charakteristisch und einzigartig. Diese Konstellation bestimmt seinen Konstitutionstyp und legt das individuelle Fließgleichgewicht von Vata, Pitta und Kapha fest. Jede ayurvedische Therapie verfolgt immer das Ziel, die Doshas zu harmonisieren.

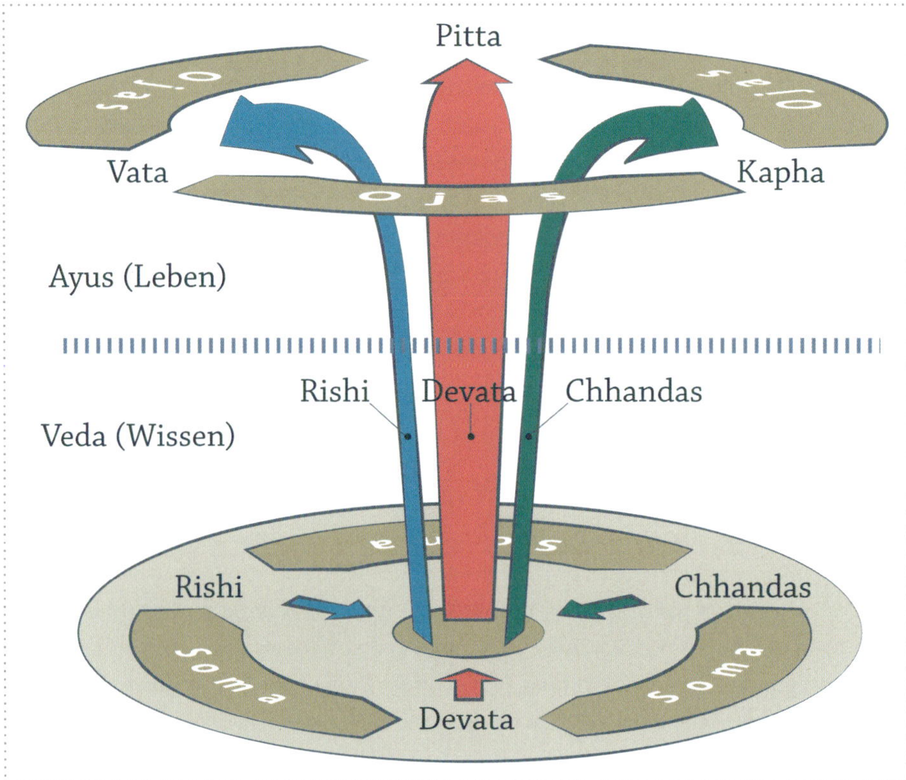

Das bedeutet:

- Überzogene Doshas müssen gedämpft werden.
- Geschwächte Doshas müssen gestärkt werden.
- Ein Missverhältnis der Doshas muss ausgeglichen werden.
- Ojas – die Vitalkraft, die Körper, Geist und Seele eint und die Doshas in der Balance hält – muss aufgebaut werden.

Im Folgenden stelle ich Ihnen die Doshas ausführlich vor. Sicher werden Sie auf viele Merkmale stoßen, die auf Sie zutreffen. Daraus lassen sich Rückschlüsse auf Ihre Konstitution ziehen. Bitte beachten Sie, dass die meisten Menschen Dosha-Mischtypen sind, also beispielsweise eine Kapha-Pitta-, Vata-Kapha- oder Pitta-Vata-Konstitution haben, wobei immer das zuerst genannte Dosha das stärkere ist.
Es können also viele Eigenschaften von zwei Doshas auf Sie zutreffen, während Sie beim dritten Dosha nur vereinzelt auf für Sie typische Charaktereigenschaften stoßen. Es sei denn, Sie haben die seltene Vata-Pitta-Kapha-Konstitution, das heißt, alle Doshas sind bei Ihnen mehr oder weniger gleich ausgeprägt. Nach ayurvedischer Auffassung ist jedes Dosha eine Komposition aus den fünf Elementen, den *Mahabhutas*.

Im Kleinen spiegelt sich das Große – Balance im Innen wie im Außen

In den klassischen ayurvedischen Texten finden wir die Beziehung zwischen dem Winzigen und dem Galaktischen wunderbar poetisch beschrieben: Wie das Atom, so das Universum. Wie der Mikrokosmos, so der Makrokosmos. Wie der menschliche Körper, so der kosmische Körper. Wie der menschliche Geist, so der kosmische Geist. Ayurveda bewertet die spezifischen Dosha-Eigenschaften, die sich in der Konstitution eines Menschen abbilden, nicht als negativ oder positiv. Sind die Doshas im Lot, wirken sie positiv, sind sie im Ungleichgewicht, negativ. Man muss nur wissen, welche Konsequenzen sich aus bestimmten Konstellationen ergeben.

DIE ELEMENTE UND IHRE EIGENSCHAFTEN

Alle fünf Elemente sind in jeder Form der Materie enthalten. Beispiel: Was wir gemeinhin unter Wasser verstehen, also das Wasser, das aus der Leitung fließt, beinhaltet ebenso alle anderen vier Elemente.
Im Süß- oder Salzwasser ist die Ausprägung der Elemente unterschiedlich verteilt. Meerwasser enthält neben dem dominanten Wasserelement einen höheren Anteil des Feuerelements, Seewasser wiederum einen höheren Anteil des Erdelements.

- Der Raum, *Akasha,* ist das erste Element, denn erst in ihm können sich die anderen entfalten.
- Die Luft, *Vayu,* ist immer beteiligt, wenn sich etwas bewegt.
- Das Feuer, *Tejas,* versorgt uns mit Wärme und Energie.
- Das Wasser, *Jala,* prägt alles, was flüssig ist.
- Die Erde, *Prithivi,* strukturiert alle feste und schwere Materie.

Gemeinsam bilden sie die Bausteine der gesamten materiellen Schöpfung. Das ganze Universum, unsere Welt, also auch wir Menschen, sind aus den fünf Elementen zusammengesetzt. Die Mahabhutas haben starken Einfluss auf unsere Doshas. Ein Dosha enthält alle Mahabhutas, wird aber jeweils von ein bis zwei Elementen dominiert. Doshas können nicht in »gute« und »schlechte« unterteilt werden. Auf den nächsten Seiten erkläre ich Ihnen die drei Doshas ausführlich. Sie sind der Grund, weshalb man beim Ayurveda von einer personalisierten Medizin sprechen kann. Eine zarte Vata-Konstellation etwa würde ich ganz anders behandeln als einen robusten Kapha-Menschen oder einen hitzigen Pitta-Typ.

DIE DREI DOSHA-GRUNDTYPEN: VATA, PITTA UND KAPHA

Die Eigenschaften von Vata – »leicht«, »kühl«, »beweglich«, »rau«, »trocken«, »klar« und »fein« – zeigen sich auch in Äußerlichkeiten: Wenn Sie entweder sehr groß oder klein sind, Ihr Körperbau eher zierlich und leicht, Ihre Muskulatur nicht sehr stark ausgeprägt ist und die Gelenke zart sind, wird Ihre Konstitution wohl von Vata dominiert. Sehnen und Venen zeichnen sich oft deutlich unter der Haut ab, die zur Trockenheit neigt. Die Behaarung ist meist schwach ausgeprägt.

Pitta-dominierte Menschen haben viel Charisma und verfügen über eine beeindruckende Ausstrahlung. Den Pitta-Typ prägt ein athletischer Körperbau, er ist mittelgroß und schlank. Sein Teint ist rötlich, seine Haut gut durchblutet und etwas fettig. Er schwitzt leicht und neigt zur Übersäuerung. Pitta sorgt für leuchtende Augen, einen scharfen Blick und eine präzise Sprache. Meist hat der Pitta-Typ eher lichtes, blondes oder rötliches Haar, eine hohe Stirn und ergraut frühzeitig. Er neigt zu Sommersprossen.

Kapha-Menschen sind robust. Ein schwerer Körperbau mit ausgeprägtem Muskel- und Fettgewebe sorgt dafür, dass sie meist stämmig wirken. Sie strahlen Ruhe und Gelassenheit aus, machen eher langsame, ruhige Bewegungen und blicken mit großen, freundlichen Augen offen in die Welt. Kapha sorgt für kräftigen Haarwuchs und fettige Haut.

VATA – BEWEGUNG UND FLUSS

Vata setzt sich vornehmlich aus den Elementen Raum und Luft zusammen und steht für alle Bewegungsabläufe im Körper. Daher bewegen sich Vata-dominierte Menschen gern, sind sprachbegabt und versprühen Lebensfreude, Kreativität, Flexibilität und Begeisterungsfähigkeit – solange ihr Vata nicht gestört ist.
Grundsätzlich wirkt Vata überall dort, wo Bewegung nötig ist. Das bedeutet: Vata steuert sowohl unser Nervensystem als auch den Kreislauf, die Atmung und den Bewegungsapparat. Außerdem kontrolliert Vata unsere Ausscheidungsfunktionen und die Entwicklung des Gewebes.

Wo wirkt Vata?

Wie die beiden anderen Doshas arbeitet auch Vata überall im Körper. An einigen Stellen jedoch dominiert Vata. Dieses Dosha ist verstärkt im unteren Teil des Körpers präsent, es überwiegt in Dickdarm, Mastdarm, Anus, Nieren, Harnwegen, Knochen, Becken und Hüften, Beinen und Füßen.

Wofür steht Vata?

Vata steht für Bewegung und Fluss. Es ist für alle Bewegungsabläufe im Körper verantwortlich, zum Beispiel für Impulsübertragungen im Nervensystem, regelmäßige Atmung, die Peristaltik des Darms oder die Aktivität des Geistes.

Wie erkennt man Vata-Störungen?

Störungen äußern sich häufig früh, doch leider achten die meisten Menschen nicht auf diese leisen Zeichen ihres Körpers. Dass Ihr Vata erhöht beziehungsweise überhöht ist, können Sie etwa an einer veränderten, schnelleren Atmung bemerken oder an einer motorischen Unruhe, die sich durch plötzliche hektische Bewegungen äußert. Ein erhöhtes Vata ist oft von übermäßigem Enthusiasmus begleitet.
Symptome wie Kopf-, Gelenk- oder Rückenschmerzen, Verstopfung und Einschlafstörungen weisen auf eine Vata-Störung hin. Auch anhand einer veränderten Harnausscheidung kann man feststellen, dass etwas nicht stimmt.
Auch wenn Vata gedämpft ist, treten Probleme auf: Die Atmung ist schwächer, der Stoffwechsel wird träge, die Ausscheidungsfunktion ist ebenfalls vermindert. Außerdem herrscht eine Antriebs- und Bewegungsarmut. Ein stark vermindertes Vata kann in schlimmen Fällen sogar zu Depressionen führen. Ein erfahrener Ayurveda-Arzt kann diese Anzeichen frühzeitig am Puls erkennen.

Was tun, um Vata zu stärken oder zu mindern?

Grundsätzlich steigert all das Ihr Vata, was wie Raum und Luft kalt, trocken, rau, beweglich und leicht ist. Dazu gehören Umwelteinflüsse wie kalte Temperaturen, zugige Luft und eisiger, schneidender Herbst- und Winterwind. Hektik und Stress lassen Vata genauso in die Höhe schnellen wie auch ein ausschweifendes Sexualleben. Zudem fördern trockene Speisen wie Brot und alle kalten sowie rohen Nahrungsmittel Vata. Die Umweltbedingungen kann man zwar nicht ändern, man kann jedoch Maßnahmen treffen, die Vata senken. Dazu gehören zum Beispiel nach einem Spaziergang in der Kälte ein heißes Bad, warme, sanfte Ölmassagen oder Dampfbäder. Vata-senkend wirken auch gekochte und saftige Mahlzeiten. Heiße Getränke – jedoch möglichst kein Kaffee – dämpfen Ihr Vata außerdem. Auch beruhigende Farben wie Grün, Beige oder ein zartes Rosa besänftigen Vata. In der Aromatherapie wirken Sie mit Essenzen aus Lavendel, Melisse, Ylang-Ylang direkt beruhigend auf das limbische System ein.

Kreativ und geschickt

Die Einordnung in ein Dosha-Prinzip sagt sehr viel über Ihre Persönlichkeit aus. Ihre Dosha-Konstitution zeigt sogar, in welchem Berufsfeld Sie glücklich werden können. Diese Erkenntnis hat sich im Laufe der Jahre in der Praxis immer wieder bestätigt: Viele meiner Patienten, die eine Vata-geprägte Konstitution haben, finden in Berufen, die große Kreativität fordern, ihre Erfüllung. Und tatsächlich passen zu Vata-dominierten Menschen besonders gut künstlerische und handwerkliche Berufe, in denen Fantasie und Eloquenz gefordert sind.

Vata-Menschen spiegeln die Eigenschaften von Vata in ihrer Persönlichkeit. Sie sind unternehmungslustig, einfallsreich, schlagfertig, flexibel und innovativ. Sie reagieren rasch und können sich gut auf neue Situationen einstellen, sind geistig rege und einfühlsam. In der Kommunikation liegt ihre Stärke. Da Vata-Typen auch sehr geschickt und fingerfertig sind, kommen neben kreativen Tätigkeiten auch Berufe in Verkauf, Vertrieb und Medien sowie handwerkliche Arbeiten infrage. Wichtig ist dabei, dass der Beruf den Schöpfergeist der Vata-Menschen nicht einschränkt und sie ihre Fähigkeiten gut einsetzen können.

Uraltes Wissen und moderne Physik

Die uralten vedischen Erkenntnisse decken sich in erstaunlicher Weise mit den Vorstellungen der modernen Physik. So schreibt der bekannte Physiker Paul Davies: »Die Welt, so scheint es, kann mehr oder weniger aus strukturiertem Nichts erbaut werden.« Dieses strukturierte Nichts gilt in der vedischen Wissenstradition als der Veda. Der Veda ist also der unsichtbare Körper des Kosmos. Wenn er Form annimmt, verzweigt sich die Einheit von Rishi, Devata und Chhandas in die Vielfalt von Vata, Pitta und Kapha. Ojas heißt die Lebenskraft, die im »Raum dazwischen« die Doshas in Balance hält.

PITTA – STOFFWECHSEL UND ENERGIE

Zu den wichtigsten Funktionen, die das Pitta-Dosha erfüllt, gehören Verdauung, Stoffwechsel, Wärmebildung, Energieumsatz und Säure-Basen-Regulation. Auch wenn wir Hunger oder Durst verspüren, ist dafür Pitta verantwortlich, außerdem für das Sehen und unseren Intellekt.

Pitta verleiht Ausstrahlung und Fröhlichkeit, Durchsetzungskraft, Entscheidungsfreude, Ehrgeiz und Führungswillen. Es steuert den Verstand, gibt ihm die nötige Schärfe und die Fähigkeit zur Analyse. Die spezifischen Eigenschaften von Pitta sind »leicht«, »heiß«, »leicht ölig«, »scharf«, »flüssig«, »beweglich« und »sauer«. Das sind auch die Merkmale des Elements Feuer, das Pitta prägt.

Wo wirkt Pitta?

Da Pitta verantwortlich für Verdauung und Stoffwechsel ist, wirkt es in erster Linie im unteren Teil des Magens, in Dünndarm, Blut, Leber, Milz und den hormonbildenden Drüsen wie Bauchspeicheldrüse, Schilddrüse und Nebenniere.

Wofür steht Pitta?

Pitta repräsentiert Stoffwechsel und Energieumsatz, reguliert das Verdauungssystem, den Wärme- und den Säure-Basen-Haushalt sowie den Zellstoffwechsel. Auch Intellekt und emotionale Ausdrucksfähigkeit unterstehen der Funktion von Pitta.

Wie erkennt man Pitta-Störungen?

Wenn man übermäßigen Hunger und Durst empfindet, deutet das auf ein überhöhtes Pitta hin. Auch starkes Schwitzen, Hitzegefühle, ein erhöhter Stoffwechsel, der Abbau von Körpergewebe, gelbliche Hautfärbungen, Seh- und Verdauungsstörungen, Sodbrennen und Gereiztheit geben deutliche Hinweise auf einen Pitta-Überschuss. Oft neigen diese Menschen auch zu unkontrollierten Wutausbrüchen und extremer Ungeduld; sie sind ihrer Umwelt gegenüber ausgesprochen rücksichtslos.

Vermindertes Pitta dagegen äußert sich in Appetitlosigkeit und mangelndem Durstempfinden. Der Körper senkt seine Temperatur, der Betroffene verspürt ständig ein Kältegefühl. Das Gewebe verhärtet sich; manchmal tritt eine Sehschwäche auf, der Intellekt ist nicht so wach, wie er sein sollte. Menschen mit mangelndem Pitta verlieren schnell ihre Ausstrahlung und ihren Lebensmut.

Was tun, um Pitta zu stärken oder zu mindern?

Pitta-Menschen mögen keine Hitze. Das haben sie dem Element Feuer, das Pitta prägt, zu verdanken. Pitta steigt besonders im Sommer: Alles, was einen schwitzen lässt, erhöht dieses Dosha. Dazu gehören intensiver Sport und Saunabesuche genauso wie Urlaubsreisen in südliche Gefilde, heiße und scharfe Mahlzeiten und alkohol- sowie koffeinhaltige Getränke. Auch Streitgespräche, Wutausbrüche oder ein Actionfilm fördern Pitta. Bei einem überzogenen Pitta helfen vor allem kühlende Einflüsse. Nehmen Sie aber kein kaltes Bad und duschen Sie nicht zu kalt, weil sonst in Gegenreaktion der Körper zu viel Wärme produziert. Lauwarmes Wasser ist richtig, um abzukühlen. Planen Sie keine Reisen in den Süden und halten Sie sich im Sommer lieber im Schatten auf. Insbesondere eine Ernährung mit mild gewürzten kühlenden Speisen kann Pitta senken. Kühle Farben wie Blau, Grau oder Weiß beruhigen Pitta. Auch ein Waldspaziergang oder Ablenkung durch einen lustigen Film wirken sich günstig auf ein überzogenes Pitta aus.

Freiheitsliebend und selbstständig

Pitta-dominierte Menschen lieben die Herausforderung. Deshalb sollten sie keinen Beruf wählen, der durch Routineaufgaben geprägt ist. Ihr Pitta will sich entfalten und braucht Raum, um Ideen in Taten umzusetzen. Pitta-Menschen sind generell selbstständig und brauchen

viel Freiheit. Sie streben nach höheren Führungs- und Managementpositionen, sind gern ihr eigener Chef und neigen zu Unzufriedenheit, wenn sie nicht ausreichend gefordert werden. Denn Pitta ist pure Energie.

Doch Achtung! Pitta-Menschen müssen sehr auf sich aufpassen: Sie überfordern sich oft in ihrem Streben nach Perfektion, denn sie fühlen sich absolut verantwortlich für ihre Aufgaben. Der bereits erwähnte Overachiever ist ein klassischer Pitta-Typ.

Ihre Persönlichkeitsstruktur gefährdet sie am ehesten für ein Burn-out, insbesondere wenn sich in ihrer Konstitution das Pitta noch mit einem gehörigen Schuss Vata vermischt. Erkennen Sie sich wieder? Dann kann ich Ihnen nur dringend raten, regelmäßig, rechtzeitig und ganz bewusst Erholungsphasen einzuplanen. Der Vorteil Ihrer Konstitution: Er garantiert eine schnelle Regeneration. Achten Sie aber darauf, Ihre Reserven nicht komplett zu erschöpfen. Gerade Menschen mit einem dominierenden Pitta brauchen einen Ausgleich für ihren Intellekt. Denn wenn sie ihn dauerhaft überanstrengen, gerät er aus dem Gleichgewicht.

KAPHA – STRUKTUR UND FESTIGKEIT

Das Kapha-Dosha ist das Prinzip der Bindung, der Festigkeit und des Zusammenhalts. Es setzt sich in erster Linie aus den Elementen Wasser und Erde zusammen. Kapha ist schwer, kalt, ölig, zähflüssig, fest, weich, süß und gibt dem Körper seine Struktur und Form. Auch Stärke, Ausdauer und Leistungsfähigkeit, Energiereserven und Flüssigkeitshaushalt werden von Kapha gesteuert. Wenn Sie ein Kapha-Typ sind, zeichnen Sie sich durch Vitalität, Geduld, Empathie, Durchhaltevermögen, Weitsicht, Großzügigkeit und Genussfähigkeit aus.

Wo wirkt Kapha?

Die höchsten Kapha-Anteile finden wir in Kopf, Brust, Nacken, Gelenken und im oberen Teil des Magens.

Wofür steht Kapha?

Kapha ist das Strukturprinzip, drückt Bindung, Zusammenhalt und Festigkeit aus. Es bildet das Gerüst der Materie und ist für den Flüssigkeitshaushalt und die natürlichen Abwehrkräfte verantwortlich.

Wie erkennt man Kapha-Störungen?

Übergewicht, Schweregefühl, Schwäche, Faulheit, erhöhte Schleimbildung, fettige Haut und Haare sowie erhöhte Blutfette sind typische Zeichen für ein erhöhtes Kapha. Auch Lustlosigkeit und die Unfähigkeit loszulassen weisen darauf hin. Wenn Kapha vermindert und schwach ist, drückt sich das in Labilität, Trockenheit, Impotenz und Schwäche aus. Die Energiereserven sind erschöpft. Es ist also kein Wunder, dass man keine Kraft für Aktivitäten und Unternehmungen aufbringt und auch keinen Antrieb verspürt, etwas zu tun. Man fühlt sich schlapp und ausgelaugt. Dazu kommt oft ein Gefühl von Ungeduld und Missgunst.

Was tun, um Kapha zu stärken oder zu mindern?

Kapha ist feucht, kalt und schwer. Steigernd wirken sich auf Kapha Umwelteinflüsse wie hohe Luftfeuchtigkeit und kühles, feuchtes Wetter aus. Ebenfalls anregend wirken schwere, fette, saftige und kalte Mahlzeiten sowie kühle Getränke, Schlaf während des Tages und ein ruhiger, geregelter Tagesablauf mit vielen Entspannungsphasen. Ihren ruhigen Tagesablauf müssen Sie bei einem stark überzogenen Kapha durchbrechen: Gönnen Sie sich einen Saunabesuch, sorgen Sie für mehr Bewegung in Ihrem Leben, werden Sie grundsätzlich aktiver. Auch heiße Getränke wie Ingwertee und gekochte Speisen mit einem geringen Fettanteil reduzieren Kapha.

Methodisch und ausdauernd

Das Dosha Kapha ist stabil, schwer und langsam. Das spiegelt sich im Wesen eines Kapha-dominierten Menschen wider. Ich habe die Erfahrung gemacht, dass gerade der Kapha-Typ methodisch, geduldig und ausdauernd arbeiten kann. Er geht darin auf, zu tüfteln und zu planen. Kapha-Menschen können gut organisieren. Wenn in schwierigen Situationen andere unruhig, nervös oder panisch werden, ist der Kapha-Typ der Fels in der Brandung. Nur selten verliert er seine Gelassenheit. Immer denkt er gründlich nach, bevor er handelt.
Aufgrund ihrer Eigenschaft, systematisch zu denken, sind Kapha-Menschen die Idealbesetzung für Organisations- und Planungsposten. Wo andere vor langfristigen Projekten zurückschrecken, zeigen sie große Ausdauer und Beharrlichkeit. Rückschläge irritieren sie nicht, sondern sie nehmen sie als Ansporn. Kapha-dominierte Menschen können gut und gezielt Ideen von Vata-Typen umsetzen. Routinearbeiten sind ihnen nicht lästig. Die Buchhaltung zu erledigen, macht ihnen nichts aus. Kapha-Menschen kommen nicht leicht in Hektik. Sie schätzen Regeln, überwachen deren Einhaltung und arbeiten sich gern durch Akten. Auch auf dem Gebiet der Gastronomie fühlen sich Kapha-Typen zu Hause: Sie lieben den Genuss, kochen gern und haben einen angeborenen Sinn für Ästhetik. In Architektur, Inneneinrichtung und Dekoration, aber auch in handwerklichen Berufen können Kapha-Menschen ebenfalls ihre gestalterische Veranlagung ausleben – besonders wenn ihre Konstitution mit Vata kombiniert ist.

DIE DOSHA-HOMÖOSTASE GANZ PRAKTISCH

Sie haben sich nun eine Vorstellung von Vata, Pitta und Kapha verschafft. Rufen Sie sich nun bitte in Erinnerung, dass diese drei Regulationsprinzipien immer ihr ganz spezifisches Gleichgewicht bewahren wollen, das für jeden Menschen charakteristisch ist. Natürlich passt sich die individuelle Balance, die die Doshas anstreben, auch immer den äußeren Bedingungen an. Wenn es im Winter kalt wird, verhalten Sie sich anders als im Sommer, wenn die Temperaturen steigen. Um das besser zu verstehen, lassen Sie uns im Folgenden die Reaktion von Vata, Pitta und Kapha in einer typischen Lebenssituation betrachten.

Das Spiel der Doshas

Ein heißer Sommertag. Die Außentemperatur klettert auf 36 Grad Celsius – starker Pitta-Einfluss für den Organismus. Wir schwitzen, bekommen Durst. Ein eisgekühlter Drink aus dem Kühlschrank. Resultat: Erleichterung. Wir fühlen uns erfrischt– zunächst. Doch kurz darauf schwitzen wir noch mehr. Warum? Die Hitze von außen regt unser Pitta an und signalisiert

dem Körper, seine Wärmeproduktion zu drosseln. Sein selbst erzeugtes Pitta sinkt. Damit versucht der Organismus, die Dosha-Homöostase zu erhalten. Ein eiskaltes Getränk gibt ihm nun die Information: Es wird kühl. Seine Reaktion: Er dreht die Heizung hoch – zur Hitze von außen addiert sich die von innen.

Wie sähe ayurvedisches Verhalten aus? So, wie die Araber mit Hitze umgehen. Sie trinken nichts Eiskaltes, sondern warmen, süßen Pfefferminztee. Ein körperwarmes Getränk, um die 37 Grad Celsius, vermittelt die Information »heiß«. Die eigene Pitta-Produktion bleibt darum auf gedrosseltem Niveau. Pfefferminze hat einen kühlenden Effekt, neutralisiert also Hitze, das Pitta, welches von außen kommt. Die Geschmacksrichtung »süß« dämpft Pitta ebenfalls und stärkt Kapha. Eine der Kapha-Qualitäten ist »kalt« – ein Kapha-Einfluss wirkt wie eine Klimaanlage. Mit einem warmen, süßen Pfefferminztee helfen wir an einem heißen Sommertag unseren homöostatischen Regelkreisen. Ein eiskalter Softdrink belastet Sie zusätzlich. Es geht also darum zu lernen, durch unser Verhalten Regulationsreserven in unserem Organismus aufzubauen. Unsere Lebenskraft zu stärken, nicht zu schwächen.

Das Leben ist ein dynamischer Prozess. Weil die Doshas unser Leben gestalten, sind auch sie dynamisch. Sie wechseln ihre Beziehungen, sie werden stärker oder nehmen sich zurück. Sie tun alles, um in einem Gleichgewicht zu bleiben – gerade wenn die widrigen Einflüsse der äußeren Welt sie durcheinanderwirbeln. Resistenz gegen Stress entsteht also aus einer elastischen Dosha-Homöostase. Sie ist Grundlage für eine tiefe Verankerung in unserem Selbst.

Wie reagieren die Doshas bei Stress?

Stress bedroht das Gleichgewicht der Doshas. Er heizt sowohl Vata als auch Pitta an. Stimuliert durch den Stressreiz, aktiviert Vata den Organismus und Pitta sorgt für die Bereitstellung

von Energie. Nach einer akuten Anspannung beruhigen sich diese beiden Doshas wieder, insbesondere weil über das homöostatische Prinzip eine Aktivierung von Kapha die Balance wiederherstellt. Je höher die Kapha-Power, umso stärker die Resilienz.
Chronischer Stress jedoch führt zu einer allmählichen Überreizung von Vata und Pitta. Im Laufe der Zeit verbrauchen sich dadurch die körpereigenen Reserven von Kapha, das sich fortwährend um einen Ausgleich bemüht. Subjektiv fühlt sich ein gestresster Mensch zunächst durch das aktive Vata und Pitta energiegeladen und voller Elan, dann aufgedreht, bis er allmählich überdreht und dieser hyperaktive Zustand schließlich durch das schrumpfende Kapha immer mehr einer tiefen Müdigkeit und Erschöpfung weicht und Begeisterung, Optimismus und Lebensfreude verblühen.

Die Lebenskraft schwindet

Wie lange das dauert, hängt vom Ausmaß der chronischen Stressbelastung und unseren typbedingten Kapha-Speichern ab. Beim klassischen Burn-out-Syndrom sind die Kapha-Reserven aufgezehrt, Pitta brennt nur noch auf niedriger Flamme und das überzogene Vata erhält von den beiden anderen Doshas keine Unterstützung mehr. Die Lebenskraft – Ojas – schwindet dahin.

RESILIENZ UND AUSGEGLICHENE DOSHAS

Unsere Lebensweise gefährdet oft die Balance der Doshas. Dann sind unsere Regulationssysteme gefordert. Sie bringen wieder in Ordnung, was aus dem Lot geraten ist. Wie widerstandsfähig und resilient wir sind und wie schnell wir altern, hängt davon ab, wie rasch sich unsere Reparaturreserven verbrauchen. Wenn wir aber erkannt haben, dass wir durch unsere Einstellung und Lebensweise das Gleichgewicht der Doshas stützen können, besitzen wir auch den Schlüssel für ein langes, gesundes und erfülltes Leben. Darüber hinaus haben wir alltagstaugliche Tools in der Hand, wie wir in schwierigen, belastenden Phasen gut zu uns sein können. Das steigert unsere Fähigkeit, mit den Herausforderungen flexibel und optimistisch umzugehen.

TIPP: **Bevor Sie in der folgenden Übung Ihren Dosha-Stresstyp bestimmen, sollten Sie einen ruhigen Moment einlegen. Gehen Sie eine Runde um den Block oder stellen Sie sich für fünf Minuten ans weit geöffnete Fenster – Ihr Körper freut sich jetzt über eine ordentliche Portion Sauerstoff.**

| ÜBUNG |

Was für ein Stresstyp sind Sie?

Die Verteilung der Doshas bestimmt Ihren individuellen Konstitutionstyp. Doch die Doshas erklären auch, wie Sie ganz persönlich auf Stress reagieren, was für ein Stresstyp Sie sind. Den wollen wir jetzt bestimmen. Bitte beachten Sie dabei, dass Ihr Stresstyp nicht Ihrem Konstitutionstyp entsprechen muss. Er kann durch ein augenblickliches Dosha-Ungleichgewicht beeinflusst sein.

Füllen Sie bitte die drei folgenden Fragebögen aus. Beantworten Sie die Fragen ehrlich, sonst erhalten Sie ein falsches Resultat. Wenn bei einer Frage mehrere Eigenschaften erwähnt werden, aber nur eine auf Sie zutrifft, antworten Sie bitte mit Ja.

Fragebogen 1

Sind Sie geistig flink, kreativ und haben eine rasche Auffassungsgabe? .... *Ja* ☐ *Nein* ☐

Besitzen Sie ein gutes Kurzzeitgedächtnis? .... *Ja* ☐ *Nein* ☐

Unterhalten Sie sich gerne und sprechen eher schnell? .... *Ja* ☐ *Nein* ☐

Neigen Sie zu Launenhaftigkeit, zu Nervosität und Unruhe oder machen Sie sich oft unbegründet Sorgen? .... *Ja* ☐ *Nein* ☐

Haben Sie einen grazilen und zartgliedrigen Körperbau? .... *Ja* ☐ *Nein* ☐

Sind an Ihren Händen die Gefäße und Sehnen gut sichtbar? .... *Ja* ☐ *Nein* ☐

Sind Ihre Haare eher trocken und dünn? .... *Ja* ☐ *Nein* ☐

Werden Sie in Stresssituationen leicht hektisch, fahrig und nervös? .... *Ja* ☐ *Nein* ☐

Würden Sie sagen, dass Sie nicht sehr belastbar und auch nicht stressresistent sind? .... *Ja* ☐ *Nein* ☐

Können Sie bei chronischem Stress schlecht einschlafen? .... *Ja* ☐ *Nein* ☐

Wird bei chronischer Stressbelastung Ihr Appetit unregelmäßig? .... *Ja* ☐ *Nein* ☐

Plagen Sie unter Anspannung und bei Stress öfter Blähungen, Rückenschmerzen, Ohrensausen, Bluthochdruck, verstärken sich kleine Ticks oder nehmen andere Beschwerden immer wieder zu und lassen nach? .... *Ja* ☐ *Nein* ☐

Neigen Sie bei chronischem Stress zu Verstopfung? . . . . *Ja* ☐ *Nein* ☐

Sie haben eine Arbeit termingerecht abzuliefern. Ein unerwartetes Ereignis gefährdet die rechtzeitige Terminabgabe. Werden Sie hektisch, unruhig und tendieren dazu, den Überblick zu verlieren? . . . . *Ja* ☐ *Nein* ☐

Sie sind mit dem Auto zu einer wichtigen Verabredung unterwegs, verfahren sich jedoch, sodass Sie Ihren Termin nicht einhalten können. Reagieren Sie nervös und unkonzentriert, geben oft Gas und bremsen wieder ab, beschleunigen, obwohl die nächste Ampel auf Rot steht? . . . . *Ja* ☐ *Nein* ☐

Sie haben einen Fehler gemacht und werden deshalb zur Rede gestellt. Werden Sie etwas unsicher und versuchen sich herauszureden, bemerken jedoch, dass Sie sich in Ihren Argumenten verheddern? . . . . *Ja* ☐ *Nein* ☐

Sie haben eine intensive Stresssituation erlebt. Denken Sie danach viel darüber nach und machen sich Sorgen? . . . . *Ja* ☐ *Nein* ☐

Befällt Sie in Zeiten von chronischem Stress ein dauerhaftes Gefühl der inneren Unruhe, Nervosität, Unkonzentriertheit, leidet das Gedächtnis und halten diese Symptome an, auch wenn die Stressphase abgeklungen ist? . . . . *Ja* ☐ *Nein* ☐

Gesamtzahl der Ja-Antworten: ____________

Fragebogen 2

Würden Sie sich als temperamentvoll, begeisterungsfähig und perfektionistisch bezeichnen? . . . . *Ja* ☐ *Nein* ☐

Besitzen Sie gute analytische Fähigkeiten? . . . . *Ja* ☐ *Nein* ☐

Kommen Sie bei einem Gespräch gerne schnell zum Punkt und meiden längere Unterhaltungen? . . . . *Ja* ☐ *Nein* ☐

Werden Sie rasch ungeduldig und gereizt? . . . . *Ja* ☐ *Nein* ☐

Haben Sie einen eher athletischen Körperbau und sind mittelgroß? . . . . *Ja* ☐ *Nein* ☐

Zeichnen Sie sich durch eine empfindliche Haut aus und bekommen leicht einen Sonnenbrand? . . . . *Ja* ☐ *Nein* ☐

Haben Sie helles oder rötliches Haar, sind Sie früh ergraut oder neigen Sie zur Glatzenbildung? . . . . *Ja* ☐ *Nein* ☐

Reagieren Sie in Stresssituationen leicht aggressiv, ungeduldig, gereizt oder bekommen schlechte Laune? . . . . *Ja* ☐ *Nein* ☐

Würden Sie sich als mittelmäßig belastbar und stressresistent einschätzen? . . . . . *Ja* ☐ *Nein* ☐

Wachen Sie bei chronischem Stress nachts immer wieder einmal auf? . . . . *Ja* ☐ *Nein* ☐

Bleibt auch bei chronischer Stressbelastung Ihr Appetit unbeeinflusst gut, regelmäßig und fällt es Ihnen schwer, auf eine Mahlzeit zu verzichten? . . . . . . *Ja* ☐ *Nein* ☐

Tendieren Sie bei Anspannung und Stress verstärkt zur Übersäuerung, zu Sodbrennen, Hämorriden, Hauterkrankungen oder Allergien? . . . . *Ja* ☐ *Nein* ☐

Neigen Sie bei chronischem Stress eher zu mehreren Stuhlentleerungen oder sogar zu Durchfall? . . . . *Ja* ☐ *Nein* ☐

Sie haben eine Arbeit termingerecht abzuliefern. Ein unerwartetes Ereignis gefährdet die rechtzeitige Terminabgabe. Reagieren Sie wütend und gereizt? . . . . *Ja* ☐ *Nein* ☐

Sie sind mit dem Auto zu einer wichtigen Verabredung unterwegs, verfahren sich jedoch, sodass Sie Ihren Termin nicht einhalten können. Neigen Sie dann zu aggressivem Fahrverhalten, werden ungehalten, schimpfen oder fluchen, besinnen sich jedoch nach einer Weile und leiten die notwendigen Schritte ein, um Ihren Gesprächspartner zu benachrichtigen und den rechten Weg zu finden? . . . . Ja ☐ Nein ☐

Sie haben einen Fehler gemacht und werden deshalb zur Rede gestellt. Werden Sie aggressiv und beginnen Ihr Gegenüber anzugreifen? . . . . Ja ☐ Nein ☐

Sie haben eine intensive Stresssituation erlebt. Haben Sie alles schnell wieder vergessen? . . . . Ja ☐ Nein ☐

Tendieren Sie bei chronischem Stress dazu, anderen Vorhaltungen zu machen oder sie zu beschuldigen? Werden Sie unzufrieden mit sich und Ihrer Umgebung? . . . . Ja ☐ Nein ☐

Gesamtzahl der Ja-Antworten: ____________

Fragebogen 3

Würden Sie sich als ruhig und ausgeglichen beschreiben? . . . . Ja ☐ Nein ☐

Überlegen Sie länger und gründlich, bevor Sie eine Entscheidung treffen? . . . . Ja ☐ Nein ☐

Sind Sie ausdauernd und gehen an Aufgaben sehr methodisch heran? . . . . Ja ☐ Nein ☐

Dauert es lange, bis Sie sich aufregen – dann jedoch umso heftiger? . . . . Ja ☐ Nein ☐

Verfügen Sie über einen robusten Körperbau und neigen zu Übergewicht? . . . . . . Ja ☐ Nein ☐

Haben Sie kräftige Gelenke und zeichnen sich Ihre Gefäße und Sehnen nicht in der Haut ab? . . . . Ja ☐ Nein ☐

Haben Sie volles, kräftiges Haar, das leicht fettet? . . . . Ja ☐ Nein ☐

Bleiben Sie in Stresssituationen ruhig und besonnen? . . . . Ja ☐ Nein ☐

Würden Sie sich als sehr belastbar und stressresistent charakterisieren? . . . . Ja ☐ Nein ☐

Schlafen Sie auch bei chronischem Stress gut? . . . . Ja ☐ Nein ☐

Tendieren Sie bei chronischer Stressbelastung dazu, mehr und unregelmäßig zu essen, gerne auch Süßes? .... *Ja* ☐ *Nein* ☐

Nehmen Sie bei chronischem Stress an Gewicht zu, steigen Ihre Blutfette, neigen Sie zu Erkältungskrankheiten oder Nebenhöhlenvereiterungen? .... *Ja* ☐ *Nein* ☐

Wird Ihre Darmentleerung bei Stress etwas träger, bleibt im Wesentlichen aber regelmäßig? .... *Ja* ☐ *Nein* ☐

Sie haben eine Arbeit termingerecht abzuliefern. Ein unerwartetes Ereignis gefährdet die rechtzeitige Terminabgabe. Bewahren Sie die Ruhe und arbeiten methodisch weiter? .... *Ja* ☐ *Nein* ☐

Sie sind mit dem Auto zu einer wichtigen Verabredung unterwegs, verfahren sich jedoch, sodass Sie Ihren Termin nicht einhalten können. Macht Ihnen die Verspätung nicht so viel aus, bleiben Sie gelassen und fahren zwar zügiger, aber im Einklang mit den Verkehrsregeln? .... *Ja* ☐ *Nein* ☐

Sie haben einen Fehler gemacht und werden deshalb zur Rede gestellt. Beharren Sie auf Ihrem Standpunkt und tragen dem anderen die Attacke gegen Sie nach? .... *Ja* ☐ *Nein* ☐

Sie haben eine intensive Stresssituation erlebt. Vergessen Sie das Ganze nur langsam? .... *Ja* ☐ *Nein* ☐

Sind Sie bei chronischem Stress der Fels in der Brandung? .... *Ja* ☐ *Nein* ☐

Gesamtzahl der Ja-Antworten: ____________

AUSWERTUNG

Zählen Sie nun die Ja-Antworten aus jedem der drei verschiedenen Testbogen zusammen. Erzielen Sie die meisten Ja-Antworten in Test 1, gehören Sie zu einem Vata-Stresstyp, überwiegen die Ja-Antworten in Test 2, zählen Sie zum Pitta-Stresstyp, und wenn Sie auf die höchste Punktzahl in Test 3 kommen, sind Sie ein Kapha-Stresstyp. Unterscheidet sich die Zahl der Antworten nur geringfügig zwischen zwei Tests (weniger als vier), können Sie sich als einen Misch-Stresstyp einordnen.
Sie wissen nun, als welchen Stresstyp Sie sich klassifizieren können. In Step 6 werden wir darauf zurückkommen, wenn es um Ihr persönliches Energieprogramm geht. Doch zuvor wollen wir noch die großen Energiespender des Lebens ausfindig machen und verstehen.

STEP 5

Im Flow

FLOW – EINE DEFINITION

Ein Freund von mir war Tennisprofi. Äußerst talentiert, aber trainingsfaul. Mit 19 stand er an Nummer 358 der Weltrangliste. Einmal, bei einem großen internationalen Turnier, passierte etwas Packendes. Er spielte gegen die Nummer 44 der Welt. Auf dem Papier also ohne Chance. Doch der erste Satz verlief völlig unerwartet. Er schlug zwölf Asse und gewann 6 : 3. Beim Wechsel zum zweiten Satz stieg in ihm plötzlich ein seltsamer Gedanke auf: »Misch dich hier nicht ein!« Er folgte seiner inneren Stimme, setzte weitere 14 Asse, jeder Schlag, jeder Return saß, und er gewann 6 : 3, 6 : 3. Nie mehr in seiner Karriere spielte er solch ein Match. Später beschrieb er es mir als eine einzigartige Erfahrung von Flow. Er hatte nicht das Gefühl, dass er spielte. Es spielte durch ihn.

Berichte über diese Art der Erfahrung kennen wir vor allem aus der Kunst. Als Beethoven in Wien zur Uraufführung seiner 6. Sinfonie mit seinem Orchester probte, wies ihn der erste Geiger auf eine Passage hin, die extrem schwer zu spielen war. Er fragte den Maestro, ob er sie nicht etwas umschreiben könne, um ihm das Spiel zu erleichtern. Worauf Beethoven nur lapidar antwortete: »Was interessiert mich deine Fiedel, wenn der Allmächtige zu mir spricht?!«

Man könnte Beethoven diese Bemerkung als Hochmut auslegen, wenn man nicht um die Erfahrung von Flow wüsste. Denn was brachte Beethoven damit zum Ausdruck? Es war nicht er, der die Pastorale komponierte. Sie entstand durch ihn. Genau das bekannte auch einmal Brahms, als er meinte, dass alle seine Kompositionen, die Bestand haben würden, nicht von ihm, sondern durch ihn geschaffen wurden. Er schrieb: »Ich spürte, dass ich im Augenblick mit dem Unendlichen in Einklang stand.«

Flow in der Physik

Es gibt ein sehr illustratives Beispiel aus der Physik. Wenn Sie einen Kupferdraht – bestehend aus einer Legierung von Kupferoxid, Yttrium und Barium – auf etwa minus 270 Grad Celsius herunterkühlen und dann Strom hindurchschicken, fließt der Strom immer weiter. Sie haben es hier mit einem sogenannten Supraleiter zu tun. Das ist perfekter Flow. Kein Widerstand. Kein Energieverlust. 100 Prozent Wirkungsgrad.

Den Begriff »Flow« führte der ungarische Psychologe Mihály Csíkszentmihályi ein. Er beschreibt Flow als den Prozess vollständigen Einsseins mit dem Leben und sieht darin das Geheimnis des Glücks. Solch eine Erfahrung entsteht im Raum zwischen Überforderung und Unterforderung – also wieder im »Raum dazwischen«. Csíkszentmihályi definiert sie als eine Tätigkeit, die ihre Zielsetzung bei sich selbst hat – also nicht um der Früchte der Handlung willen wie Erfolg, Anerkennung oder Geld vollzogen wird. Genau das, was in der Weisheit von Konfuzius »Der Weg ist das Ziel« zum Ausdruck kommt. Und was der größte deutsche Philosoph Immanuel Kant »interesseloses Wohlgefallen« nennt.

Flow im Körper

Aus medizinischer Sicht entspricht Flow der sogenannten kardialen Kohärenz, einer optimalen Synchronisation zwischen Herzschlag, Atmung und Blutdruck. Diese Erfahrung spiegelt eine völlige Harmonie wider zwischen tieferen und höheren Gehirnanteilen, zwischen dem limbischen System, dem Reich der Emotionen und den kortikalen Schichten, wo Bewusstsein und Verstand angesiedelt sind.

Das Flow-Erlebnis gibt die totale Resonanz zwischen der inneren und der äußeren Welt wieder, es verkörpert ein perfektes Schweben im Raum zwischen beiden! Es entsteht als das Ergebnis völliger Selbstkongruenz.

Mit Flow-Erfahrungen sind nicht nur Künstler oder Sportler in Momenten außergewöhnlicher Kreativität oder Leistungsfähigkeit gesegnet. Häufig können wir sie bei Kindern beobachten. So inspirierte auch ein Schlüsselerlebnis die italienische Ärztin und Pädagogin Maria Montessori (1870–1952) zur Entwicklung ihrer Erziehungsmethode. Sie sah, wie ein dreijähriges Mädchen, restlos selbstversunken in seine Beschäftigung mit einem Spielzeug, sich auch durch massivste Ablenkungen überhaupt nicht stören ließ.

Doch auch jeder von uns kennt Flow. Mitten im Alltag – wenn uns einfach alles völlig leicht von der Hand geht, alles mühelos gelingt, uns keine Anstrengung kostet, wir nicht das Gefühl haben, Energie zu verbrauchen, sondern uns das, was wir tun, noch Energie gibt.

Svastha, das Sanskrit-Wort für Gesundheit, drückt dieses Lebensgefühl aus. In Step 4 habe ich Svastha mit perfekter Resilienz in Zusammenhang gebracht. **Eine Flow-Erfahrung setzt genau solch eine Anbindung an unser inneres Selbst voraus. Sie entsteht, wenn unser Tun mit unserem Selbst in Einklang schwingt und wir uns total im Gleichgewicht fühlen.** Flow ist nur möglich, wenn der »Raum dazwischen« offen ist. Wenn nichts im Weg steht. Keine Reibung. Es einfach fließt.

In Step 2 haben Sie für sich bestimmt, welche Faktoren im Leben Ihnen Energie spenden und welche Ihnen Energie wegnehmen. Anders ausgedrückt: wodurch Sie in den Flow kommen und wodurch nicht. In Step 5 wollen wir uns von einer subjektiven Einschätzung entfernen und uns mit diesem Thema aus einer allgemeingültigen Perspektive beschäftigen. Auf dieser Grundlage können Sie dann Ihre Liste auf Seite 26 noch einmal revidieren und möglicherweise anpassen. Lassen Sie uns also der Frage nachgehen: Was sind die großen Energiespender in unserem Leben?

DIE ZEHN GROSSEN ENERGIE-SPENDER

1. LICHT

Wussten Sie, dass Ihr Körper seine eigenen Antibiotika produziert? Und sicher fällt Ihnen jedes Jahr aufs Neue auf, dass zur kalten, lichtarmen Jahreszeit Erkältungskrankheiten um sich greifen. Gibt es da einen Zusammenhang? Es scheint so. Unser angeborenes Immunsystem erzeugt seine eigenen Antibiotika als Abwehrstoffe, die sogenannten antimikrobiellen Peptide, und schützt uns damit gegen Infekte. Bei der Bildung dieser Substanzen spielt offenbar das Licht eine wichtige Rolle. Denn Licht stimuliert in unserem Körper die Bildung von Vitamin D – genauer Vitamin D3. Vitamin D3 wiederum hat einen regulativen Effekt auf die Produktion unserer eigenen Antibiotika. Wenn im Winter die Sonne tief steht und wir weniger Licht bekommen, nimmt Vitamin D3 ab. Und damit wohl auch unsere antimikrobiellen Peptide.

DIE VERSCHIEDENEN WIRKUNGEN VON LICHT

Wie schon in Step 1 betont, kommt alle Energie auf unserem Planeten von der Sonne – und damit vom Licht. Die Bildung von Vitamin D ist dabei nur ein Aspekt. Es gibt noch eine Reihe anderer, doch wir sind weit davon entfernt, alle Wirkungen des Lichts zu verstehen.

Vitamin D – das Sonnenvitamin

Noch vor kurzer Zeit hat man Vitamin D3 vor allem mit dem Knochen- und Mineralstoffwechsel in Zusammenhang gebracht. Mittlerweile weiß man, dass Vitamin D3 ein sehr viel breiteres Wirkungsspektrum besitzt. Es ist wichtig für das Immunsystem, die Regulation des Wachstums, es schützt das Herz-Kreislauf-System, und ein Mangel scheint bei verschiedenen Krebserkrankungen eine Rolle zu spielen. Das ist deswegen so bedeutsam, weil man davon ausgeht, dass 60 Prozent der deutschen Bevölkerung unter einem Vitamin-D3-Mangel leiden.

Durch das Auge in unseren Körper

Natürlich ist Licht entscheidend für unser Sehen und damit auch für unsere Orientierung. Dafür sind zwei Lichtrezeptoren in unserer Netzhaut verantwortlich, die Stäbchen und die Zapfen. Vor einigen Jahren hat die Wissenschaft einen dritten Lichtrezeptor in der Netzhaut des Auges entdeckt, der vor allem auf den Blaulichtanteil reagiert. Dieser dritte Lichtrezeptor taktet unsere innere Uhr, die im Zwischenhirn, im sogenannten Nucleus suprachiasmaticus des Hypothalamus, lokalisiert ist. Von dort werden unser Schlaf-wach-Rhythmus, unsere

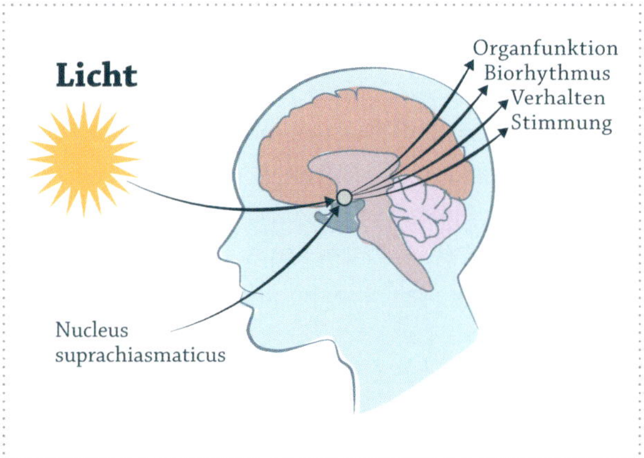

Organfunktionen, unsere Stimmung und unsere Leistungskurven reguliert. Dabei spielen natürlich Hormone und andere Botenstoffe eine herausragende Rolle.

Licht macht Laune

Wie intensiv sich Licht auf unsere Emotionen und unsere Laune auswirkt, wissen wir alle aus Erfahrung. Denken Sie nur an ein trübes Winterwetter, dem unerwartet ein Sonnentag mit stahlblauem Himmel folgt. Sofort hellt sich unsere Stimmung auf. Die meisten von uns verbringen ihre Tage in geschlossenen Räumen. Die Helligkeit beträgt dort etwa 500 Lux. Zum Vergleich: Ein schöner Sommertag im Freien bringt es auf 100 000 Lux. Er ist also 200-mal heller. Ein bedeckter Wintertag erzeugt immerhin noch 3500 Lux. Daraus ergibt sich zwingend eine Aufgabe:

Gehen Sie jeden Tag für eine Weile ans Licht, bei klarem Himmel mindestens 10 Minuten, bei bedecktem 30 Minuten lang. Besonders effektiv ist das morgens und abends um Sonnenaufgang und Sonnenuntergang herum, denn neueste Forschung bestätigt, dass das Sonnenlicht dann zu 42 Prozent aus Infrarotstrahlung besteht. Dieses weiche Licht hat eine stark gesundheitsfördernde und verjüngende Wirkung und kaum schädigende UV-Strahlen.

Lebendigkeit der Nahrung

Licht gibt uns Energie, auch über unsere Nahrung – denn wie der berühmte Physiker Erwin Schrödinger (1887–1961) betonte, besitzen Pflanzen ihren stärksten Vorrat an Ordnung im Sonnenlicht. Und diese Ordnung essen wir. Wir verspeisen also eigentlich immer Sonnenenergie, einfach nur verpackt in einem anderen Gewand (vgl. Step 1). Umgewandelt im »Raum dazwischen«, verdichtet zu chemischer Energie in unserer Nahrung.

Nun scheint es wohl eine weitere Funktion des Lichts zu geben. Denn es ist auch noch ein Kommunikationsmittel, eine Sprache in unserem Körper. Vielleicht ist Licht so etwas wie ein Morsecode. In Form von sogenannten Biophotonen scheint Licht Informationen und Botschaften zwischen unseren Zellen auszutauschen und deren Funktionen zu koordinieren. Das hat der Physiker Fritz Albert Popp (1938–2018) bereits in den 1970er-Jahren herausgefunden, und er forschte mit einem Team von Wissenschaftlern intensiv an der Bedeutung dieser Lichtquanten. Wie stark zum Beispiel Lebensmittel Biophotonen aussenden, sagt etwas über ihre Lebendigkeit aus. Mit längerer Lagerung, Zubereitung in der Mikrowelle, Konservierung in Dosen nimmt die Konzentration der Biophotonen deutlich ab. **Eier von Freilandhühnern strahlen deutlich mehr Licht ab als Eier von Hühnern in Legebatterien. Auch natürlich hergestellte Lebensmittel erzeugen mehr Biophotonen als Treibhausware.** Es zeigt sich also durchaus eine Parallele zu dem, was in der ayurvedischen Medizin als sattvische oder tamasische Nahrungsmittel qualifiziert wird.

Ausführlicher können Sie nachlesen, wie entscheidend wichtig Licht für Ihre Gesundheit ist, in meinem Buch *Lichtbaden*, das auch im Südwest Verlag erschienen ist.

2. LUFT

Ohne Luft können wir nur kurz überleben. Warum eigentlich? Weil der Körper Sauerstoff für seine Energiegewinnung benötigt. Und wo befindet sich Luft? Genau – im »Raum dazwischen«. Sie strömt durch die Hohlräume des Mundes, des Kehlkopfes, der Luftröhre, der Bronchien und der Lungenbläschen. Was sagt man, wenn man sich beengt fühlt? »Du nimmst mir die Luft zum Atmen. Du lässt mir keinen Raum.« Selbst auf die Gefahr hin, dass es Sie mittlerweile langweilt: Wenn Sie darauf achten, werden Sie immer wieder auf dieses Lebensprinzip stoßen – das Entscheidende passiert stets im »Raum dazwischen«.

SAUERSTOFF FÜR DIE »GRAUEN ZELLEN«

Wofür genau braucht der Körper Luft? Mithilfe von Sauerstoff und Zucker – Glukose – wird in den kleinen Kraftwerken unserer Körperzellen, den Mitochondrien, ATP produziert. Sie erinnern sich? Adenosintriphosphat – das Energiemolekül Nummer eins (vgl. Step 1). Unsere Körperzellen brauchen unentwegt Energie und dafür Sauerstoff. An erster Stelle unser Gehirn. Etwa ein Viertel der Energiemenge des Körpers verbraucht das Gehirn. Es wird von 20 Prozent des Blutes durchströmt, frisst 20 Prozent der Glukose auf – bei Nahrungsknappheit und gleichzeitigem Stress sogar bis zu 90 Prozent, und all das, obgleich es nur 2 Prozent des Körpergewichts ausmacht. Darum reagieren Gehirnzellen extrem sensibel auf Sauerstoffentzug und sterben bereits nach sieben Minuten ohne Sauerstoff ab. Wie bedeutsam Sauerstoff auch für die kognitiven Leistungen des Gehirns ist, zeigen Studien, die nachweisen, dass nach Sauerstoffgabe Gedächtnis- und Konzentrationsleistungen signifikant ansteigen. Je mehr Energie die Mitochondrien in unseren Nervenzellen zur Verfügung stellen, desto leistungsfähiger ist unser Gehirn.

Stoffwechsel

Dabei ist der Sauerstoff selbst kein direkter Energielieferant, doch zusammen mit Zucker der Rohstoff für die ATP-Erzeugung. Unsere Stoffwechselprozesse sind von Sauerstoff abhängig. Das bedeutet: Ohne Sauerstoff kann der Körper aus den Nährstoffen, die wir ihm zuführen, nur sehr kurzfristig Energie gewinnen. So holt sich ein 100-Meter-Läufer die Energie, die er zum Rennen braucht, aus dem sogenannten anaeroben Stoffwechsel, der ohne Sauerstoff auskommt. Das funktioniert aber nur ein paar Sekunden. Der 5000-Meter-Läufer benötigt Sauerstoff, um die Energie bereitzustellen, die seine Muskeln für die lange Strecke brauchen. Dieser aerobe Stoffwechsel ist auch um ein Vielfaches effizienter bei der Erzeugung von ATP als der anaerobe.

Die Qualität der Luft, die 21 Prozent Sauerstoff enthält – der Rest besteht aus 78 Prozent Stickstoff und 1 Prozent Edelgasen –, spielt für unser Wohlbefinden natürlich eine ganz wichtige Rolle. Hier kommt wieder das ayurvedische Konzept von Sattva, Rajas und Tamas ins Spiel (vgl. Step 2). Wir alle wissen aus Erfahrung, dass die Luft in den Bergen, am Meer,

im Wald eine spürbar bessere Qualität hat als die in der Großstadt mit all ihren Abgasen, Feinstoffpartikeln und Umweltgiften. Auch Frischluft besitzt eine ganz andere Güte als abgestandene Raumluft. Je sauberer die Luft ist, umso sattvischer ist sie. Je verbrauchter, je belasteter, umso tamasischer.

Die Qualität der Luft wird häufig durch die Konzentration negativer Sauerstoffionen erklärt. Im Gebirge, am Meer, im Wald, an Wasserfällen, nach einem Regenguss oder einem Gewitter steigt die Konzentration dieser negativen Sauerstoffionen besonders hoch. Die Luft riecht dann auch ganz anders. **Das Einatmen ionisierter Luft fördert die Sauerstoffanreicherung im Blut. Die einzelnen Organe im Körper können ihre Funktion besser erfüllen, der gelöste Sauerstoff verbessert den Zellstoffwechsel.** Zum Vergleich: In geschlossenen Räumen liegt sie bei weniger als 50 Ionen pro Kubikzentimeter, in der freien Natur steigt die Konzentration auf bis zu 100 000 Ionen pro Kubikzentimeter an. Negative Sauerstoffionen sollen die Luft auch reinigen, entkeimen und Allergene und Feinstaub binden.

TIPP: **Ein ayurvedisches Sprichwort sagt: »Nach dem Essen sollst du sitzen wie ein König.« Gönnen Sie sich also, wenn immer möglich, direkt nach der Mahlzeit zunächst etwas Ruhe und anschließend frische Luft. Denn mithilfe des Sauerstoffs verwertet Ihr Körper die Nahrung zu Energie.**

Freie Radikale

Wenn wir über Sauerstoff sprechen, dürfen wir natürlich auch freie Radikale nicht außer Acht lassen. Von dem Sauerstoff, den wir einatmen, gehen 2 bis 5 Prozent in freie Radikale über. Jede unserer 100 Billionen Körperzellen wird Tag für Tag etwa 10 000-mal mit freien Radikalen bombardiert. Experten vertreten heute die Ansicht, dass bis zu 90 Prozent aller Krankheiten mit der vermehrten Bildung freier Radikale zu tun haben. Übrigens auch der Prozess des Alterns.

Was sind freie Radikale? Das sind Atome oder Atomgruppen, denen ein Elektron fehlt. Besonders Sauerstoffverbindungen degenerieren leicht zu freien Radikalen. Daher auch der

Name reaktive Sauerstoffspezies (ROS). Da die Atome stets einen Zustand mit Elektronenpaaren anstreben, rauben diese Radikale anderen Atomen das fehlende Elektron und erzeugen dadurch ein Sekundärradikal. Damit lösen sie Kettenreaktionen aus, die wichtige biologische Strukturen wie das Erbgut, Zellmembranen sowie komplexe Eiweißmoleküle schädigen und direkt oder indirekt zu Krankheiten und zum Altern des Organismus führen.

Freie Radikale erfüllen natürlich auch essenzielle Aufgaben im Körper, zum Beispiel im Zwischenstoffwechsel oder im Immunsystem beim Abbau von Krankheitserregern. Gefährlich werden sie, wenn mehr von ihnen entstehen, als der menschliche Organismus mit seinen darauf spezialisierten Enzymsystemen neutralisieren kann. Dann spricht man von oxidativem Stress.

Die häufigsten Auslöser von oxidativem Stress:

- Psychischer Dauerstress
- Rauchen – ein Zug an einer Zigarette erzeugt etwa eine Billion freie Radikale!
- Verstärkter Alkoholkonsum
- Sonneneinstrahlung
- Leistungssport
- Medikamente
- Häufige Flugreisen
- Röntgen- oder radioaktive Strahlung
- Umweltgifte

Gegen oxidativen Stress wirken:

- Ausreichend Ruhe
- Gute und frische Nahrung – viel Obst und Gemüse
- Ausgewogene Bewegung
- Entgiftende Maßnahmen
- Lebensfreude

Viele ayurvedische Heilmittel und Nahrungsergänzungen können freie Radikale abfangen. Solche Substanzen nennt man Antioxidantien. Sie wirken im Körper gleichsam als biologische Rostschutzmittel.

TIPP: **Essen Sie viel Obst, Beeren und Gemüse zum Schutz gegen freie Radikale. Sie enthalten reichlich Antioxidantien. Auch Gewürze wie Kurkuma und Ingwer sowie viele Kräuter wie Rosmarin, Salbei, Thymian und frische Minze verfügen über ein hohes antioxidatives Potenzial.**

3. RUHE

Wenn wir uns mit Energiemanagement befassen, müssen wir uns einen Grundsatz klarmachen: Aktivität verbraucht Energie, Ruhe regeneriert Energie. Energiemanagement kümmert sich also um die Ausgewogenheit von Ruhe und Aktivität. Wie überall geht es auch hier um die Balance zwischen den beiden Gegenpolen. Die meisten Menschen leiden nicht an einem Mangel an Aktivität, dafür aber an einem Mangel an Ruhe. Lassen Sie uns darum Möglichkeiten erörtern, tiefe Ruhe zu bekommen, damit der Organismus aus sich selbst heraus seine Energiespeicher wieder füllen kann.

SCHLAF

Kürzlich hielt ich einen Vortrag vor etwa 250 Menschen. Beim Thema Schlaf fragte ich in ein bunt gemischtes Publikum, wer grundsätzlich so viel schläft, um sich am nächsten Morgen ganz und gar ausgeruht zu fühlen. Wer also ohne Wecker aufwacht und aus dem Bett federt. Was schätzen Sie, wie viele von 250 Leuten aufzeigten? 180? 120? Oder sogar nur 50? Falsch. Kein Einziger!

Laut einer Umfrage der Universität Gießen hat jeder achte Mann und jede vierte Frau Probleme mit dem Schlafen. In Deutschland hat sich die durchschnittliche Schlafdauer in den letzten Jahren um eine Stunde verkürzt, obgleich die psychischen Belastungen kontinuierlich zugenommen haben. Denken Sie doch einmal kurz darüber nach, wie viele Stunden Schlaf Sie benötigen, um sich morgens wirklich frisch zu fühlen. Ausgeruht. Gut gelaunt. Klar im Kopf. Wie viele Stunden? Und wie viele Stunden schlafen Sie tatsächlich? Eine weniger, als Sie bräuchten? Oder sogar zwei? Nun rechnen Sie nach: Wenn Sie nur eine Stunde pro Nacht zu wenig schlafen – und lassen Sie uns großzügig sein und die Wochenenden dabei nicht berücksichtigen –, fehlen Ihnen etwa 300 Stunden Schlaf im Jahr! Das sind fast zwei Wochen à 24 Stunden Schlaf, die Ihnen abgehen. Das haben Sie ein Jahr gemacht, zwei, drei – vielleicht sogar seit einem Jahrzehnt oder noch länger. Wundert Sie Ihr gegenwärtiger Zustand jetzt immer noch?

Die Nacht als Raum zwischen den Tagen

In diesem »Raum dazwischen« findet der wichtigste biologische Regenerationsprozess statt, den es gibt. Der Schlaf in der Nacht ist unser Lebenselixier. Die meisten von uns bekommen zu wenig davon. Napoleon hat wohl einmal über den Schlaf gesagt: »Männer brauchen vier Stunden, Frauen fünf, Idioten mehr.« Einstein – sicher einer der Klügsten der Menschheitsgeschichte – soll zwölf Stunden geschlafen haben.
Zu wenig Schlaf führt mit der Zeit zu eklatanten gesundheitlichen Problemen. Dazu zählen unter anderem:

- Nervosität
- Reizbarkeit
- Konzentrationsstörungen
- Gedächtnisverlust
- Depressive Verstimmung
- Übergewicht
- Diabetes
- Bluthochdruck

Eine Studie in England hat gezeigt, dass sich das Herzinfarktrisiko verdoppelt, wenn man die Schlafdauer von sieben auf fünf Stunden reduziert.

Wie lange soll man überhaupt schlafen?

Aus Sicht der ayurvedischen Medizin gibt es nicht die generell für jeden Menschen angemessene Schlafdauer. Sie variiert je nach Konstitution und Lebensumständen. Häufig wird behauptet, ein Mensch sollte sieben bis acht Stunden schlafen. Doch andere Studien zei-

gen, dass das Schlafbedürfnis zwischen vier und elf Stunden variiert. Und Wissenschaftler der Universität von British Columbia haben bei einem Experiment am Polarkreis herausgefunden, dass die Studienteilnehmer schließlich im Schnitt 10,3 Stunden schliefen, wenn ihre Schlafdauer nicht beschnitten wurde.

Warum werden wir überhaupt müde?

Für den Schlaf-wach- und unseren Biorhythmus ist das Hormon Melatonin entscheidend. Es koordiniert die Uhren der verschiedenen Organe. Jedes Organ folgt seinem eigenen Takt, und die verschiedenen Organuhren laufen idealerweise synchron mit der Zentraluhr, die – wie wir im Kapitel über das Licht erfahren haben – im Zwischenhirn, genauer im Nucleus suprachiasmaticus des Hypothalamus, lokalisiert ist. Sie erzeugt den sogenannten zirkadianen Rhythmus, also den 24-Stunden-Tag-und-Nacht-Rhythmus, der über das Nervensystem an den ganzen Körper weitergeleitet wird. Dieser zentrale Taktgeber in unserem Zwischenhirn ist über ein Nervenbündel mit der Netzhaut des Auges verknüpft, die abhängig von der Intensität des Lichts ihre Synchronisationssignale zurück an die Hauptuhr im Hypothalamus sendet.

Licht und Melatonin

Der Tag-Nacht-Rhythmus spielt für unseren Schlaf eine höchst bedeutsame Rolle. Wenn es dunkel wird, nehmen unsere Augen weniger Lichtsignale wahr und informieren so die Zirbeldrüse darüber, das Schlafhormon Melatonin auszuschütten. Noch vor 100 Jahren hielten wir uns neun bis zehn Stunden in der Dunkelheit auf. Heute sind es noch sechs bis sieben Stun-

den. Im negativen Fall bekommen wir tagsüber nicht genug Licht, weil wir eine Indoor-Gesellschaft geworden sind und uns viel zu lange in geschlossenen Räumen aufhalten. Abends hingegen sind wir viel zu viel Licht ausgesetzt, hellen Lampen und technischen Geräten mit LEDs von hohem wach machenden Blauanteil. Smartphones, PCs und TV-Geräte werden bis tief in die Nacht hinein genutzt. Unsere Genetik hat sich über zwei Millionen Jahre unter der Sonne entwickelt. Edison erfand das elektrische Licht aber erst vor etwa 140 Jahren, eine aus dem Blickwinkel der Evolution kaum wahrnehmbare Zeitspanne. Seitdem sind die Menschen in den westlichen Industrienationen zunehmend veränderten Lichtverhältnissen ausgesetzt. Unser Körper, geeicht auf den natürlichen Hell-dunkel-Zyklus, gerät durch die künstlichen Lichtquellen aus dem Takt. Wenn nicht genug oder viel zu spät Melatonin ausgeschüttet wird, geraten unsere hochkomplexen Vitalfunktionen durcheinander. Freie Radikale beispielsweise werden nicht mehr adäquat unterdrückt, der Blutdruck und wichtige Regenerationsmechanismen verändern sich. Da Melatonin die Eigenschaft hat, in unsere Zellen zu diffundieren, reichen die Auswirkungen bis hin zu den Mitochondrien, den Kraftwerken der Zellen.
Das Hormon Somatotropin (auch: Somatropin) etwa, das für alle Wachstumsprozesse im Organismus verantwortlich ist, wird in der Hirnanhangsdrüse vornehmlich nachts während der Traum- und der Tiefschlafphase gebildet. **Somatropin sorgt für die notwendigen Reparaturvorgänge, baut Muskelmasse auf und gewinnt die dafür notwendige Energie aus dem Fettgewebe, reduziert also Fett. Darum reguliert ausreichend Schlaf auch das Gewicht.** Neben Melatonin und dem Wachstumshormon beteiligen sich natürlich noch eine Reihe anderer Substanzen an einem gesunden Schlaf-wach-Rhythmus wie zum Beispiel Cortisol oder die Geschlechtshormone. Viele Mechanismen hat die Wissenschaft noch nicht aufgeklärt. Doch jeder weiß aus Erfahrung, dass unser körperliches und geistiges Wohlgefühl ganz entscheidend von einem gesunden Schlaf abhängt. Und nicht nur unser Wohlbefinden, auch der Alterungsprozess. Warum das?

Der Lebensfaden oder die Zündschnur der Vergänglichkeit

Die Enden unserer Chromosomen, also unseres Erbguts, formen die sogenannten Telomere. Sie können sie sich als Chromosomenkappen vorstellen. In alten Märchen lesen wir häufig vom Lebensfaden – nichts anderes sind die Telomere. Die Zündschnur der Vergänglichkeit. Denn mit jeder Zellteilung verkürzen sie sich, bis die Zelle sich nicht mehr zu teilen vermag und abstirbt. Wenn Sie wollen, können Sie heute in einem Genlabor die Länge Ihrer Telomere bestimmen lassen. Sie erfahren dadurch etwas über Ihre gesunde Lebenserwartung. Doch was immer das Resultat auch wäre – wir müssen uns nicht darein ergeben. Denn der Körper verfügt über Mechanismen, die Telomere zu verlängern. Man weiß mittlerweile, dass gesunder ausreichender Schlaf zu einer Verlängerung der Telomere führt. Ihre Lebensweise mit Ihren Schlafgewohnheiten entscheidet also vornehmlich über die Art, wie Sie altern: gesund, rüstig und vital oder gebrechlich und krank.

Nächtliche Gehirnwäsche: Das glymphatische System

Machen wir uns noch einmal klar: Durch unsere tägliche Aktivität verbrauchen wir Energie und durch nächtliche Ruhe gewinnen wir Energie zurück. Wieder also geht es um Balance. Es geht um die Ausgewogenheit von Ruhe und Aktivität, von Wachen und Schlafen, von Licht und Dunkelheit.

Wir müssen uns das ganz bildlich vorstellen: Tagsüber, wenn wir aktiv sind, unablässig mit Informationen bombardiert werden, verknüpft unser Nervensystem fortwährend Nervenzellen miteinander, indem es Synapsen aufbaut. Diese neuronalen Verbindungen beanspruchen viel Platz und verbrauchen eine Menge Energie. Während des Tages steigt die synaptische Gesamtstärke im Gehirn an. Bleiben wir aber zu lange wach, verlässt diese Gesamtstärke ihren optimalen Bereich und das Gehirn ist nicht mehr in der Lage, neue Reize aufzunehmen und zu verarbeiten. Man könnte es auch so ausdrücken: Der Speicher der Festplatte ist voll, eine Sättigung ist erreicht. Im Schlaf findet nun ein Reinigungsprozess statt: Wertlose Informationen werden gelöscht, unser Nervensystem löst die dafür produzierten Synapsen auf und die synaptische Gesamtstärke nimmt wieder ab. Auf der Festplatte wird Platz geschaffen und Energie eingespart. Andererseits werden die Nervenverbindungen für wichtige Informationen gestärkt. Auf diese Weise sind wir überhaupt fähig, neue Informationen aufzunehmen und zu verarbeiten. Essenziell dafür ist allerdings ausreichender Schlaf – währenddessen wir unser Gedächtnis ausbilden und dazulernen.

Tagsüber fährt unser Gehirn auf Höchstleistung. Etwa 600 Milliarden Bits an Informationen strömen pro Sekunde in unser Gehirn. Jeden Tag muss es eine Menge an Reizen verstoffwechseln, womit Menschen etwa um 1820 mehrere Jahre konfrontiert waren. Obwohl unser Gehirn nur 2 Prozent unseres Körpergewichts ausmacht, verbraucht es 25 Prozent der Gesamtenergie unseres Organismus. Bei diesem enormen Informations- und Energieumsatz fällt unvermeidlich viel Zell- und Stoffwechselmüll an. Eiweißabfall, der entsorgt werden muss. Täglich etwa sieben Gramm, im Jahr zweieinhalb Kilo, doppelt so viel, wie unser Gehirn wiegt. Dazu gehören Eiweiße wie Beta-Amyloide, die ein zentrales Kennzeichen der Alzheimerkrankheit darstellen. **Ausreichend Schlaf könnte man also auch als nächtliche Gehirnwäsche bezeichnen.** Denn wenn wir schlafen, wird dieser Eiweißmüll über unser glymphatisches System und die Gehirnflüssigkeit abtransportiert.

Das glymphatische System wurde von einer Forschergruppe um Maiken Nedergaard an der University of Rochester Medical Center entdeckt und benannt. Wichtig: Es ist nachts im Schlaf zehnmal aktiver als tagsüber im Wachzustand. Man muss es sich als Kanalsystem zwischen den Nervenzellen vorstellen. Die Wasserkanäle, die die Gehirnflüssigkeit, den Liquor, durch das Gehirn transportieren, heißen Aquaporine. Während des Schlafs schrumpfen unsere Gehirnzellen um etwa 60 Prozent, sie ruhen, deshalb kann sich der Raum zwischen den Zellen um fast das Doppelte ausdehnen. Dadurch erhöht sich der Durchfluss der Gehirnflüssigkeit annähernd um 100 Prozent. Auf diese Weise werden Schadstoffe und Abfall des Gehirnstoffwechsels abtransportiert. Das Drainagesystem mündet in die Lymphwege und unser Nervensystem-Müll wird schließlich über Leber und Niere entsorgt. Wir können den Schlaf und das glymphatische System auch als Klärwerk unseres Gehirns oder als Datenbereinigungssoftware bezeichnen.

Guter Schlaf für mehr Gesundheit

Verstehen Sie nun, welch ungeheure Rolle Schlaf bei unserer Energiegewinnung spielt? Bei Schlafstörungen oder Schlafdefizit darf das Reinigungsteam unseres Körpers schlichtweg nicht arbeiten. Zellabfall bleibt einfach liegen. Die Beta-Amyloide akkumulieren sowohl in als auch zwischen den Zellen, besonders in jenen Gehirnarealen, die für das Gedächtnis zuständig sind. Die Ablagerungen dieser Plaques blockieren dadurch die Übertragung von Nervensignalen. Schlafstörungen oder chronischer Schlafmangel werden heute daher mit der Entwicklung der Alzheimerkrankheit in Verbindung gebracht.
Laut dem Gesundheitsbericht der DAK-Gesundheit klagen mittlerweile 80 Prozent der berufstätigen Bevölkerung in Deutschland über Schlafstörungen – das ist seit 2010 ein Zuwachs von 66 Prozent.
Wenn Sie lang anhaltende Schlafprobleme haben oder gewohnheitsgemäß zu spät ins Bett gehen, sollten Sie umdenken. Man unterscheidet zwischen nervösen Einschlaf- oder Durchschlafschwierigkeiten. Ich verordne meinen Patienten in diesen Fällen ayurvedische Schlafkräuter. Bitte nehmen Sie Abstand von synthetischen Schlaftabletten, da die Abhängigkeit bereits nach einer Woche eintreten kann. Meine Patienten sind oft verwundert, wie effektiv

die Heilkräuter wirken. Allerdings sollten Sie auch dafür stets einen Arzt konsultieren. Die Wissenschaft forscht intensiv über die Bedeutung und Mechanismen des Schlafs. Wie oft haben wir schon gesagt: »Darüber muss ich erst mal schlafen.« Das heißt nicht nur: Ich muss noch einmal darüber nachdenken. Es heißt vor allem: Ich muss meinem Gehirn die Möglichkeit geben, im Zustand tiefer Ruhe und Entspannung die Dinge zu ordnen, zu sortieren, ins rechte Maß und Verhältnis zu setzen. Denn wie oft wachen wir morgens auf und alles stellt sich uns in einem ganz anderen Licht dar als noch am Abend zuvor, wenn wir uns müde, erschöpft und ausgelaugt fühlten. In der Nacht haben sich die Umstände ohne unser bewusstes Zutun neu geregelt.

Was bewirkt der Schlaf aus ayurvedischer Sicht?

Die ayurvedischen Schlafregeln entsprechen weitgehend den Erkenntnissen der modernen Schlafforschung. **Nicht die Quantität des Schlafs, nein, seine Qualität ist ausschlaggebend – das gilt auch für den Schlafrhythmus.** Je nach Dosha-Typ brauchen manche Menschen nur fünf bis sechs Stunden pro Nacht, um gestärkt wieder aus den Federn zu steigen, während andere auf über neun Stunden Ruhe angewiesen sind.

Grundsätzlich gilt: Alles, was mit Ruhe zu tun hat, stärkt Kapha und beruhigt Vata und Pitta. Schlaf reguliert also das Dosha-Gleichgewicht, füllt die Energiespeicher auf und fördert Ojas. Nun ist aber Schlaf nicht gleich Schlaf, denn er kann sattvische, aber auch tamasische Energie erzeugen.

Was ist tamasischer Schlaf? Ein langer Mittagsschlaf, länger als eine halbe Stunde, nach einer fetten, üppigen Mahlzeit. Sie kennen das. Wenn Sie aufwachen und sich dumpf, schwer und träge im Kopf fühlen. Nicht klar. Nicht ausgeruht.

Und was versteht man unter sattvischem Schlaf? Früh ins Bett, nach Möglichkeit vor 22 Uhr gegen Ende der Kapha-Periode (siehe zur Chronohygiene ab Seite 121). Ohne vollen Magen. In ruhiger Umgebung, mit nicht zu hoher Raumtemperatur und frischer Luft. In einem Bett aus natürlichen Materialien, ohne Erdstrahlenbelastung und Elektrosmog. Und am wichtigsten: wenn Sie frisch, von selbst ohne Wecker, gut gelaunt und voller Energie aufwachen und sich auf den Tag freuen.

Und wie stuft der Ayurveda-Arzt Schlafstörungen ein, unter denen so viele Menschen leiden? Probleme mit dem Schlafen deuten immer auf ein Ungleichgewicht Ihrer Doshas hin. Bei Vata-Überschuss, der leicht bei Dauerstress auftreten kann, kommt es in der Regel zu Einschlafschwierigkeiten. Hin-und-her-Wälzen sowie Durchschlafprobleme in der Nacht sprechen für zu viel Pitta. Schweres Aufwachen ist ein Indiz für übermäßiges Kapha. Wenn Sie ausreichend schlafen, sich am Morgen aber dennoch schlapp und energielos fühlen, können Sie mit Sicherheit von einer Anhäufung von Ama ausgehen. Sie sehen: **Zum einen harmonisiert tiefer, ausreichender Schlaf die Doshas, zum anderen ist aber auch die Ausgewogenheit Ihrer Doshas für einen gesunden und erholsamen Schlaf von Bedeutung. Beides bedingt sich gegenseitig.**

Tipps für einen guten Schlaf

- Trinken Sie ein Glas heiße Gewürzmilch mit Honig. Dafür nicht homogenisierte Bio-Milch mit Kurkuma, Safran, Kardamom, Vanille und Zimt erhitzen, abkühlen lassen, bis Sie sie trinken können, und dann einen Teelöffel Honig hinzufügen.
  Wirkung: Die Aminosäure Tryptophan in der Milch wird in kohlenhydratreichem Milieu, erzeugt durch den Honig, leicht aufgenommen und im Körper in das Glückshormon Serotonin und anschließend in Melatonin umgewandelt. Die Wirkung des anregenden Stresshormons Cortisol wird gehemmt. Das Eiweiß der Milch wird durch die Wirkung des Wachstumshormons in Muskelmasse umgesetzt. Das Kapha-Dosha wird gestärkt, Vata und Pitta beruhigen sich.
- Massieren Sie Ihre Fußsohlen vor dem Schlafen mit Mandelöl. Das beruhigt Vata und stärkt Kapha. Im Winter ist auch ein warmes Fußbad vor der Massage hilfreich.
- Ein paar Tropfen naturreiner ätherischer Öle (achten Sie unbedingt auf Bioqualität) in einer Aromalampe wirken ohne Umwege direkt auf das limbische System im Gehirn und beruhigen in kürzester Zeit. Ideal sind Lavendelessenzen, Jasmin, Rose oder Duftsynergien wie »Abendruhe« oder »Innerer Frieden«. Stellen Sie die Duftlampe mindestens eine halbe Stunde direkt ans Bett, bevor Sie schlafen gehen.
- Lüften Sie vor dem Schlafen gut und schlafen Sie nie in überhitzten Räumen.
- Investieren Sie in eine gute Matratze, möglichst aus Naturfasern und ohne Metallanteile.
- Befragen Sie einen Ganzheitsmediziner nach Heilkräutern, die den Schlaf fördern.

DEN BLICK NACH INNEN RICHTEN

Haben Sie schon einmal einen Bogenschützen beobachtet? Je weiter er den Pfeil auf seinem Bogen zurückzieht, umso mehr entfaltet er dessen energetisches Potenzial. Schießt er den Pfeil ab, setzt er damit dessen ganze gespeicherte potenzielle Energie als Bewegungsenergie frei. Der Pfeil fliegt mit größtmöglicher Wucht und Geschwindigkeit auf sein Ziel zu. Genauso verhält es sich mit Ihrem Geist. Wenn Sie ihn nach innen richten und ganz zu seinem Ursprung zurückziehen, kommen Sie mit seinem höchsten latenten Energie- und Kreativpotenzial in Berührung. Dieser Zustand heißt Yoga. Vielleicht dachten Sie, Yoga bedeutet, auf dem Kopf zu stehen oder sich in den Lotussitz zu zwängen. Nein – Yoga ist ein Bewusstseinszustand. Der Zustand, in dem Ihr Geist hellwach, still und total entspannt in sich verweilt. Zurückgezogen bis zu seinem völligen Ruhepunkt. Wenn Sie ihn aus diesem Highest-Energy-Zustand in die Aktivität entlassen, setzen Sie seine ganze potenzielle Kraft und Intelligenz in Handlung um. Handlung, die Flow produziert, denn aus einem reinen Geist mit seiner hohen sattvischen Energiedichte strömt Tätigkeit, die Spaß macht und ganz natürlich zum Erfolg führt.

MEDITATION

Die Strategie, um den Geist nach innen zu lenken, heißt Meditation. Es gibt eine Fülle unterschiedlicher Meditationsmethoden – konzentrative, kontemplative, Achtsamkeitstechniken, geführte Meditationen. Wenn Sie bereits eine bestimmte Meditationsform praktizieren, aus der Sie Kraft schöpfen und die Ihnen guttut, dann nehmen Sie sich regelmäßig dafür Zeit. Sollten Sie sich mit dem Thema Meditation noch nicht beschäftigt haben, sich aber dafür interessieren, dann erkunden Sie doch unterschiedliche Verfahren und finden Sie heraus, welches Ihnen am meisten zusagt. Ich persönlich bin ein großer Fan der Transzendentalen Meditation (TM), da sie sehr leicht zu erlernen und auszuüben ist und ich an der Universität Würzburg meine Doktorarbeit über ihre Wirkungen auf das Herz-Kreislauf-System verfasst habe. Darum möchte ich Sie etwas genauer mit dieser Technik vertraut machen.

Wissenschaftliche Studien haben gezeigt, dass TM eine noch tiefere Ruhe erzeugt als der Schlaf. Daraus lässt sich der logische Schluss ziehen, dass Meditation dem Organismus eine grundlegende Erholung ermöglicht. Rein physiologisch betrachtet löst TM einen psychophysiologischen Mechanismus aus, der dem Stressreflex exakt entgegengesetzt ist. Der Organismus beruhigt sich. Atemfrequenz, Sauerstoffverbrauch, Herzschlag, Blutdruck gehen zurück, die Muskulatur entspannt sich, Stresshormone wie Cortisol, Adrenalin und Noradrenalin nehmen ab, die Gehirnaktivität ordnet sich, das vegetative Nervensystem balanciert sich aus. Wir wissen heute von einer Fülle physiologischer, biochemischer und psychologischer Reaktionen, die durch Meditation ausgelöst werden. Dazu gehören unter anderem:

- Mehr Ruhe und Gelassenheit, weniger Angst
- Besser geordnete Hirnfunktionen, Normalisierung des Blutdrucks
- Größeres Selbstbewusstsein
- Geringere Konzentration von Stresshormonen
- Schnellere Erholung von Stress, höhere Resilienz und Stressresistenz

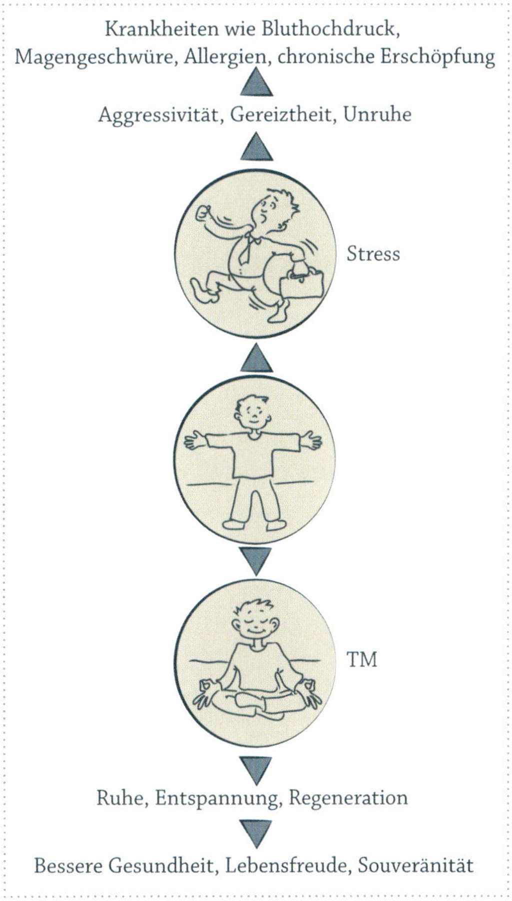

- Wirksamere Problembewältigung
- Erhöhte Kreativität und Leistungskraft
- Besserer Schlaf

Transzendentale Meditation (TM)

Mithilfe der Transzendentalen Meditation erzielen wir eindrucksvolle Resultate. Doch was ist überhaupt Transzendentale Meditation und woher kommt sie? Aus medizinischer Sicht könnten wir TM als eine Art geistige Entgiftung beschreiben. Die ayurvedische Medizin und Yoga sind Schwesterdisziplinen und beide propagieren die Notwendigkeit einer konsequenten und intensiven Mentalhygiene. Meditation gilt als einer der acht Aspekte des Yoga und heißt auf Sanskrit *Dhyana*. Das bedeutet, den Geist nach innen zu führen, den Raum zwischen unseren Gedanken zu spreizen und in die Stille, die dazwischenliegt, abzutauchen. Dieser »Raum dazwischen« in unserem Geist charakterisiert den Yogazustand. Er ist Bewusstsein in seiner puren Form, Bewusstsein ohne Inhalt. **Der Bewusstseinszustand, den Sie während der Transzendentalen Meditation erreichen, gleicht weder Wachen noch Schlafen oder Träumen – er ist ruhevolle innere Wachheit.** Indem Sie mithilfe dieser Technik Ihren Geist ganz mühelos und spontan in immer tiefere Schichten Ihres Bewusstseins vordringen lassen, das Denken schließlich vollends überschreiten, also transzendieren, erfahren Sie schließlich reines, grenzenloses Bewusstsein – Ihr Selbst.

Die uralten Texte des Yoga beschreiben diesen Zustand als einen Hort der Freude und Glückseligkeit. Dort strebt der Geist ganz natürlich hin, wenn für ihn die dazu notwendigen Rahmenbedingungen geschaffen werden. Denn wie sagte Aristoteles:

»Der Zweck des Lebens
ist die Ausdehnung von Glück.«

Nirgendwo sonst findet der Geist mehr Glück als an seiner eigenen Quelle. Eine Erfahrung, die offensichtlich auch Goethe teilte, als er schrieb:

> »Die wohl beste Freude
> ist Wohnen in sich selbst.«

Wenn der Geist in seinem Inneren angekommen ist, setzt er die Doshas ins Gleichgewicht und die Balance der Doshas wiederum verstärkt die innere Erfahrung des Selbst. Auf diese Weise wirken Geist und Körper in einer positiven Rückkoppelung aufeinander ein. Von der intrinsischen Qualität der Freude und des Glücksempfindens am Ursprung unseres Denkens treibt uns vor allem das weg, was wir als Stress kennengelernt haben. Denn Stress stört die Harmonie unserer Doshas und raubt uns die innere Balance. Wie wir in Step 4 gesehen haben, werden durch Stress das Bewegungsprinzip Vata und das Stoffwechselprinzip Pitta verstärkt. Als natürliche Reaktion darauf versucht der Organismus, den Vata- und Pitta-Überschuss mit Kapha auszugleichen. Sind dann alle Kapha-Reserven verbraucht, reagieren wir mit Müdigkeit, Erschöpfung, Unlust oder sogar mit Depressionen. Daher ist es gerade heute so wichtig, Entspannung und Rückbesinnung auf sich selbst wieder neu zu erlernen.

Meditieren ist gesund

Über 600 wissenschaftliche Studien beweisen, dass Transzendentale Meditation die Gesundheit verbessert. Menschen, die TM praktizieren, beanspruchen ihre Krankenversicherung fast 60 Prozent weniger.

Wie man Transzendentale Meditation erlernt

Transzendentale Meditation lässt sich nicht aus Büchern erlernen. »Warum nicht?«, werden Sie fragen. Maharishi, von dem wir diese Meditationstechnik haben, antwortete darauf einmal etwas scherzhaft: »Die erste Anweisung, die Sie erhalten, lautet, die Augen zu schließen. Danach könnten Sie nicht mehr weiterlesen.«

Doch in der Tat wird TM individuell von einem dafür ausgebildeten Meditationstrainer in einem Kurs, der vier Tage mit jeweils etwa zwei Stunden dauert, vermittelt. Danach sind Sie völlig unabhängig. Sie meditieren zweimal täglich, morgens und abends für jeweils 15 bis 20 Minuten in bequemer Sitzposition. Das Besondere dabei ist: **Sie können überall meditieren, zum Beispiel zu Hause in einem bequemen Sessel, aber auch unterwegs im Flugzeug oder in der Bahn.** Die Technik ist weltanschauungsneutral, besser als jede andere Entspannungstechnik wissenschaftlich untermauert und bedarf keinerlei äußerer Hilfsmittel. Für mich persönlich muss ich sagen: Die Transzendentale Meditation ist das Beste, was ich in meinem Leben gelernt habe.

4. ERNÄHRUNG

Essen Sie gerne? Sie sind ein Genussmensch, stimmt's? Sicher erinnern Sie sich an ein Ereignis, das etwa so abgelaufen sein könnte: Sie sind bei Freunden zum Abendessen eingeladen. Ihre Gastgeber haben sich sehr viel Mühe gemacht und fünf köstliche Gänge gezaubert. Es schmeckt so gut, dass Sie von dem einen oder anderen Gericht noch eine zweite Portion nehmen und sich überessen. Wie geht es Ihnen danach? Auch wenn Sie das Menü noch so sehr genossen haben, Sie fühlen sich voll, übersättigt und werden Probleme beim Einschlafen haben. Am nächsten Morgen wachen Sie etwas zerschlagen auf und wissen: Sie hätten sich ein wenig zurückhalten sollen.

ZU VIEL DES GUTEN

Wenn Sie Ihr Agni, also Ihre Verdauungs- und Stoffwechselkraft, überlasten und dadurch viel Ama entsteht, wird eine Mahlzeit kein Energiespender, sondern eher ein Energieräuber. Überfordern Sie Ihr Agni mit zu schwerer Kost, generieren Ihre Stoffwechselprozesse kein Ojas. Wie bei einem Ofen ist das Feuer einfach zu schwach, um all die Kohlen oder das Holz

zu verbrennen. Übrig bleiben Schlacken, die das Feuer weiter schwächen und seine Brennleistung vermindern. Der Wirkungsgrad nimmt stetig ab.
Falsche Ernährung schädigt auch das Milieu in Ihrem Verdauungstrakt und Ihre Darmflora. Und damit Ihr Bauchhirn. Ja, Ihr Magen-Darm-System hat sein eigenes Gehirn. Die medizinische Wissenschaft beginnt gerade erst, seine enorme Bedeutung zu verstehen. Ihr Darm produziert mindestens 20 verschiedene Hormone, eine Fülle von Neurotransmittern – darunter 95 Prozent des Glücksboten Serotonin; er beherbergt etwa 800 bis 1000 unterschiedliche Bakterienstämme, die allein etwa zwei Kilogramm Ihres Körpergewichts ausmachen. 70 Prozent Ihrer Immunzellen arbeiten dort und Ihr sogenanntes enterisches Nervensystem bildet ein Netz von 100 Millionen Nervenzellen. Dieses Bauchhirn sendet unentwegt Informationen über die Vorgänge in Ihrem Magen-Darm-Trakt an Ihr Kopfhirn. 90 Prozent des Informationsaustausches fließen von unten nach oben. Darum ist es nicht verwunderlich, wie stark die Befindlichkeit Ihres Verdauungssystems Ihre Stimmung und geistige Leistungsfähigkeit beeinflusst.
Doch nicht nur Ihre Nahrung, auch chronischer Stress kann Ihre Verdauung und Darmflora durcheinanderbringen. Eine Verschiebung im subtilen Gleichgewicht der Bakterienstämme – häufig ausgelöst durch Antibiotika – wird mittlerweile sogar als eine Ursache für psychische Leiden diskutiert. Fest steht: Wir sind erst am Anfang, die weitreichende Bedeutung des Verdauungssystems und möglicher Störeinflüsse, die davon ausgehen, auf unseren Energiehaushalt wissenschaftlich zu begreifen. Denn es ist ja vornehmlich unsere Nahrung, die uns Energie liefert. Sie ist – wie Sie wissen – nichts als verdichtete Sonnenenergie. **Sattvische frische Lebensmittel, die unser Agni nicht überbeanspruchen und darum kein Ama erzeugen, schenken uns eine hohe quantitative und qualitative Energie.**
Grundsätzlich unterscheidet man bei der Ernährung zwischen Nahrungsmitteln und Nahrungsstoffen. Unsere Nahrungsmittel kaufen wir im Laden und bereiten sie erst einmal zu, bevor wir sie zu uns nehmen: Gemüse, Obst, Getreide, Kartoffeln, Milchprodukte und vieles andere mehr. Nahrungsstoffe dagegen sind chemisch definierte Substanzen, aus denen sich unsere Nahrungsmittel zusammensetzen. Diese für unseren Körper lebensnotwendigen Bausteine bestehen aus Eiweißen, Kohlenhydraten, Fetten, Vitaminen, Mineralstoffen und Spurenelementen.

NAHRUNGSSTOFFE IM DETAIL

Zuerst die **Eiweiße:** Sie sind aus Aminosäuren aufgebaut. Es werden 20 verschiedene Aminosäuren unterschieden. Acht von ihnen müssen wir über die Nahrung zuführen, da sie der Körper nicht bilden kann. Sie heißen essenzielle Aminosäuren. Die anderen zwölf Aminosäuren produziert der Organismus selbst.
Folgende Nahrungsmittel enthalten besonders viel Eiweiß: Milchprodukte, Hülsenfrüchte, Getreide und Kartoffeln, Fleisch, Fisch und Eier.

Unter den Eiweißen unterscheidet man je nach Funktion verschiedene Gruppen:

- Strukturproteine dienen dem Aufbau von Knochen, Knorpel, Stützgewebe und Organen. Dazu gehören beispielsweise Kollagen oder Elastin.
- Transportproteine sind für den Transport von Nährstoffen zuständig. Hämoglobin beispielsweise transportiert den Sauerstoff zu den Geweben und Körperzellen, Transferrin das Eisen oder Caeruloplasmin das Kupfer.
- Zu den Signalproteinen gehören die Hormone und Botenstoffe wie Neurotransmitter. Sie steuern unter anderem die dritte Klasse von Eiweißen – die Enzyme, die Sie schon kennen und ohne die kein Stoffwechsel funktionieren würde.
- Weitere wichtige Proteine sind die Gerinnungsfaktoren, die für die Blutgerinnung verantwortlich sind, und die Immunglobuline, die unser körpereigenes Abwehrsystem benötigt.

Die zweite Klasse sind die **Kohlenhydrate:** Sie sind unser vorwiegender Energielieferant, dienen aber auch als Bestandteile von Körperstrukturen. In der Nahrung kommen sie als Zucker oder komplexe Kohlenhydrate vor, wie zum Beispiel Stärke und Ballaststoffe. Die Glukose ist im Organismus die zentrale und stets verfügbare Energiequelle. Kohlenhydrate sind vor allem enthalten in Getreide wie Weizen, Roggen, Hirse, Hafer, Reis sowie in Getreideprodukten wie Brot, Müsli, Nudeln, aber auch in Kartoffeln, Gemüse und Obst. Ballaststoffe kann der Körper nicht aufnehmen, doch sind sie – reichlich vorhanden in Obst und Gemüse – sehr wichtige Sattmacher und bedeutend für die Darmfunktion. Der Zuckerstoffwechsel wird durch das Hormon Insulin reguliert. Insulin fördert die Aufnahme und Verarbeitung von Glukose in den Organen und senkt dadurch den Pegel des Zuckers im Blut. Glukose wird hauptsächlich in der Leber in Form eines verzweigten Kettenmoleküls gespeichert, dem Glykogen.

Fette und Öle als dritte Klasse stellen die stärksten Energieträger dar. In der Nahrung sind Fette beispielsweise in Butter, Ölen und Nüssen enthalten. Sie dienen als Strukturbausteine, beispielsweise für Membransysteme der Körperzellen. Bis auf die sogenannten essenziellen Fettsäuren, die wir unserem Körper über die Nahrung zuführen müssen, können wir die verschiedenen Fette selbst herstellen. Diese Funktion übernimmt die Leber, die Nahrungsfette aufnimmt, umbaut und wieder an den Blutstrom abgibt, über den sie dann zu den Geweben und Organen transportiert werden. Im Blut sind die Fette an Eiweiße gebunden, die sogenannten Lipoproteine. Wenn Ihr Arzt die Blutfette bestimmt, hat er Ihnen sicher schon vom LDL und HDL erzählt – beides sehr cholesterinreiche Lipoproteine. Das LDL (Low Density Lipoprotein; Lipoprotein niedriger Dichte) transportiert die Fette von der Leber zu den Organen, das HDL (High Density Lipoprotein; Lipoprotein hoher Dichte) von den Organen zur Leber zurück. Wenn LDL erhöht ist und oxidiert, also zum freien Radikal mutiert, kann das nach gängigem Verständnis zur Gefäßverkalkung führen. Ein hohes HDL dagegen schützt vor Arteriosklerose. Dann gibt es noch das VLDL (Very Low Density Lipoprotein, Lipoprotein von sehr niedriger Dichte), das die Neutralfette oder die Triglyzeride im Blutstrom transportiert.

Die Triglyzeride bilden etwa 90 Prozent des Nahrungsfetts und liefern mehr als doppelt so viel Energie pro Gramm wie Kohlenhydrate und Eiweiße. Sie werden im Fettgewebe gespeichert und dienen als Energiereserve, auf die der Körper bei Bedarf zurückgreifen kann.

Vitamine sind für die Stoffwechselprozesse unverzichtbar. Sie selbst liefern keine Energie, doch ohne sie ist die Energiebildung gestört. Viele Vitamine fungieren als sogenannte Coenzyme, das heißt, sie helfen den Enzymen bei ihrer Arbeit. Der menschliche Körper kann nur Vitamin D und Vitamin K herstellen, alle anderen Vitamine müssen wir über die Nahrung zuführen. Unter den Vitaminen unterscheidet man die fett- und die wasserlöslichen Vitamine: Zu den fettlöslichen Vitaminen gehören die Vitamine A, E, D und K. Sie brauchen eine fett- oder ölhaltige Umgebung, um aufgenommen werden zu können. Zu den wasserlöslichen Vitaminen gehören alle B-Vitamine und das Vitamin C.

Mineralien unterteilt man in Mengen- und Spurenelemente, je nachdem, in welcher Konzentration sie im Körper vorliegen. Zu den Mengenelementen (über 50 Milligramm pro Kilogramm Körpergewicht) gehören Kalzium, Kalium, Natrium, Magnesium, Phosphor, Schwefel und Chlor. Zu den Spurenelementen (unter 50 Milligramm pro Kilogramm – eine Ausnahme bildet Eisen) gehören Chrom, Jod, Kobalt, Eisen, Kupfer, Mangan, Molybdän, Selen, Zink, Fluor, Silicium, Arsen, Nickel, Rubidium, Zinn und Vanadium. Mineralien kommen vor in Obst, Gemüse, Vollkornprodukten, Fisch und Fleisch.
Mineralien können als Baustoffe oder als Reglerstoffe fungieren. Sie stellen aber keine unmittelbaren Energieträger dar. Die Baustoffe sind vor allem bei der Bildung von Knochen, Knorpel und Zähnen beteiligt. Spurenelemente fungieren unter anderem als wichtige Kofaktoren für Enzyme oder sind im Fall des Eisens essenziell für den Aufbau des roten Blutfarbstoffs Hämoglobin und den Transport von Sauerstoff.

Wie Brokkoli zu Ihrer Leber wird

Aus diesen Nahrungsstoffen setzen sich also unsere Nahrungsmittel zusammen. Was immer wir zu uns nehmen, muss von unserem Körper verarbeitet werden. Der Körper zerlegt die Nahrungsstoffe im Verdauungstrakt mithilfe der Verdauungsenzyme zunächst in ihre kleinsten Bestandteile, nimmt sie dann über die Schleimhäute auf, transportiert sie im Blut zu den Geweben und Organen, um sie dann in den Zellen zu verwerten. All das passiert mithilfe unseres Agni. Machen Sie sich bitte ganz bewusst: Aus dem, was Sie zu sich nehmen, machen Sie Ihren Körper. Plakativ ausgedrückt: Aus der Tomate, der Pasta oder dem Müsli wird Ihre Nase, Ihr Ohr, Ihre Leber, Ihre Niere. Der deutsche Philosoph Ludwig Feuerbach hat es so ausgedrückt:

»Der Mensch ist, was er isst.«

Der Prozess des Stoffwechsels ist ein Verbrennungsvorgang, und dafür benötigt er Sauerstoff, den wir über die Luft einatmen. Wie wir schon betont haben, ist Sauerstoff substanziell für die Energiegewinnung, und darum können wir ohne Sauerstoff nur ganz kurz überleben. Betrachten wir diesen Prozess im Folgenden nun einmal aus ayurvedischer Sicht.

VON AGNI, DHATUS UND MALAS

Was immer wir uns an Nahrung zuführen, der Körper wandelt sie mithilfe von Agni in unsere Körpergewebe, die sieben *Dhatus*, und schlussendlich in unsere Lebensenergie um. Sie erinnern sich? Diese Lebensenergie heißt auf Sanskrit *Ojas*. Bei allen Transformationsprozessen fallen Abfallprodukte an, die sogenannten *Malas*, die der Organismus auf natürlichem Wege über den Darm, die Harnwege und die Haut in Form von Stuhl, Urin oder Schweiß ausscheidet. Wenn wir mit dem, was wir über unseren Verdauungstrakt und unsere Sinnesorgane in unseren Organismus schleusen, unser Agni überlasten, entsteht Ama. Aus ayurvedischer Sicht kommt es deshalb bei der Ernährung auf zwei entscheidende Faktoren an:

1. Orientieren Sie sich stets an Ihrem eigenen Agni sowie an dem tages- und jahreszeitlichen Biorhythmus.
2. Achten Sie auf eine hohe und sattvische Qualität Ihrer Nahrung.

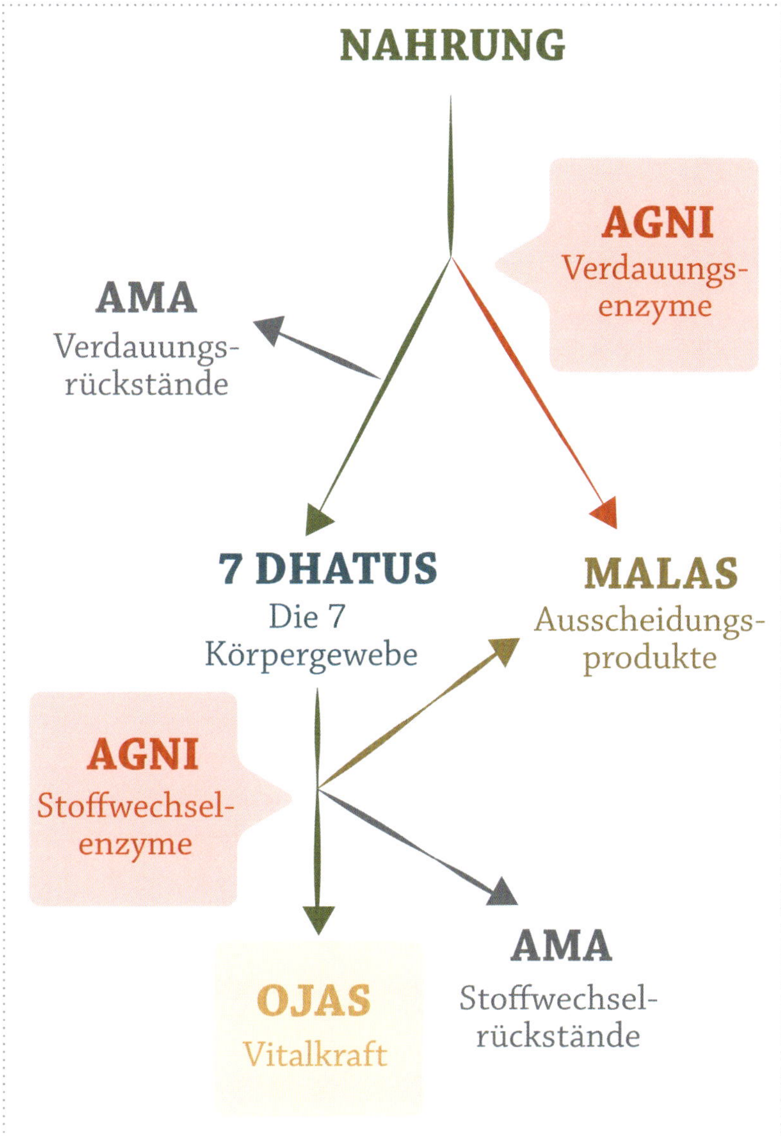

Die Qualität Ihres Agni und Ihrer Nahrung bestimmt die Qualität Ihres Körpers. Die meisten Menschen investieren mehr Geld in das Motoröl ihres Autos als in ihre Nahrungsmittel. Mit einem wachen, geschulten Auge sehen Sie einem Menschen an, wie er sich ernährt. Und Sie riechen es.

Ein weiteres Problem in den reichen Industrienationen besteht in dem zügellosen Essverhalten. Wir lassen zu wenig »Raum dazwischen«. **Essen Sie zwei- bis dreimal täglich, ohne sich zu überessen – ganz im Sinne der ayurvedischen Regel »Fülle deinen Magen zur Hälfte mit fester Nahrung, zu einem Viertel mit flüssiger Nahrung und lass ein Viertel frei«.**

Über Jahrtausende hinweg waren Nahrungsmittel ein knappes Gut, und so wurden im Verlauf der Evolution unser Gehirn und Stoffwechsel darauf trainiert, mit Nährstoffknappheit zurechtzukommen. Darum kann der Körper mit dem heutigen Überangebot kaum umgehen. Was leicht zu erlangen ist, wird auch im Überfluss genossen. Die Folge ist Übergewicht. Mittlerweile sind 67 Prozent der Männer und 53 Prozent der Frauen in Deutschland zu dick.
Ein wichtiger Aspekt der ayurvedischen Ernährungslehre besteht darin, dass alles, was wir zu uns nehmen, die Doshas Vata, Pitta und Kapha beeinflusst. Mit Ihrem Essen können Sie darum Ihr Dosha-Gleichgewicht stärken oder stören, Sie können ein bereits bestehendes Ungleichgewicht vermindern oder weiter erhöhen.

INDIVIDUELLE ERNÄHRUNG

In der ayurvedischen Ernährungslehre wird die Wirkung unserer Lebensmittel auf die Doshas anhand der sechs Geschmacksrichtungen und anderer Eigenschaften klassifiziert:

- süß
- sauer
- salzig
- scharf
- bitter
- herb

- »Süß«, »sauer« und »salzig« regen Kapha an und senken Vata.
- »Scharf«, »bitter« und »herb« stimulieren Vata und beruhigen Kapha.
- »Sauer«, »salzig« und »scharf« aktivieren Pitta, wogegen »süß«, »bitter« und »herb« Pitta dämpfen.

Darüber hinaus gibt es andere Qualitäten, die sich auf die Doshas auswirken, wie zum Beispiel:

- ölig
- trocken
- schwer
- leicht
- erhitzend
- kühlend

Abhängig von Dosha-Konstellation und -Konstitution gibt es deswegen nicht pauschal gesunde und ungesunde Nahrungsmittel. Ein frisch gepresster Orangensaft, grundsätzlich ein sehr sattvisches und Ojas-stimulierendes Getränk, bereitet einem Menschen mit einer Pitta-Störung möglicherweise Beschwerden wie Sodbrennen. Denn die Säure des Orangensafts erhöht Pitta und verstärkt das Problem. Ein anderes Beispiel: Rohkost regt Vata an, fetter Käse Kapha, und darum sollten Menschen mit entsprechenden Störungen damit zurückhaltend sein.
Allerdings gibt es für viele Nahrungsmittel ein Gegenmittel, das die Wirkung auf die Doshas reduziert. Blumenkohl regt Vata an. Wird jedoch Kreuzkümmel beim Kochen dazugegeben,

findet eine chemische Reaktion statt, die Blumenkohl bekömmlicher macht. Unangenehme Blähungen bleiben so bei Vata-Typen oder bei einer akuten Vata-Störung aus.
Die ayurvedische Küche hält eine natürliche Therapieform bereit, mit der viele Krankheiten vermieden und geheilt werden können. Eine medikamentöse Behandlung muss oft erst verordnet werden, wenn die aufgetretenen Störungen durch eine spezielle Ernährung nicht mehr zu beheben sind. Und auch dann begleitet eine Diät den Gesundungsprozess, um zu gewährleisten, dass die verabreichten Medikamente ihre Wirksamkeit vollständig entfalten. **Wer richtig isst, braucht keine Medizin. Wer sich falsch ernährt, dem nutzt keine Medizin. Nahrung ist also Medizin – wenn es die richtige Nahrung ist!** Fertigprodukte, Fast Food und viel Alkohol gehören zweifellos zu den Top Ten der Ernährungssünden.
Grundsätzlich gilt: Menschen unterscheiden sich von ihrer Konstitution und ihrer aktuellen Dosha-Konstellation. Eine Reihe anderer Faktoren spielen darüber hinaus eine Rolle, zum Beispiel Alter und Geschlecht, Tages- und Jahreszeit, Klima, kulturelle Herkunft und Gewohnheiten. All das entscheidet darüber, welche Lebensmittel wir bevorzugen und welche wir vermeiden sollten.

Sieben goldene Regeln für eine gesunde Ernährung

- Vermeiden Sie zu essen, bevor die letzte Mahlzeit verdaut ist (das dauert vier bis sechs Stunden).
- Das Mittagessen sollte die Hauptmahlzeit des Tages bilden.
- Frühstück und Abendessen sollten leicht verdaulich sein.
- Wenn Sie abends schwer gespeist haben, verzichten Sie am nächsten Morgen auf das Frühstück.
- Essen Sie nie so viel und so schwer, dass Sie sich nach der Mahlzeit müde fühlen.
- Die Nahrung sollte immer frisch und von bestmöglicher Qualität sein – denn der Mensch ist, was er isst.
- Meiden Sie grundsätzlich kalte Getränke, ganz besonders bei den Mahlzeiten.

VITALSTOFFE UND NAHRUNGSERGÄNZUNGEN

Nehmen Sie ein Vitaminpräparat? Oder eine Mineralienmischung? Oft fragen mich meine Patienten: »Ist das sinnvoll?« Aus ayurvedischer Sicht gibt es nichts Besseres, als die lebensnotwendigen Vitalstoffe über gesunde, hochwertige und frische Nahrungsmittel aufzunehmen. Leider haben Studien jedoch gezeigt, dass Obst und Gemüse heute nicht mehr das sind, was sie noch vor 50 Jahren waren. Ausgelaugte Böden, verfrühte Ernten, lange Transportwege oder fehlerhafte Lagerung führen dazu, dass sie deutlich weniger Vitamine, Mineralien und Spurenelemente enthalten. Gerade bei Stressbelastung kann eine zumindest vorübergehende Ergänzung mit naturnahen Vitalstoffen eine durchaus sinnvolle Maßnahme sein.

Wenn man Vitamine und Mineralien zuführt, sollte man auf die Qualität der Produkte achten, denn das Angebot ist riesig. Fast alle Vitaminpräparate beinhalten jedoch isolierte Substanzen, wie sie in der Natur nicht vorkommen. Denn die Natur arbeitet immer ganzheitlich. Ein Lebensmittel enthält eine komplexe Nährstoffmatrix, die dem Organismus die notwendigen Vitalstoffe im Verbund liefert. Isolierte Substanzen sind dem Körper entwicklungsgeschichtlich fremd – und darum werden sie nur zu zwischen 5 und 20 Prozent aufgenommen. Der Chemiker Andrew Szalay – Schüler des ungarischen Wissenschaftlers Albert Szent-Györgyi, der für die Entdeckung von Vitamin C 1937 den Nobelpreis erhielt – hat in jahrzehntelanger Forschungsarbeit eine neue Generation von Nahrungsergänzungen geschaffen. Er renaturierte isolierte Vitalstoffe, das heißt, er band die konzentrierte Form von Vitaminen, Mineralien und Spurenelementen in einem natürlichen Lebensmittel ein, das diese Mikronährstoffe biologisch bereits enthält. Er führte die isolierten Nährstoffe in den »Food state« zurück, also den Zustand, den sie in einem Lebensmittel natürlicherweise einnehmen. So kann der Körper sie wie Nahrung aufnehmen und verwerten (siehe Bezugsquellen im Anhang).

Wichtig – nicht alles auf einmal!

Eines möchte ich Ihnen ganz besonders ans Herz legen: Versuchen Sie nicht, alle Verhaltensregeln, die ich Ihnen empfehle, gleichzeitig in Ihren Alltag zu integrieren. Setzen Sie sich realistische Ziele. Achten Sie vor allem auf die Regelmäßigkeit beim Essen und auf bewusste Ruhepausen. In akuten Stressphasen sollten Sie sich besonders an Vata-reduzierende Kost halten (siehe Step 6).

Als Faustregel gilt: Alles muss leicht und mühelos gehen. **Zwingen Sie sich nicht zu einem völlig neuen Tagesablauf und Lebenswandel, der nach einer Woche Hektik und Termindruck wieder auf der Strecke bleibt. Wenden Sie die Strategie der kleinen Schritte an und beobachten Sie, wie Ihr Körper auf die Neuerungen reagiert. Bemerken Sie jeden positiven Effekt und klopfen Sie sich dafür auf die Schulter.** Im Grunde ist alles ganz einfach: Was dem Körper guttut, werden Sie auch langfristig in Ihren Zwölf-Stunden-Tag einbauen können!

5. TRINKEN

Den wenigsten Menschen ist klar, dass ihr Körper zu 70 Prozent »aus der Wasserleitung kommt«. Und noch wenigeren dürfte bewusst sein, dass H2O 99 Prozent der Moleküle unseres Organismus ausmacht. Dieser Unterschied liegt daran, dass Wassermoleküle verhältnismäßig klein sind, geradezu winzig im Vergleich zu einem hochkomplexen Eiweißmolekül oder einem langkettigen Zucker. Darum dominieren sie mengenmäßig alle anderen Moleküle. Unser Gehirn, unsere Lunge, unsere Leber, unsere Nieren und unsere Gelenke bestehen annähernd zu 85 Prozent aus Wasser, unser Herz und unsere Muskeln zu 75 Prozent, unsere Knochen sogar noch zu 22 Prozent. Wie bedeutsam Wasser für unsere geistige Leistungsfähigkeit ist, erkennen wir daran, dass 1400 Liter davon jeden Tag durch unser Gehirn strömen und unser Gehirn allein 20 Prozent des täglichen Bedarfs benötigt. Im Blut, das zum Großteil aus Wasser besteht, werden die Nährstoffe zu den Geweben und Organen geliefert und die Abfallprodukte wieder abtransportiert und über Leber und Nieren entsorgt.

Flüssigkeit geht uns fortwährend verloren – über die Haut, die Lunge, den Verdauungstrakt und die Nieren, sei es bei körperlicher Belastung, während des Schlafs und sogar beim Atmen. Es ist also wichtig, dass wir unseren Wasserhaushalt immer wieder aus-

gleichen. Nach meiner täglichen Erfahrung in der Sprechstunde trinken die meisten Menschen zu wenig. Doch wie viel sollten wir trinken? Greifen Sie zu Ihrem Taschenrechner und multiplizieren Sie Ihr Körpergewicht mit dem Faktor 35, dann erhalten Sie Ihren Flüssigkeitsbedarf in Millilitern. Ein Mensch, der 70 Kilogramm wiegt, sollte am Tag also 2,4 Liter trinken, und zwar vornehmlich Wasser.

LEBENSELIXIER SAUBERES WASSER

Flüssigkeit ist nicht gleich Flüssigkeit und Wasser nicht gleich Wasser. Es macht einen Unterschied, ob wir täglich zwei Liter Softdrinks, Bier, Kaffee und Schwarztee oder Kräutertees und gutes Wasser konsumieren.

Doch was ist gutes Wasser? Das, das aus der Wasserleitung fließt, oder das, das wir im Super- oder Getränkemarkt kaufen? Unser Trinkwasser setzt sich folgendermaßen zusammen: etwa 60 Prozent kommt aus dem Grundwasser, der Rest aus Quellwasser, Oberflächenwasser wie Seen, Talsperren und Flüssen sowie aus Uferfiltrat. Im Wasserwerk wird dieses gewonnene Rohwasser durch physikalische und chemische Verfahren gereinigt, aufbereitet und anschließend in ein weit vernetztes Rohrsystem eingespeist, bevor es schließlich unseren Wasserhahn erreicht. Das entstehende Abwasser wird in Kläranlagen gereinigt und dann wieder dem Grundwasser zugeführt.

Die Qualität unseres Trinkwassers kann auf diesem Weg beeinträchtigt werden. Die Kläranlagen oder das Wasserwerk können nicht alle schädlichen Substanzen aus Ab- und Roh-

wasser eliminieren. Dazu gehören zum Beispiel Medikamente, Hormone (wie viele Frauen nehmen die Pille?!), Mikroplastik, Abfallstoffe aus Industrie und Landwirtschaft oder Altlasten aus Deponien, die das Grundwasser verunreinigen. Dazu kommen veraltete Rohrsysteme, insbesondere in Altbauwohnungen.

Gutes Wasser sollte nicht zu mineralhaltig sein, da Wasser auch einen entgiftenden Effekt hat. Es bindet die Substanzen, die ausgeschieden werden müssen. Wenn es jedoch abgesättigt ist mit Mineralien, Salzen, Metallen und anderen gelösten Teilchen, kann es keine weiteren Ausscheidungsprodukte mehr binden und eliminieren. Dieser Wert wird in Milligramm pro Liter oder gebräuchlicher in Parts per Million (ppm) gemessen und sollte nach Möglichkeit unter 80 liegen. Damit lässt sich die Güte eines Wassers, auch eines abgefüllten Mineralwassers, bestimmen.

Um die Qualität des Wassers, das zu Hause aus dem Hahn fließt, zu verbessern, gibt es eine Fülle von Filtersystemen. Die populärsten sind Umkehrosmose-Anlagen, da sie auch alle Mikropartikel und Schadstoffe wie Medikamentenrückstände zuverlässig herausfiltern.

Heißes Wasser

Heißes Wasser ist zur Anregung des Stoffwechsels und zur Entgiftung besonders zu empfehlen. Ebenso wie sich schmutziges Geschirr mit heißem Wasser einfacher säubern lässt als mit kaltem. Zusätzlich besitzt es eine Reihe gesundheitsfördernder Eigenschaften.

Heißes Wasser sollten Sie idealerweise etwa zehn Minuten abgekocht haben, bevor Sie es trinken. Es schmeckt danach leicht süßlich und entwickelt dadurch Vata-senkende Eigenschaften. Denn: Wasser hat Kapha-Qualität. Es ist in Clustern von 10 000 bis 20 000 Molekülen organisiert, die durch Kochen aufbrechen. Kochen führt außerdem Pitta zu. Daher regt heißes Wasser den Stoffwechsel an und reduziert Ama. Aus diesem Grund hat es eine entgiftende Wirkung. Falls Sie im Büro nicht die Möglichkeit haben, das Wasser zehn Minuten lang in einem Topf abzukochen, können Sie auch einen Wasserkocher verwenden. Allerdings fällt die positive Wirkung dann nicht ganz so effektiv aus wie bei der anderen Methode.

Positive Wirkung von heißem Wasser

- Es regt den Stoffwechsel an und fördert die Ausscheidung von Ama und Giftstoffen. Darmstörungen wie Verstopfung, Magendruck und Blähungen werden verringert.
- Es beseitigt Hungergefühle zwischen den Mahlzeiten und wirkt bei Diäten gegen typische Symptome wie Kopfschmerzen, Müdigkeit und Gereiztheit.
- Durch seinen neutralen Geschmack aktiviert es das Feinempfinden für die Geschmacksrichtungen und die Wechselwirkungen der verschiedenen Lebensmittel.
- Aufgrund seines Vata- und Kapha-senkenden Potenzials stabilisiert es das Gemüt und hilft nachhaltig gegen Stress!

Wenn Sie heißem Wasser bestimmte Kräuter oder Gewürze beifügen, erhalten Sie Tees mit verschiedenen Eigenschaften. Grundsätzlich unterscheidet man zwischen wärmenden und kühlenden Tees. Wärmend sind zum Beispiel Ingwer-, Zimt- und Zitronentee. Kühlend wirken unter anderem Pfefferminz-, Fenchel- und Süßholztee.
So vielfältig die Teesorten, so vielfältig sind auch die Wirkungen und Heilkräfte. Daher nur ein Beispiel: Kümmeltee ist wärmend und aufgrund seiner Schärfe anregend. Er lindert Infektionen, hilft bei Magenverstimmungen, Blähungen und Koliken und übt eine reinigende Wirkung auf den Körper aus. Kümmeltee stärkt das Pitta-Dosha, reduziert Vata und Kapha.

Lassi und Gewürzmilch

Noch kurz erwähnen möchte ich Lassi und gewürzte Milch. Das Joghurtgetränk Lassi beruhigt den Magen und wirkt positiv auf die Darmflora. Je nach Zubereitung wird es salzig oder süß getrunken, abgestimmt auf die individuelle Dosha-Konstellation. Die Eigenschaften von gewürzter Milch sind »befeuchtend« und »stärkend« – daher eignet sie sich hervorragend als Schlaftrunk. Üblicherweise werden etwas Kurkuma, Zimt, Safran, Vanille oder Kardamom mit nicht homogenisierter Bio-Milch aufgekocht. Nach Wunsch kann man auch etwas Ghee hinzugeben. Wenn Sie die Milch mit Honig süßen, dann das Getränk zuvor auf etwa 40 Grad Celsius abkühlen lassen.

6. ZEIT UND CHRONOHYGIENE

Energiemanagement hat viel mit Zeitmanagement zu tun. Wenn wir unsere Energie managen, managen wir dadurch auch unsere Zeit. Schon vor Jahrtausenden hat man die Bedeutung des richtigen Umgangs mit der Zeit für die Gesundheit richtig eingeschätzt. In der *Caraka Samhita*, einem über 3000 Jahre alten ayurvedischen Klassiker, steht:

»Krankheiten entstehen durch den übermäßigen,
den mangelnden Gebrauch
oder den Missbrauch der Zeit,
des Geistes und der Sinne.«

WAS IST »ZEIT« FÜR ...

... einen ehemaligen Vorstand? Kürzlich erzählte mir ein ehemaliger Vorstand eines großen Internetkonzerns, dass er seit seinem Rückzug aus dem Tagesgeschäft des Managers das Phänomen Zeit völlig anders erlebe. Er sagte, dass ihm vor allem der zeitliche Raum zwischen den Ereignissen die Möglichkeit gäbe, Erlebnisse bewusst zu erfahren. Nur dadurch könne er im Augenblick verweilen, was ihm in den Jahren fortwährender Terminjagd nie gelungen sei. Alles war zu gedrängt, zu dicht getaktet, sodass durch den fehlenden »Raum dazwischen« die Tage einfach nur an ihm vorbeirauschten. Viel zu oft hatte er abends das Gefühl, dass sein Leben nur passierte, er es aber nicht wirklich lebte.

... einen Manager? Als ein Journalist die Geschichte eines Managers recherchierte, der sich eines Tages recht unvermittelt entschloss, aus dem Wahnsinn seines 16-stündigen Manageralltags auszusteigen, kamen sie auf Meditation zu sprechen. Der Journalist fragte den Ex-Manager, wie lange er denn meditiere. Der antwortete: »Wenn ich Zeit habe, meditiere ich eine halbe Stunde.« Worauf der Journalist erstaunt entgegnete: »Wieso? Sie haben mir doch jetzt lange erklärt, dass Sie aus Ihrem Beruf ausgestiegen sind, weil Sie fortwährend unter Zeitdruck standen. Jetzt haben Sie Zeit und sagen mir, Sie meditieren eine halbe Stunde, wenn Sie Zeit haben. Was machen Sie denn, wenn Sie keine Zeit haben?« – »Dann meditiere ich eine Stunde.«
Der Journalist: »Verstehe ich nicht.« Der Ex-Manager: »Wenn ich keine Zeit habe, beschreibt das doch nur ein subjektives inneres Empfinden, denn mir gehören 24 Stunden, jeden Tag. Es zeigt mir, dass ich nicht im Fluss des Lebens bin. Dann meditiere ich eine Stunde, um wieder hineinzufinden. Ebenso ist ›Zeit zu haben‹ eine innere Wahrnehmung. Sie signalisiert mir, im Flow zu sein. Dann reicht mir eine halbe Stunde.«

Gute Antwort.

Wenn wir uns in einem Flow-Erlebnis bewegen, erleben wir die Zeit anders. Wir vergessen sie. Denn die Zeit scheint zu kriechen, wenn das Gehirn wenige Anregungen erhält. Stürmt vieles auf uns ein, rast die Zeit dahin. Neben der Menge der Eindrücke spielt aber auch die »emotionale Ladung« der Ereignisse für unser subjektives Zeitempfinden eine wichtige Rolle. Das Gefühl einer rasenden Zeit weist zu einem gewissen Grad auf eine emotionale Mangelerscheinung hin, dann nämlich, wenn die Eindrücke, die wir aufnehmen, uns nicht berühren.
Im Ayurveda spricht man von einem Missbrauch der Zeit, wenn wir unser Leben nicht nach den natürlichen Rhythmen ausrichten, die die Evolution in Jahrmillionen strukturiert hat. In der modernen Chronobiologie, der Wissenschaft von den Biorhythmen, nennt man das Chronohygiene – die Hygiene der Zeit.

CHRONOHYGIENE

Tag und Nacht, Frühling, Sommer, Herbst und Winter, Kindheit, Jugend, Alter – das Leben wird von natürlichen Zyklen bestimmt. Sie alle üben eine direkte Wirkung auf Körper und Geist aus. Es gibt nicht eine Funktion im menschlichen Organismus, die nicht in einem Biorhythmus schwingt. Krankheiten manifestieren sich zu bevorzugten Zeiten – Herzinfarkte in den frühen Morgenstunden, Asthmaattacken und Zahnschmerzen nachts, Magen- und Zwölffingerdarmgeschwüre im Frühjahr und Herbst. Wenige verschont der Winter vor einer Erkältung. Wie ist das zu erklären? Weil auch die Doshas einer Biorhythmik folgen: einem Tages-, einem Jahreszeiten- und einem Lebenszyklus. Daraus ergeben sich Konsequenzen für die Gesundheit.

Rhythmus ist Ruhe

Der Begriff »Chronohygiene« setzt sich aus den Wörtern »Chronos« und »Hygiene« zusammen. *Chronos* bedeutet auf Griechisch »Zeit«. Chronohygiene beschreibt also, wie wir die Rhythmen der Zeit nutzen können, um körperliche und mentale Störungen zu verhüten und unsere Gesundheit zu stärken. Die Art, wie wir mit der Zeit umgehen, spielt also eine bedeutende Rolle für das Wohlbefinden von Geist und Körper. Aus chronohygienischer Sicht müssen wir darum unseren Alltag wieder stärker an den großen und kleinen Zyklen der Natur ausrichten, die über Jahrtausende unsere körperliche und geistige Evolution geprägt haben. Das ist leichter gesagt als getan. Denn viele Dinge bringen unseren Biorhythmus aus dem

Gleichgewicht. Künstliche Beleuchtung beispielsweise oder Schicht- und Nachtarbeit. Und wenn unser natürlicher Schlaf-wach-Rhythmus längerfristig aus dem Ruder läuft, reagiert der Körper darauf – etwa mit Konzentrationsstörungen und geschwächter Immunabwehr. Manche Menschen werden krank, reagieren mit körperlichen Beschwerden. Der Grund hierfür ist einfach: Die innere Uhr läuft nicht mit dem natürlichen Rhythmus der Natur synchron. Es entstehen Dissonanzen im Körper, die sich oft erst nach einer Weile bemerkbar machen. Ein Ungleichgewicht der drei Doshas Vata, Pitta und Kapha entsteht.
Vorrangiges Ziel des Ayurveda ist es also, die Harmonie zwischen diesen drei Kräften – Vata, Pitta und Kapha – wiederherzustellen und unser Leben mit dem Rhythmus der Natur zu synchronisieren.

DIE NATÜRLICHEN TAGESZYKLEN NUTZEN

Die ayurvedische Medizin teilt die 24 Stunden im Rhythmus von Tag und Nacht in sechs Phasen auf: Von 6 bis 10 Uhr sowie 18 bis 22 Uhr dominiert Kapha. In den Zeiträumen von 10 bis 14 Uhr sowie 22 bis 2 Uhr dominiert Pitta. Die Vata-Periode geht von 14 bis 18 Uhr und von 2 bis 6 Uhr.

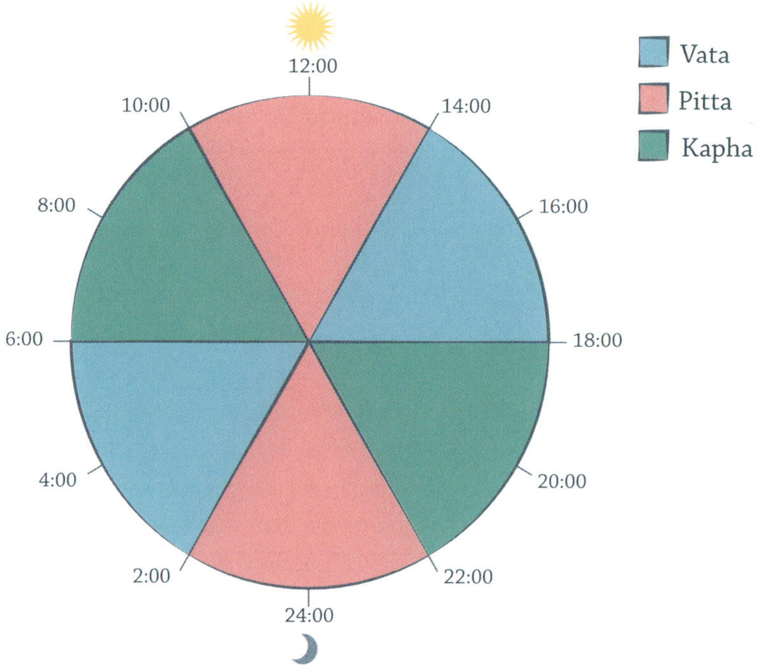

Der Morgen

Gegen 6 Uhr morgens endet die erste Vata-Phase. Vata, das bedeutet »Bewegung«, »Leichtigkeit«, »Frische« und »Kreativität« – lauter Eigenschaften für einen hervorragenden Start in den Tag. Danach folgt die Kapha-Zeit, die Kraft und Stärke, aber auch Trägheit und Müdigkeit fördert. Wenn Sie vielleicht immer um 7:30 Uhr aufstehen, befinden Sie sich mitten in der trägen Kapha-Phase. **Stehen Sie dagegen früher auf, können Sie die Vorteile von Vata nutzen und dynamisch den Tag beginnen.** Das kommt übrigens auch Ihrer Verdauung zugute, denn Vata regt Ihre Darmaktivität und die Ausscheidungsprozesse an. In der Kapha-Zeit – von 6 bis 10 Uhr – wird die Darmaktivität nämlich wieder träger, da dem Körper die Unterstützung des *Apana Vata* fehlt. Apana Vata ist ein Unter-Dosha von Vata, das unter anderem Ihre Ausscheidung reguliert.

TIPP: Beginnen Sie den Tag mit einem halben Liter warmem Zitronenwasser mit Honig. Falls Sie Zitronenwasser nicht vertragen, trinken Sie ein großes Glas heißes oder lauwarmes Wasser. Damit bringen Sie Ihre Verdauung in Schwung und erziehen Ihren Darm zu einer regelmäßigen Entleerung.

Der Vormittag und Mittag

Ab 10 Uhr bringt Pitta den ersten großen Energieschub – körperliche und geistige Arbeiten gehen Ihnen nun leicht von der Hand. Ihre Leistungskurve steigt permanent an. Körperkraft, Gedächtnis, Lernfähigkeit und Kreativität streben zum Optimum und erreichen gegen 12 Uhr ihren Zenit – der beste Zeitpunkt, eine Mittagspause einzulegen und die Hauptmahlzeit des Tages einzunehmen.

Gönnen Sie sich nach dem Mittagessen zehn Minuten Ruhe und machen Sie danach einen kleinen Spaziergang, am besten allein. Genießen Sie die Natur und schalten Sie ab. Auf einen längeren Mittagsschlaf sollten Sie unbedingt verzichten, denn Schlaf am Tag fördert Kapha (besonders im Winter) und führt zu Trägheit und Dumpfheit. Ausnahmen gelten für kleine Kinder, ältere Menschen, Schwangere, Kranke oder in heißen Sommern.

Der Nachmittag

Ab 14 Uhr dominiert Vata und Sie fühlen sich fit und gestärkt. Sie sind noch immer müde? Dann haben Sie Ihre Verdauungskraft mit einer zu üppigen Mahlzeit überfordert und Verdauungsprobleme erzeugt. **Verzichten Sie darum auf kleine Snacks zwischendurch und essen Sie erst wieder, wenn Ihre vorangegangene Mahlzeit komplett verdaut ist.** In der Vata-Zeit ist die geistige Leistungsfähigkeit hoch.

Der Abend

Ab 18 Uhr ist Kapha-Zeit, Ihr Stoffwechsel schaltet wieder einen Gang zurück. Am besten schütteln Sie den Alltag mit einer zehn- bis 15-minütigen Ruhepause ab. Meditieren Sie, lassen Sie in entspannter Haltung die Gedanken schweifen und überlegen Sie sich, was Ihnen guttun könnte. Oder Sie erinnern sich an unsere zweite Übung in Step 1 (siehe Seite 14). Hinter Ihrer Wohnungstür sollten Sie das hektische Tagesgeschehen zurücklassen. **Muße und Erholung haben jetzt oberste Priorität. Früh zu Bett, früh aufstehen – so nutzen Sie alle Phasen optimal.** Vor 22 Uhr ist die ideale Zeit zum Schlafengehen; später geraten Sie in eine neue aktive Pitta-Phase, die Sie schwerer einschlafen lässt.

Die Nacht

Nach 22 Uhr regiert Pitta und setzt neue Energien frei, die jedoch für wichtige Stoffwechselvorgänge während des Schlafes benötigt und nicht zum Wachbleiben oder für die Verdauung einer üppigen Mahlzeit verwendet werden sollten. Wir brauchen Pitta, damit ausreichend Wärme produziert werden kann. Die Zellteilungsgeschwindigkeit, der Hautstoffwechsel und die Produktion des Wachstumshormons und Melatonins laufen jetzt auf Hochtouren. Parallel findet die geistige Verstoffwechselung der im Tagesverlauf erlebten Eindrücke durch Pitta statt, denn Angenehmes wie Unangenehmes arbeiten wir im Traum auf. **Wenn Sie früh zu Bett gehen, schlafen Sie nicht nur besonders tief und fest, sondern Sie geben Ihrem Körper auch die Gelegenheit zur ganzheitlichen Regeneration.**

TIPP: Intensives Arbeiten ohne regelmäßige Pausen zur Beruhigung von Vata und Pitta führt auf Dauer zu Stresssymptomen. Tragen Sie feste Erholungsphasen wie andere Termine in Ihren Kalender ein! Nehmen Sie diese genauso wichtig wie andere Verpflichtungen.

7. BEWEGUNG

Ist Ihnen bewusst, dass Sie Ihre geistige Leistungsfähigkeit steigern, wenn Sie sich sportlich betätigen? Das belegen inzwischen zahlreiche Studien. Denken und Lernen in Verbindung mit körperlicher Bewegung fördern die Bildung neuer Gehirnzellen. Bestehende synaptische Verbindungen werden gestärkt und neue neuronale Netze werden gesponnen. Bereits ein zügiger Spaziergang steigert die Gehirndurchblutung um 14 Prozent. Und wenn Sie Denksportaufgaben an einem Computer lösen müssen, während Sie auf einem Fahrradergometer locker vor sich hin strampeln, verbessern Sie die Kapazität Ihres Arbeitsgedächtnisses um rund 20 Prozent. Außerdem zeigen Menschen, die sich regelmäßig sportlich betätigen, ein stärkeres Selbstwertgefühl, sie leiden seltener unter depressiven Verstimmungen, haben weniger Ängste und sind motivierter.

BEWEGUNG IST LEBEN

Innerhalb weniger Jahrzehnte haben sich unsere Lebens- und Arbeitsbedingungen drastisch verändert. Vorwiegend sitzende Tätigkeiten und ein daraus resultierender Bewegungsmangel fordern ihren Tribut: zum Beispiel Rückenschmerzen, Übergewicht, Bluthochdruck und Diabetes mellitus. Eine maßvolle, auf Sie zugeschnittene und regelmäßig ausgeübte Sportart, wie sie der Ayurveda empfiehlt, wirkt ganzheitlich und bringt Körper und Geist wieder in Einklang. Sie stärkt also nicht nur die Organe und das Immunsystem, sondern baut auch Stress ab und steigert das Wohlbefinden. Studien haben nachgewiesen, dass ausgewogener Sport, ebenso wie genügend Schlaf, die Telomere, also den Lebensfaden, verlängert. Ausreichende Bewegung ist entscheidend für unsere Gesundheit.

Bewegung gegen Stress

Sie haben bereits erfahren, dass die Stressreaktion im Körper Energie freisetzt, die nach körperlicher Aktivität – Angriff oder Flucht – verlangt. Daher sind Bewegung und Sport ganz einfache und natürliche Stresskiller. Doch Bewegung ist nicht gleich Bewegung, und nicht für jeden ist jeder Sport geeignet. »Schneller, höher, weiter« darf niemals die Devise sein. Leistungssport ist eben nicht natürlich und dient nicht dazu, Stress abzubauen. Ganz im Gegenteil: Er erzeugt neuen Stress.

Bewegung im ayurvedischen Sinn

Wenn Sie sich regelmäßig bewegen, bedienen und achten Sie auf vier Faktoren:

- Kraft
- Ausdauer
- Beweglichkeit
- Koordination

Sport = Spaß + Wohlgefühl

So könnte die Formel für Sport im ayurvedischen Sinn lauten. Denn alles, was mit übermäßiger Anstrengung oder gar Schmerzen einhergeht, ist nicht empfehlenswert. Menschen mit westlicher Prägung denken meist zielorientiert: Sie treiben Sport nicht, um die Handlung selbst zu genießen. Sie üben Sport aus, um Muskeln aufzubauen, um fit oder schlank zu werden und – besonders bei Leistungssportlern – um einen Preis oder eine Medaille zu gewinnen. In der ayurvedischen Philosophie ist der Weg das Ziel: Man beschreitet den Weg um seiner selbst willen. Genauso soll es auch im Sport sein. Also, laufen oder radeln Sie, weil es Ihnen guttut! Ihr Immunsystem übrigens wird durch exzessiven Sport belastet. Moderate Bewegung hingegen unterstützt unseren Schutzschirm. Das Übertrainingssyndrom gilt als möglicher Auslöser für Infektanfälligkeit, weil vermehrt freie Radikale entstehen und die Abwehrfunktionen beeinträchtigt werden.

Machen Sie sich bitte in Bezug auf Ihr Energiemanagement klar, dass Sport Ihnen nicht Energie zuführt. Sport löst höchstens einen Energiestau, der zum Beispiel durch Stress entstanden ist. Dadurch fühlen Sie sich erleichtert und wohler. Ihre Energie kann wieder fließen.

Sowohl zu viel als auch zu wenig Bewegung bringen den Organismus aus dem Gleichgewicht. Doch wie findet man das persönliche Idealmaß? Nach ayurvedischen Prinzipien sollte man 50 Prozent der individuellen Leistungsfähigkeit nicht dauerhaft überschreiten. Um dieses individuelle Maß zu finden und zu halten, gibt der Ayurveda eine einfache Faustregel vor: Sobald Sie beginnen, schwer zu atmen, und Sie nicht mehr durch die Nase, sondern durch den Mund atmen müssen, sollten Sie langsamer werden. Auch zu starkes Schwitzen sollten Sie vermeiden. Achten Sie auf Ihre Tagesform, spüren Sie Ihren Körper und orientieren Sie sich immer an Ihrer augenblicklichen Befindlichkeit. Setzen Sie sich weder ein Zeit- noch ein Leistungslimit. Nutzen Sie beim Sport Ihren Ehrgeiz dazu, nicht ehrgeizig zu sein.

Denken Sie daran: Auch wenn Sport ein gutes Mittel ist, um Stress abzubauen, darf er nie als Ersatz für die Regeneration eines erschöpften Organismus missbraucht werden. Sport löst Spannungen und baut Muskelkraft auf, aber er bedeutet auch immer neue Aktivität. Wenn Sie sich nach dem Sport besser und energiereicher als zuvor fühlen, haben Sie alles richtig gemacht.

SPORT FÜR JEDES DOSHA

Für jeden Konstitutionstyp gibt es die geeignete Bewegungsform. Oft stimmt sie ohnehin mit den persönlichen Vorlieben überein, doch gerade wenn die Doshas aus dem Gleichgewicht geraten sind, sollte man prüfen, ob man wirklich den passenden Sport betreibt. Bitte bedenken Sie, dass wir jetzt Dosha-Prototypen beschreiben, die es in dieser Form nur sehr selten gibt. Mit großer Wahrscheinlichkeit gehören Sie zu einem Mischtyp, sodass nicht nur die Beschreibung für ein Dosha auf Sie zutrifft.

Sport für Vata-Dominierte

Personen mit viel Vata haben einen leichten Körperbau, sind flink und beweglich, jedoch nicht besonders ausdauernd und kräftig. Außerdem sind sie sehr verletzungsanfällig, besonders im Bereich der Gelenke. Zu ihnen passen Sportarten, die alle Muskelgruppen des Körpers beanspruchen, wie zum Beispiel Tanzen, Schwimmen – aber nur in warmem Wasser –, Wandern oder Spazierengehen und Yoga. Sportarten wie Golf, Nordic Walking, Tischtennis, Radfahren, Trampolinspringen, Aerobic und Badminton sind ebenfalls zu empfehlen.

Der Vata-Typ ist leicht und sollte auch den Sport leichtnehmen. Weil er aber auch sehr schnell zu begeistern ist, übertreibt er den Sport oft und zieht sich so Verletzungen zu. Daher sollte er nicht länger als 30 bis 40 Minuten täglich trainieren und Ausdauersportarten wie Skilanglauf, Jogging oder Rudern meiden. Vata ist ein kaltes Dosha, und so fühlen sich Menschen, die von ihm dominiert werden, beim Sport im Sommer wesentlich wohler als in der kalten Jahreszeit; dann trainieren sie lieber in der Halle. Die beste Tageszeit für ihre sportliche Aktivität ist der frühe Vormittag, wenn in der Natur Kapha vorherrscht, das Ausdauer und Stärke gibt.

Sport für Pitta-Dominierte

Pitta-Menschen liegen, was Kraft und Ausdauer angeht, im Mittelfeld. Sie haben einen mittelschweren, athletischen Körperbau und sind im normalen Maß anfällig für Verletzungen. Aufgrund ihres inneren Feuers sind sie, auch und besonders beim Sport, sehr motiviert, ehrgeizig und gern bereit, ein Risiko einzugehen. Sport ist für sie eine Herausforderung, bei der sie sich und anderen etwas beweisen können. Einem Menschen mit viel Pitta fällt es besonders schwer, den Weg als das Ziel zu betrachten, denn er will am liebsten eins: gewinnen. Darum ist der Pitta-Typ ein eher schlechter Verlierer. Wie die Vata-Typen neigen auch Pitta-Menschen dazu, sich zu überfordern. Besondere Verletzungsgefahr besteht für Muskeln, Sehnen und Bänder.
Für den Pitta-Typ sind alle Sportarten geeignet, in denen es ums Gewinnen geht: vom Fußball über den Triathlon bis hin zum Boxen. Weil er das Risiko liebt, reizen ihn ebenso Extremsportarten wie Wildwasserrafting, Drachenfliegen und Eisklettern. In Teamsportarten kann der Pitta-Typ gut erfahren, wie wichtig und schön ein Zusammenspiel verschiedener Kräfte und Talente sein kann und dass man nicht nur als sturer Einzelkämpfer gewinnt. Seine beste Trainingszeit ist der frühe Vormittag und der Abend, wenn es noch beziehungsweise wieder kühl ist und Kapha dominiert. Gleiches gilt für die Jahreszeit: In den heißen Sommermonaten sollte der Pitta-Typ große körperliche Anstrengung vermeiden.

Sport für Kapha-Dominierte

Der ruhige und gemütliche Kapha-Typ kann sich nicht so leicht zu Bewegung und Sport motivieren wie Vata- und Pitta-Typen. Das liegt an der inneren Ruhe, dem schweren Körperbau und oft auch an den vorhandenen überschüssigen Pfunden. Es ist also ratsam, mit Nordic Walking anzufangen und später, nach einer Gewichtsreduktion, zum Joggen überzugehen. Denn: Wenn der Kapha-Typ erst einmal seinen »inneren Schweinehund« überwunden hat, beweist er im Sport viel Kraft und Ausdauer.
Kapha-Typen lieben daher sanft aktivierende Sportarten wie beispielsweise Rudern, Schwimmen, Radfahren und Jogging. Langstreckenlauf ist bei Übergewicht allerdings nicht zu empfehlen, denn er beansprucht die Gelenke zu sehr. Ihre körperliche Kraft können Kapha-Menschen beim Gewichtheben, Kugelstoßen oder Bodybuilding unter Beweis stellen. Wenn sie eine Ausdauer- und zusätzlich eine Kraftsportart ausüben, können sie auch ihre eventuell vorhandenen Figurprobleme lösen.
Kapha-Typen mögen Sport im Fitnessstudio, da Kapha wie Vata ein kaltes Dosha ist. Daher halten sie sich im Herbst und Winter nicht so gern draußen auf. Die ideale Tageszeit ist der Nachmittag, da dann Vata in der Natur vorherrscht, das den Kapha-Menschen Beweglichkeit und Leichtigkeit gibt.

Bewegung kontra Stress

Unter Stress wird im Körper zusätzlich Energie bereitgestellt, sodass Bewegung die natürliche Methode ist, um diese Energie wieder abzubauen. Aber man muss bedenken, dass Sport das Vata- und Pitta-Prinzip anregt, also den Kreislauf und Stoffwechsel auf Touren bringt, was – in einem ganz positiven Sinn – Stress für den Körper bedeutet. Sport kann ein wunderbarer Ausgleich zum stressigen Bürojob sein, bei dem man ständig Telefonate führen und in langen Konferenzen sitzen muss, sich aber wenig bewegt. Gerade Menschen, die solche Tätigkeiten ausüben, sollten unbedingt Sport treiben, denn sie müssen ihren unterbeschäftigten Körper fordern, um den Kopf richtig freizubekommen. Wenn Sie jedoch ohnehin körperlich eingespannt sind, benötigt Ihr Körper am Abend nichts anderes als Ruhe und Erholung. Sie brauchen dann zwar nicht gänzlich auf Sport zu verzichten, doch verschieben Sie eine moderate Bewegung lieber auf arbeitsfreie Tage.

TIPP: **Morgens, in der Kapha-Zeit von 6 bis 10 Uhr, ist für alle Typen die ideale Zeit, um Sport zu treiben, denn dann ist der Körper ausgeruht, stabil und ausdauernd. Zweite Wahl ist die andere Kapha-Zeit am frühen Abend. Später sollte man keinen Sport mehr treiben, weil dann Vata angeregt wird und sich das ungünstig auf das Einschlafen auswirkt. Grundsätzlich lässt sich sagen, dass man im Herbst, Winter und Frühling intensiver Sport treiben sollte. Im Sommer bieten sich Sportarten an, die Pitta abkühlen, wie Wassersport oder Waldläufe.**

8. ENTGIFTUNG

Umweltgifte wie Autoabgase, Pestizide im Essen, Lärm, negative Gefühle wie Trauer, Schmerz und Angst, chronischer Stress, träger Stoffwechsel und falsche Ernährung gefährden jeden Tag unsere Gesundheit. Das Tückische daran ist, dass man die Folgen häufig nicht unmittelbar zu spüren bekommt. Doch der langfristige Schaden, den diese Einflüsse anrichten, ist enorm: Sie vergiften unser Geist-Körper-System. Die Funktionstüchtigkeit des gesamten Organismus lässt langsam nach, was oft weitere negative Konsequenzen hat. Der Übeltäter lässt sich schnell ermitteln. Es handelt sich um eine hohe Ansammlung von Ama, das unsere Leistungsfähigkeit vermindert. Stress beispielsweise bewirkt immer eine Steigerung von Vata und Pitta. Wenn sich also unsere Doshas nicht im Gleichgewicht befinden, das heißt, eine Dosha-Verschiebung oder ein -Defizit entstanden ist, siedelt sich der Überschuss an den falschen Stellen im Körper an und verbindet sich dort häufig mit Ama. Was immer uns überlastet, vermehrt Ama.

AMA UND DIE SROTAS

Alles, was in unseren Körper gelangt, sei es durch die Wahrnehmung unserer fünf Sinne, durch den Mund oder unsere Atmung, muss vom Organismus verdaut werden. Ama ist das Produkt, das entsteht, wenn der Organismus Nahrung oder Erfahrung nicht vollständig verstoffwechseln und abbauen kann. Unverdaute Nahrung steigert die Bildung und Anhäufung von Ama genauso wie unverarbeitete, negative Erlebnisse und Erfahrungen oder ein zu langsamer Stoffwechsel. Ama setzt sich in den kleinsten Nischen, feinsten Kanälen, Räumen und Lücken in unserem Körper ab. Das Wort, mit dem Ayurveda diese wichtigen Transport- und Kommunikationswege bezeichnet, lautet *Srotas*. Dazu gehören das gesamte Gefäßsystem, der Verdauungstrakt, die Atemwege, das ableitende Harnsystem, aber auch die Drüsenkanäle und die winzigen Poren der Zellmembranen.

Blättern Sie noch einmal zurück zu dem Infokasten in Step 1 (Seite 22) – dort stehen alle Anzeichen für eine zu hohe Konzentration von Ama im Körper.

Die Srotas müssen frei durchgängig sein, damit sie ihre Funktion erfüllen können. Denn erst die leeren Räume, der freie »Raum dazwischen«, garantieren einen reibungslosen und regelmäßigen Austausch von Informationen und lebenswichtigen Nährstoffen unter allen Körpersystemen. Wenn also Ama unsere Srotas verstopft, wird diese Kommunikation empfindlich gestört. Bei einer starken Ballung von Ama brechen die Verbindungen im Organismus zusammen. Das hat zur Folge, dass das Geist-Körper-System in seiner Gesamtheit kollabiert. Die Funktions- und Leistungsfähigkeit unseres Organismus ist folglich in hohem Maß abhängig vom Ama-Anteil in unserem Körper.

Obwohl wir die Bildung von Ama beispielsweise durch bewusste Ernährung und ein gezieltes, individuelles Stressmanagement minimieren können, ist es nur schwer möglich, Ama ganz zu vermeiden. Schließlich lassen sich unsere Umweltbedingungen nicht einfach ändern, wir werden weiterhin mit Schadstoffemissionen und Lärm leben müssen. Auch haben wir zu akzeptieren, dass es im Leben immer wieder Stress- und Unmutsphasen geben wird.

Man kann aber einiges tun, um dem Körper dabei zu helfen, Ama auszuleiten. Das Zauberwort dafür heißt: Entgiftung!

DEN KÖRPER REINIGEN

In der ayurvedischen Medizin spielt die regelmäßige Reinigung unseres Organismus eine tragende Rolle, denn sie leistet auch einen wertvollen Beitrag zur Vorbeugung und Therapie von Krankheiten. Zum einen stärkt sie unsere Abwehrkräfte und bietet so einen Schutz vor schädlichen äußeren Einflüssen, zum anderen erhält und stärkt sie unser inneres Gleichgewicht. Gesundheit und Lebenserwartung werden damit ebenso wie die Lebensqualität gesteigert.

Bei uns ist die ayurvedische Medizin vor allem durch ihre Entgiftungstherapie, *Panchakarma* genannt, bekannt geworden. Diese tief greifende Behandlung hat weitreichende Wirkungen, die sich nicht nur an einer Besserung von Beschwerden, sondern auch subjektiv an einer deutlichen Steigerung des Wohlbefindens und einer Klarheit des Geistes ablesen lassen. Nach einer Panchakarma-Therapie werden Sie sich lockerer, leichter, zufriedener, wohler, entspannter und frei von negativen Gedanken fühlen, denn alles, was unseren Organismus belastet, wird herausgespült. Die Blockaden in den Srotas werden gelöst, sodass Körper und Geist wieder aufnahmefähig sind und leistungsstark arbeiten können.

Panchakarma in der Klinik

Ein Hinweis vorab: Man muss zwischen den Behandlungen des klassischen Panchakarma, die in einer ayurvedischen Klinik durchgeführt werden, und den Reinigungsmethoden, die Sie selbstständig zu Hause durchführen können, klar unterscheiden. Panchakarma, so wie es die klassischen Schriften vorsehen, können Sie nicht alleine vornehmen. Dazu müssen Sie sich in die Hände eines ausgebildeten Facharztes begeben, der Sie am besten stationär über mindestens zehn Tage betreut. Ein kürzerer Zeitraum ist nicht sinnvoll, da die Behandlungen einem strengen, in sich logischen Ablauf folgen und dabei auch Tage der Ruhe und Erholung vorgesehen sind.

Entgiftung für zu Hause

Grundsätzlich gilt als Ziel für entgiftende ayurvedische Maßnahmen Folgendes: Sie harmonisieren die Doshas, eliminieren überschüssige Doshas, bauen Ama ab, stärken Agni und klären die Srotas. Ich habe im Folgenden für Sie verschiedene Entgiftungsmaßnahmen zusammengestellt, die sich regelmäßig zu Hause durchführen lassen. Einige Anwendungen können Sie täglich vornehmen, andere sind nur ein- bis zweimal im Jahr sinnvoll.

Eine Detox-Woche wirkt Wunder

Ein entscheidender Aspekt jeder Entgiftung besteht in der Beseitigung von Ama. Dafür empfiehlt es sich, für fünf bis zehn Tage eine Ama-Reduktion durchzuführen. In Step 1 (siehe Seite 23) habe ich Ihnen die Detox-Woche vorgestellt. **Nehmen Sie sich zunächst drei Tage vor. Vielleicht wollen Sie an einem Wochenende damit beginnen.** Wenn es Ihnen leichtfällt, dehnen Sie es auf fünf, dann auf sieben oder sogar auf zehn Tage aus. Wenn Sie gewohnt sind, mehr als drei Tassen Kaffee am Tag zu trinken, empfehle ich Ihnen, erst ein paar Tage den Kaffeekonsum zu reduzieren, bevor Sie das Programm konsequent durchführen. Anfänglich bekommen Sie vielleicht leichte Kopfschmerzen, fühlen sich müde und schlapp. Das ist ein gutes Signal, der Körper reagiert. Dann werden Sie feststellen, dass es Ihnen von Tag zu Tag immer besser geht. Sie fühlen sich leichter, frischer, klarer, beweglicher, fröhlicher. Solch eine Ama-Reduktion können Sie ein- bis zweimal im Jahr durchführen.

Morgendliche Ölmassagen

Massagen tragen wesentlich dazu bei, dass die Vata- oder Pitta-Überschüsse, die durch Stress entstehen, ausgeleitet beziehungsweise besänftigt werden: Sie regen die Verdauungskraft an, senken Stresshormone, setzen Oxytocin und Endorphine frei und stärken sogar das Immunsystem. Ayurveda kennt eine große Anzahl verschiedener Massagen, die sowohl bei der Erhaltung des inneren Gleichgewichts als auch bei der Belebung des Organismus helfen. Einige davon können Sie sogar selbst durchführen.

Der wichtigste Ratschlag, den ich Ihnen dabei mit auf den Weg geben möchte, lautet: **Massieren Sie niemals mechanisch, sondern immer mit liebevoller Aufmerksamkeit.** Nehmen Sie sich für die Massagen Zeit – zehn Minuten sind ausreichend. Sie sollten sich jedoch nicht durch etwas anderes ablenken lassen, sondern sich ganz auf sich selbst besinnen.

Die meisten Umweltgifte, denen wir heute zwangsläufig ausgesetzt sind und die sich im Laufe der Zeit in unseren Körpergeweben ansammeln, sind fettlöslich. Verwöhnen Sie deshalb Ihren ganzen Körper regelmäßig mit Ölbehandlungen.
Üben Sie bei Ihren Massagen bitte keinen zu kräftigen Druck aus. Lassen Sie Ihre Hände in festen, streichenden und kreisenden Bewegungen über Ihre Körperteile gleiten. Arme und Beine können in größeren Längsstrichen behandelt werden. Gelenke, Brust und Bauch mit kreisenden Einreibungen im Uhrzeigersinn. Bei der Ganzkörpermassage beginnen Sie immer am Kopf. Von dort aus massieren Sie dann körperabwärts. Die Behandlung endet mit dem Massieren der Füße.
Eine Fußmassage können Sie abends vor dem Schlafen durchführen. Auch für Kopfmassagen verwenden Sie am besten etwas Öl. Sie können sie an solchen Tagen vornehmen, an denen Sie sich ohnehin die Haare waschen wollen. Grundsätzlich eignen sich für Massagen gereiftes Sesamöl oder medizinische Öle am besten.

Sesamöl reifen

Sesamöl können Sie selbst reifen, indem Sie es langsam auf 100 Grad Celsius erhitzen. Geben Sie ein paar Wassertropfen auf die Oberfläche. Das Öl hat die richtige Temperatur erreicht, wenn sie aufsteigen und platzen. Dann die Hitzezufuhr abstellen. Bleiben Sie währenddessen unbedingt am Herd stehen, da sich das Öl sehr schnell erhitzt. Das so gereifte Sesamöl lässt sich problemlos in einer Flasche aufheben.
Bevor Sie mit einer Massage beginnen, sollten Sie die benötigte Menge zum Beispiel im Wasserbad oder auf der Heizung kurz erwärmen.
Grundsätzlich sollten Sie das verwendete Massageöl noch etwa zehn Minuten einwirken lassen. In der Zwischenzeit können Sie Ihre tägliche Körperhygiene, wie beispielsweise Zähneputzen und Zungesäubern, verrichten. Danach das Öl am besten einfach abduschen.

Ölbäder

Die Wassertemperatur für Ihr Bad sollten Sie nach Ihren Vorlieben wählen. Grundsätzlich wird bei Ölbädern Vata beruhigt und die Haut, die durch ein Zuviel an Vata rau und spröde geworden ist, wird wieder geschmeidig und weich. Zudem wird etwas Öl auch nach dem Bad von unserer Haut gespeichert: So bleibt die wohltuende Entspannung, die sich nach dem Bad einstellt, erhalten und die Haut wird natürlich geschützt.
Je nach Reaktionstyp bieten sich verschiedene Aromaessenzen für ein Bad an. Vata- und Pitta-Stresstypen entspannen zum Beispiel gut bei Düften wie Rose oder Lavendel, Kapha-Stresstypen dagegen mögen Eukalyptus. Pitta-Stresstypen tut darüber hinaus Orange gut, während Vata-Stresstypen Jasmin mögen.

Mundspülung

Eine regelmäßige Mundspülung, *Gandusha,* beugt krankem Zahnfleisch, Mundgeruch, kariesanfälligen Zähnen und Problemen mit der Schleimhaut vor. Halten Sie deshalb Ihren Mund immer sauber. Es reicht vollkommen aus, wenn Sie zusätzlich zum Zähneputzen und Reinigen mit Zahnseide morgens und abends und nach jeder Nahrungsaufnahme Ihren Mund kräftig mit Wasser, das Sie hin- und herpressen, ausspülen. Morgens empfiehlt es sich, statt Wasser etwas Sesamöl zu benutzen, das Sie zehn Minuten im Mund bewegen und dann ausspucken. Benutzen Sie dabei kräftig Ihre Backenmuskulatur. Alternativ können Sie auch Kardamom oder Gewürznelken kauen: Diese Gewürze schützen Ihre Zähne, desinfizieren und beugen Mundgeruch vor. Sinnvoll ist auch das morgendliche Reinigen der Zunge. Nach dem Zähneputzen die Zunge sanft mit einem Zungenschaber säubern. Der Belag – besonders intensiv zum Beispiel nach einem üppigen Abendessen – gibt Ihnen eine Vorstellung von Ama. **Wichtig: Benutzen Sie den Zungenschaber, bevor Sie frühstücken, sonst schlucken Sie den Belag mit allen Giftstoffen wieder herunter.**

Nasenspülung

Die Reinigung der Nase, *Nasya,* gehört zum klassischen Panchakarma. Damit die feinen Härchen ihre Aufgabe als Filter erfüllen können und die Nasenschleimhäute gesund bleiben, sollten Sie die Nase täglich säubern. Sie können sich auch vorsichtig mit den Fingerspitzen etwas Sesamöl oder Nasenreflexöl (siehe Bezugsquellen im Anhang) in die Nase reiben, das Sie dann langsam hochschnüffeln. Gerade bei trockenen Nasenschleimhäuten, hervorgerufen etwa durch die Heizungsluft im Winter, eignet sich diese Methode besonders gut, denn das Öl erhöht gleichzeitig die Feuchtigkeit der Schleimhäute.

DER KÖRPER ALS TEMPEL

Die Art, wie wir uns selbst behandeln, hängt von unserer Wertschätzung ab. Wenn wir mit unserem Körper wie mit einer Mülltonne umgehen, sagt das etwas über den Wert aus, den wir uns selbst beimessen. Unser Körper hat es verdient, wie ein Tempel behandelt zu werden – denn er beherbergt unsere Seele. Dabei sind es weniger die großen als vielmehr die kleinen täglichen Sünden, die uns versehren. Haben Sie schon einmal bemerkt, dass nach einem üppigen nächtlichen Gelage der Hunger am Morgen besonders groß ist? Was tun Sie? Sie essen. Und das sollten Sie lassen. **Wenn man über die Stränge geschlagen hat, muss man wissen, wie man gegensteuert. Und zwar möglichst frühzeitig, um die Regulations- und Reparatursysteme des Organismus zu unterstützen.**

Viele Menschen akzeptieren Erschöpfung und Stress als einen Teil ihres Lebens. Oft erkennen gerade Männer nicht oder erst spät, dass mit ihrem Körper etwas nicht in Ordnung ist.

Die Folge sind chronische Beschwerden im Alter, die zu einer kürzeren Lebenserwartung beitragen. Prüfen Sie sich also frühzeitig. Nur so können Sie die Störungen des Körpers erkennen und beseitigen.

»Es gibt nur einen Tempel in der Welt, und das ist der menschliche Körper. Nichts ist heiliger als diese hohe Gestalt. Man berührt den Himmel, wenn man einen Menschenleib betastet.«

NOVALIS

Das Gleichgewicht wahren

Wenn Sie abends früh und leicht gegessen haben, hält sich am Morgen der Appetit in Grenzen. Woran liegt das? Für die Verdauung ist Pitta zuständig. Nicht nur für die Verdauung der Nahrung, sondern für die Verdauung von allem, was wir in uns aufnehmen. Was wir hören, fühlen, sehen, schmecken, riechen. Pitta arbeitet am intensivsten tagsüber zwischen 10 und 14 Uhr, nachts zwischen 22 und 2 Uhr. Darum sollte man nach Möglichkeit mittags seine Hauptmahlzeit zu sich nehmen und abends nicht zu spät ins Bett gehen, weil die nächtliche Pitta-Aktivität den Tag »verdaut«.

Wenn Sie spätabends schwer essen, ist Ihre Verdauungskraft schwach – das Verdauungs-Pitta im Magen-Darm-Trakt »schläft« schon. Ihr Körper versucht nun, mit der Belastung der Völlerei fertigzuwerden – er will die Homöostase bewahren. Darum muss er das »Verdauungsfeuerchen« entfachen. Was tun Sie, um ein Feuer zum Lodern zu bringen? Sie benutzen einen Blasebalg. In diesem Fall schlüpft Vata in die Rolle des Blasebalgs, es schürt das Pitta im Verdauungstrakt an. Vata hängt mit Aktivität – auch mit geistiger Aktivität – zusammen. Und darum können wir mit einem vollen Magen zunächst schlecht einschlafen. Im Laufe der Nacht kommt Pitta nun auf Touren, und wenn Sie morgens aufwachen, brennt es – eigentlich ganz entgegen seiner natürlichen Biorhythmik – lichterloh. Die starke Pitta-Aktivität nehmen Sie als Hunger wahr. Der Verdauungstrakt ist mit der Verarbeitung des schweren späten Abendessens beschäftigt. Diese Arbeit sollte er in Ruhe vollständig abschließen können, bevor er wieder mit einer neuen Mahlzeit belastet wird. Darum lautet eine ayurvedische Grundregel, um die homöostatischen Regelkreise im Verdauungstrakt und Stoffwechsel zu stützen: **Essen Sie nie, bevor die vorige Mahlzeit nicht verdaut ist.**

9. PARTNER UND FREUNDE

Können Sie sich noch an die beflügelnden Zeiten erinnern, als Sie zuletzt verliebt waren? Oder umgekehrt an die energiezehrenden Qualen, die Ihnen eine unglückliche Liebe beschert hat? Für unseren Energiehaushalt und unsere Leistungsfähigkeit spielen zwischenmenschliche Beziehungen eine ganz wichtige Rolle. Und in unserem täglichen Leben erkennen wir wohl nirgendwo sonst besser, welche große Bedeutung der »Raum dazwischen« hat. Denn die Art der Energie, die diesen Raum zwischen zwei Menschen füllt, übt einen bestimmenden Einfluss auf unsere Befindlichkeit aus. Wenn wir uns mit Menschen umgeben, die wir mögen, aktiviert dies in unserem Gehirn das Belohnungssystem und körpereigene Drogenstoffe, sogenannte Endorphine, werden ausgeschüttet. Diese Endorphine sorgen nicht nur für körperliches Wohlbefinden, sondern auch für eine Verbesserung unserer kognitiven Fähigkeiten, sodass wir Informationen besser und schneller verarbeiten können.

DAS TEAM MUSS GEWINNEN

Jeder weiß aus Erfahrung: Lernen oder arbeiten wir – statt alleine – in einem Team, das aus Menschen besteht, die wir mögen, werden wir größere Erfolge erzielen, weil der gelernte oder erarbeitete Stoff mit einem positiven Empfinden verknüpft und als Gesamteindruck in unserem Gehirn gespeichert wird. Dadurch können wir Informationen nicht nur besser und schneller begreifen, sondern auch nachhaltiger abspeichern und uns so auch besser daran erinnern.

Doch neben unserem beruflichen Umfeld spielen natürlich vor allem unsere Partnerschaft und unsere Freundschaften eine wichtige Rolle für unseren Energiehaushalt. Es gibt mittlerweile eine Vielzahl wissenschaftlicher Studien darüber, wie vorteilhaft sich eine gute Partnerschaft auf die Gesundheit und die Lebenserwartung auswirkt.

Wodurch entsteht eine Partnerschaft?

Durch Anziehung, Zuneigung und Liebe. Mit dem Gefühl der Liebe ist das ganz natürliche Bedürfnis zu geben verbunden. Nicht nur materielle Geschenke, sondern Aufmerksamkeit, Zuwendung, Anerkennung, Fürsorge, Vertrauen. Wenn beide geben, empfangen beide – ein wunderbarer Austausch und Fluss positiver Energie entsteht. So weit die Theorie. Sie stimmt für eine Weile, bis der graue Alltag sich in einer Beziehung breitmacht. Alltag bedeutet meist, Energie zu verlieren und müde zu werden. Und genau hier liegt die große Gefahr: denn die verlorene Energie wollen wir zurückgewinnen, die Batterie wieder aufladen. Mehr Energie bedeutet nämlich größeres Wohlbehagen, mehr Freude, Heiterkeit und Glück. Und oft er-

warten wir – vielleicht ganz unbewusst – diesen Energieschub von unserem Partner. Befindet er oder sie sich jedoch auch in einem Energieloch und erhofft sich dasselbe von uns, werden beide enttäuscht. Das Ergebnis ist Unzufriedenheit und Frustration. Was lernen wir daraus? **Erwarten Sie nie von Ihrem Partner oder Ihren Freunden, dass sie Ihnen Energie geben. Achten Sie stets selbst darauf, Ihren Energiehaushalt auszugleichen.** Machen Sie sich bitte bewusst, dass alle Verfahren der Erholung und Regeneration letztlich auf der Fähigkeit beruhen, aus sich selbst heraus Kraft zu schöpfen.

So paradox es auch klingen mag: Eine Partnerschaft und eine Freundschaft zu pflegen bedeutet in erster Linie, sich selbst zu pflegen und immer wieder Energie aufzubauen, wodurch man dann in der Lage ist, sie anderen zu geben.

Ratschläge für eine gesunde Beziehung

- Achten Sie auf Ihre Energiereserven. Verausgaben Sie sich nicht. Tanken Sie regelmäßig auf und vergessen Sie nicht das Prinzip der Regeneration: Kraft kommt aus der Ruhe.
- Üben Sie sich in der Bereitschaft zu geben. Überraschen Sie Ihren Partner mit kleinen Aufmerksamkeiten und interessieren Sie sich für alles, was ihn bewegt. Zeigen Sie ihm Ihre Zuneigung und vergessen Sie nicht, diese auch auszusprechen. Überlegen Sie, wo Sie seine Freude »mehren« können.
- Suchen Sie bei einem Konflikt die Schuld nicht beim Partner. An einer Beziehung sind immer zwei beteiligt. Einen anderen Menschen zu verändern, liegt nicht im Rahmen unserer Möglichkeiten. Wir können nur uns selbst verändern. Arbeiten Sie an sich und fragen Sie sich selbst, welchen Beitrag Sie zur Lösung eines Konflikts leisten können. Seien Sie Teil der Lösung, nicht Teil des Problems.
- Streiten Sie nicht, wenn Sie müde sind. Erzwingen Sie keine Aussprache, wenn Ihr Partner erschöpft ist. Solche Diskussionen enden meistens im Konflikt – zu leicht sind Dinge gesagt, die man später bereut. Warten Sie einen oder zwei Tage und sprechen Sie sich aus, wenn Sie ausgeruht sind. Nur dann können Sie Verständnis für Ihren Partner aufbringen und nachempfinden, was der andere fühlt.
- Entdecken Sie Gemeinsamkeiten. Zweifel an einer Beziehung führen oft zu dem Gefühl, zu verschieden zu sein. Wer solche Zweifel hegt, läuft Gefahr, diese durch jeden kleinen Konflikt bestätigt zu sehen. Richten Sie Ihre Aufmerksamkeit nicht auf Unterschiede – die wird es in einer Welt der Vielfalt immer geben –, sondern auf die Gemeinsamkeiten, die Sie zusammengeführt haben. Pflegen Sie Ihre beiderseitigen Interessen und vergessen Sie dabei nicht, die Andersartigkeit Ihres Partners zu achten. Denn diesen Respekt vor Ihrer eigenen Individualität erwarten Sie auch vom anderen.
- Achten Sie auf Ihre geistige Klarheit. Eine Beziehung braucht viel Aufmerksamkeit. Konzentrieren Sie sich auf die feinen Regungen des Partners und reagieren Sie darauf.

GEBEN UND NEHMEN IN BALANCE

Ebenso wie bei einem erfolgreichen Wirtschaftsunternehmen und im Fall eines effizienten Energiemanagements muss auch in einer Partnerschaft, Ehe oder Freundschaft auf Dauer die Bilanz stimmen.

Die Soll- und Habenseite, das Geben und Nehmen sollten sich langfristig betrachtet in etwa die Waage halten. Oder wie Marlon Brando es im Film *Der Pate* sagte: **»Das Gefälligkeitskonto muss ausgeglichen sein.«** Ansonsten schleicht sich mit der Zeit oft ganz unmerklich ein ungutes Gefühl ein. Das bedeutet nicht, dass wir akribisch darauf achten und aufrechnen sollten, was wir für einen anderen Menschen schon alles getan haben. **Wahres Geben zeichnet sich sowieso durch etwas Bedingungsloses aus. Es geschieht ohne die Erwartung, etwas zurückzubekommen.** Dafür sorgt ohnehin ein Grundgesetz des Lebens. Die Physik nennt es das dritte Newton'sche Axiom oder das Wechselwirkungsprinzip von Actio gleich Reactio. In der Bibel steht: »Wie du säst, so wirst du ernten.« In der Thora heißt es: »Aug um Aug, Zahn um Zahn.« In der vedischen Wissenstradition finden wir diese Regel in der Lehre des *Karma* wieder.

»Ich liebe dich so, wie ich bin.«

ALBERT EINSTEIN AN SEINE FRAU

In jedem Fall geht es um dasselbe Prinzip: Wenn wir den Samen eines Apfelbaums in die Erde pflanzen, können wir nicht davon ausgehen, dass ein Kirschbaum daraus hervorgeht. Wichtig dabei ist: Was auch immer wir einem Menschen Gutes tun, muss nicht durch ihn, sondern kann auch auf völlig andere Weise und Wege schließlich zu uns zurückkommen. Auch wenn sich so das Leben selbst stets um einen Ausgleich für unser Tun kümmert, sollten wir dennoch auch selbst achtsam über die Balance in unseren Beziehungen wachen.

Im Fall einer Partnerschaft oder einer Freundschaft erkennen wir nicht nur besonders offensichtlich, welche Art der Energie den Raum zwischen zwei Menschen füllt, sondern auch, dass eine Beziehungsbalance immer nur im »Raum dazwischen« entsteht. Denn jede Form der Beziehung, sei es eine Partnerschaft, eine Freundschaft, eine Geschäftsbeziehung, die Beziehung zwischen unseren Organen oder die Beziehung zwischen der Sonne und ihren Planeten, spielt sich immer nur in dem magischen »Raum dazwischen« ab. Allein hier entscheidet sich, ob sie funktioniert oder nicht.

Der richtige Riecher

In diesem Zusammenhang drängt sich noch eine interessante Frage auf: Gibt es auch eine energetische Qualität, die über die Anziehung zwischen Menschen entscheidet? Man weiß, dass der Geruch eine wichtige Rolle spielt. Pheromone werden vom sogenannten Vomeronasalorgan in der Nase registriert und die entsprechenden Informationen dann zum Gehirn weitergeleitet. Auf diese Weise beeinflussen sie unser Verhalten und entscheiden beispielsweise darüber, ob uns jemand sympathisch ist oder ob wir unser Gegenüber im wahrsten Sinne des Wortes nicht riechen können. Doch sicherlich legt am Ende ein komplexes Zusammenspiel vieler Faktoren fest, ob wir einen anderen Menschen mögen oder nicht. Interessant wäre zu ergründen, welche Rolle die Dosha-Konstitution dabei spielt.

Passen bestimmte Dosha-Typen zusammen und andere nicht?

Um diese Frage zu beantworten, stellen wir uns einmal einen Extremfall vor: Ein Vata- und ein Kapha-Mensch gehen eine Beziehung ein. Natürlich besitzen beide auch immer Qualitäten der anderen Doshas, doch Vata beziehungsweise Kapha prägen in diesem Fall vornehmlich ihre Charaktere. Kann eine Partnerschaft zwischen zwei Persönlichkeiten mit derart unterschiedlichem Naturell überhaupt gut gehen? Wenn Schnelligkeit, geistige und körperliche Beweglichkeit, Begeisterungsfähigkeit, Flexibilität, Unternehmungslust, Rastlosigkeit, Kreativität, Launenhaftigkeit auf Behäbigkeit, Ausdauer, Beharrlichkeit, Stabilität, Geduld, Genussfreude, Methodik treffen? Ziehen sich Gegensätze wirklich an?

Sicher könnte der eine den anderen ergänzen. Sie könnten ein Gegengewicht zueinander bilden. Und es kann eine sehr harmonische Beziehung entstehen, wenn beide tolerant sind. Dabei kann das Wissen um die Doshas und die unterschiedlichen Konstitutionstypen enorm zum gegenseitigen Verständnis beitragen. Wenn Menschen nicht versuchen, den anderen zu ändern, ihn nicht verbiegen wollen, wenn sie den anderen in seiner Einzigartigkeit achten und respektieren, funktionieren solche Beziehungen. Denn aus einer Antilope wird nie ein Elefant. Wenn ein Mensch sich selbst ganz und gar so annimmt, wie er ist, akzeptiert er auch andere. **Respekt anderen gegenüber beginnt mit Selbstachtung.** Denn Respekt kommt vom lateinischen Verb *respicere* und bedeutet »zurückschauen«. Worauf? Auf die eigene innere Natur, das eigene Selbst.

Natürlich stellt es für den unternehmungslustigen Vata-Typ eine größere Herausforderung dar, den bedächtigen Kapha-Typ so zu nehmen, wie er ist, als umgekehrt. Und natürlich verstehen sich zwei Pitta-Typen von ihrem Naturell her gut. Dennoch ist hier die Explosionsgefahr groß, wenn beide in Rage geraten. In den letzten Jahren ist die Scheidungsrate wieder angestiegen. Interessanterweise hat die Corona-Krise diesen Trend eher befeuert. Viele Menschen leben allein, es gibt Städte, wo es mehr Single- als Familienhaushalte gibt. Ein unübersehbares soziales Problem? Vereinsamen Menschen in der anonymen Großstadt? Daher stellen Wissenschaftler weltweit immer häufiger die Frage, ob Einsamkeit und Gesundheit korrelieren. Diese Studien sprechen eine deutliche Sprache: Wer von einer guten Beziehung getragen wird, lebt länger. Eine liebevolle Partnerschaft gibt uns Sicherheit, sie nährt uns und wirkt sich harmonisierend auf unsere Doshas aus.

Was ist das Geheimrezept einer guten Beziehung? Warum schaffen es manche Paare, 50 Jahre und länger zusammen zu sein, und andere scheitern bereits nach wenigen Jahren? Experten sind sich einig: Das Zauberwort heißt Toleranz. Wie gesagt, die ayurvedischen Dosha-Typen gut zu kennen, kann uns helfen, grundlegend zu verstehen, dass ein Vata-Typ komplett anders gestrickt ist als der Kapha-Typ. Das Wichtigste aber ist die Beziehung, die man zu sich selbst hat. Ein Mensch, der in sich ruht und aus seinem inneren Energiereservoir schöpft, der selbstkongruent ist und sich aktiv um sich kümmert, wird andere leichter mit all ihren Schwächen akzeptieren.

Gute Gesundheitsgewohnheiten zu etablieren, auf ausreichend Schlaf zu achten, sich regelmäßig auszuruhen – wirkt sich auch auf unsere Beziehungen aus. Man hat herausgefunden, dass Menschen mehr streiten, wenn sie müde und überarbeitet sind. Mein Freund, der Psychologe Jens Corssen, hat eine Formulierung geprägt, die ich mit Ihnen teilen möchte. Er rät Paaren immer dazu, »die Freude des anderen zu mehren«. Denken Sie darüber nach, was Ihren Partner wirklich glücklich macht. Organisieren Sie ihm den Fußballabend, mit allem griffbereit, was er von der Couch aus brauchen kann. Bringen Sie ihr die Frauenzeitung mit, die sie immer liest, und schicken Sie sie eine Stunde ins Café, für absolute Me-Time. Gerade aus den kleinen, alltäglichen, liebevollen Gesten wird der Kitt, der im Notfall zusammenhält. Arbeiten Sie an Ihrer Beziehung mit dem Ziel: Das Team muss gewinnen.

10. SINN

»Es gibt einen Platz, den du füllen musst,
den niemand sonst füllen kann,
und es gibt etwas für dich zu tun,
das niemand sonst tun kann.«

Dieser Satz stammt von Platon, und er hat etwas mit Ihrem Lebenszweck zu tun. Betrachten Sie in diesem Zusammenhang den menschlichen Körper und wie intelligent die Natur jeder einzelnen seiner Zellen das Bewusstsein seiner Bedeutung eingepflanzt hat. Warum beklagt sich eine Leberzelle nicht darüber, fortwährend all das Gift, das den Organismus überflutet, entsorgen zu müssen, während eine Fettzelle scheinbar nur faul daliegt und Fett speichert? Warum beschwert sich die Muskelzelle nicht, unentwegt den Befehlen der Nervenzelle gehorchen zu müssen? Einfach weil sie alle ihre Rollen im Spiel des Lebens verstehen. Weil jede dieser Zellen das Wissen um den ge-

samten Organismus mit all seinen Funktionen in ihrem Kern trägt. Und weil darum jede Zelle sich darüber im Klaren ist, warum sie welche Aufgabe zu erfüllen hat – zum Wohle des Ganzen und damit zum Wohle von sich selbst.

HABEN SIE FÜR SICH DEN ZWECK IN IHREM LEBEN ERKANNT?

Die Suche nach einem übergeordneten Sinn hat die Menschheit und ihre größten Denker seit jeher umgetrieben. Die Antwort darauf fiel und fällt sehr vielschichtig und vielfältig aus. Wie meinte Aristoteles noch mal?

»Der Zweck des Lebens ist die Ausdehnung von Glück.«

Doch der Sinn eines Lebens besteht immer in der Bedeutung, die wir ihm beimessen und die wir imstande sind zu erkennen.

In einer Flow-Erfahrung trägt das, was wir tun, den Sinn in sich selbst. Sie stellt sich auch nur dann ein, wenn wir an unseren Lebenszweck gekoppelt sind, wenn wir – wie Platon sagte – den Platz füllen, den niemand sonst füllen kann. Dieser Flow, den wir dann spüren, ist ein feiner, leiser, unaufgeregter Fluss von Energie und stiller Freude. Sie können ihn in der Meditation, in Ihrem Beruf, beim Sport, mit einer Freundin, in der Liebe erleben. Die Erfahrung, in Ihrem inneren Selbst verankert zu sein, ist der größtmögliche Energiespender überhaupt. Ist der Sinn des Lebens darum nicht einfach nur der Fluss des Lebens hin zu sich selbst?

STEP 6

Yes – you can!

DIE EIGENE WAHRHEIT FINDEN

Jetzt bekommen Sie Ihr Energiemanagement nach Maß. Dabei helfen uns Ihre Testergebnisse weiter. Sie haben herausgefunden, was für ein Stresstyp Sie sind, Ihre Lebensprioritäten reflektiert, Ihren Energy-Score bestimmt, Ihren gegenwärtigen Energiestatus im Vergleich zu Ihrem Optimalzustand ermittelt und vielleicht auch schon mit einigen Übungen begonnen. Damit haben wir die Grundlagen für Ihr persönliches Energieprogramm geschaffen.

Satmya und Asatmya

Wenn es jetzt um Sie persönlich geht, möchte ich Sie vorab mit einem Konzept vertraut machen, auf das im Ayurveda letztlich alles hinausläuft: *Satmya* und *Asatmya*. Gemeinhin wird Satmya mit »Verträglichkeit« übersetzt und Asatmya mit »Unverträglichkeit«. Doch der Wortursprung verrät mehr: *Sat* bedeutet »Wahrheit« und *mya* heißt »meine«. Also ist Satmya »meine Wahrheit«. Jeder einzelne Aspekt in Ihrem Leben, alles, was Ihre Doshas in der Balance hält, was Sie mit Ihrem Selbst verbindet, was Svastha schafft – Sie also gesund macht und gesund erhält –, was Sie energetisch auflädt, ist »Ihre Wahrheit«, ist für Sie Satmya. Aus diesem Grund therapiert ein ayurvedischer Arzt immer in enger Abstimmung mit seinem Patienten. Denn alle Behandlungsverfahren sollen für ihn Satmya, also verträglich, sein. Das kann sich von Person zu Person unterscheiden. Was bei dem einen hilft, wirkt bei einem anderen einfach nicht.

Dennoch gibt es ein paar grundsätzliche Regeln. So verträgt sich Milch nicht mit Früchten. Beides zu mischen, zum Beispiel in einem Müsli mit Milch und Obst, ist Asatmya. Abends Joghurt und andere vergorene Milchprodukte zu essen, verklebt die Srotas und produziert Ama – es gilt ebenfalls als Asatmya.

> »Ganz leise spricht ein Gott in unserer Brust,
> ganz leise, ganz vernehmlich, zeigt uns an,
> was zu ergreifen ist und was zu fliehen.«
>
> JOHANN WOLFGANG VON GOETHE

Eine Empfindsamkeit dafür zu entwickeln, was Ihnen nützt und was Ihnen schadet, achtsam mit sich und anderen umzugehen, ist kein eigennütziges Unterfangen. Im Gegenteil. Wenn Sie nicht darauf aufpassen, was Ihnen guttut, leiden schließlich nicht nur Sie, sondern Ihre ganze Umgebung leidet. **Wenn Sie vital, fröhlich und voller Energie sind, infizieren Sie**

mit genau diesen Qualitäten all die Menschen, die das Glück haben, Ihnen zu begegnen. Darum ist es so wichtig, für sich selbst herauszufinden, was zu »Ihrer Wahrheit« gehört, was Ihnen Energie gibt: welches Essen, wie viel Schlaf, welches Klima, welche Menschen, welcher Beruf, was für eine Art von Urlaub, welche Umgebung – Meer oder Berge. Es ist alles eingeschlossen, was zu Ihrem Leben gehört.
Wenn Sie einen massiven Felsbrocken in einen turbulenten Teich wuchten, erkennen Sie kaum eine Wirkung. Ein winziger Kieselstein jedoch, in spiegelglattes Wasser geworfen, breitet seine konzentrischen Kreise deutlich sichtbar aus. Wenn Ihr Organismus im Ungleichgewicht ist und Sie innerlich aufgewühlt sind, spüren Sie nicht, was für Sie Satmya oder Asatmya ist. In Balance spüren Sie genau, was Ihnen nützt und was Ihnen schadet.

AKUTPROGRAMM UND LANGZEITPLAN

Ich werde nun mit Ihnen zwei auf Sie abgestimmte Programme besprechen: ein energetisches Akutprogramm, das Sie erst einmal aus dem Energieloch herausholt – sollten Sie sich darin befinden –, und einen Langzeitplan, der auf drei Monate angelegt ist und Ihnen einen Leitfaden gibt, wie Sie Ihre Energiebilanz dauerhaft positiv gestalten können.
Um festzustellen, womit Sie sinnvollerweise beginnen, wollen wir das Resultat von vier Tests miteinander verbinden.

1. Sehen Sie sich bitte zuerst die Checkliste auf der nächsten Seite genau an und beantworten Sie die Fragen gewissenhaft. Welche Symptome beschreiben Ihren Zustand am treffendsten? Kreuzen Sie alle Punkte an, die auf Sie und Ihre aktuelle Situation zutreffen. Dadurch können Sie schnell und sicher feststellen, ob Sie energetisch ausgelaugt oder »lediglich« belastet sind.
2. Ziehen Sie nun als Nächstes das Ergebnis Ihres Energy-Score (von Seite 36) und Ihren momentanen prozentualen Energiewert (Seite 39) heran.
   - Liegt Ihr Energy-Score klar unter 300, Ihr augenblicklicher subjektiver Energiewert unter 40 Prozent und haben Sie sechs Fragen auf der Erschöpfungs-Checkliste mit Ja beantwortet, sind Sie ein Kandidat für das Akutprogramm.
   - Bei einem Energy-Score über 300, einem momentanen subjektiven Energiewert von über 40 Prozent, sechs Ja-Antworten auf der Belastungsskala und weniger als vier Ja-Antworten auf der Erschöpfungsskala entscheiden Sie sich besser für das Langzeitprogramm. Bitte belügen Sie sich nicht selbst! Sehen Sie den Tatsachen ohne Angst ins Auge. Eine Lösung ist ja in Sicht, wenn Sie sich richtig einordnen. Sie verschwenden nur wertvolle Zeit, wenn Sie mit dem Dreimonats-Energieplan anfangen, obwohl Sie eigentlich dringend Akutmaßnahmen einleiten müssten. Der Erfolg wird in die-

sem Fall weniger deutlich sichtbar werden, als Sie es sich vielleicht erhoffen, und das wäre sehr schade.

3. Wenn klar ist, welches Programm für Sie das richtige ist, ziehen wir als Nächstes das Ergebnis Ihres Stresstyps aus Step 4 heran. Denn für jeden der Stresstypen gibt es nun einen individuellen Akut- und Langzeitplan. Wenn Ihr Stresstyp nicht eindeutig ist, Sie also sehr ähnliche Resultate zum Beispiel auf der Pitta- und Vata-Skala oder der Pitta- und Kapha-Skala erzielt haben, lesen Sie sich bitte die Fallbeispiele genau durch und prüfen Sie, ob Sie Ähnlichkeiten in der Symptomatik oder den Lebensumständen bei einer der beschriebenen Personen erkennen können. Daran orientieren Sie sich, wenn Sie Ihr Programm wählen.

Wenn Sie die unterschiedlichen Fahrpläne für die verschiedenen Stresstypen durchlesen, werden Sie auf Gemeinsamkeiten stoßen, die in allen Programmen vorkommen. Es handelt sich dabei um Empfehlungen, die für alle Menschen mit einem energetischen Defizit Satmya sind, also ihnen guttun und sie stärken. Lassen Sie sich darum nicht beirren, wenn Sie auf Wiederholungen in den folgenden Programmen stoßen. Sie sind beabsichtigt und nützlich.

| ÜBUNG |

Checkliste

Symptome der Erschöpfung

- ☐ *Ich fühle mich völlig ausgebrannt.*
- ☐ *Alles ist mir zu viel. Ich spüre überhaupt kein Leben mehr in mir.*
- ☐ *Bereits kleine Aufgaben zu erledigen, kostet mich größte Überwindung.*
- ☐ *Ich erhole mich im Schlaf nicht mehr und wache morgens völlig erschlagen auf.*
- ☐ *Ich kann mir die Probleme anderer nicht mehr anhören.*
- ☐ *Oft starre ich einfach nur vor mich hin.*
- ☐ *Ich kann mich über nichts mehr freuen.*

Symptome der Belastung

- ☐ *Ich arbeite regelmäßig länger als neun Stunden.*
- ☐ *Ich fühle mich energiegeladen, meist aber auch überdreht.*
- ☐ *Bei Belastung werde ich schnell nervös, hektisch oder gereizt.*
- ☐ *Ich muss immer etwas tun.*
- ☐ *Wenn ich mich hinsetze, um ein Buch zu lesen, empfinde ich schnell eine innere Unruhe.*
- ☐ *Ich merke, dass ich mich nicht mehr entspannen kann.*
- ☐ *Auch am Wochenende denke ich dauernd an unerledigte Aufgaben.*
- ☐ *Ich habe öfter Ein- oder Durchschlafprobleme, weil mir so viel durch den Kopf geht.*

Grundsätzliches zum Akutprogramm

Sollten Sie erkannt haben, dass Sie ein Kandidat für das Akutprogramm sind, müssen Sie notwendige Vorkehrungen treffen, um es durchführen zu können. Natürlich wäre es ideal, wenn Sie sich Urlaub nehmen könnten. Zumindest müssen Sie sich ganz bewusst Freiräume dafür schaffen. Stellen Sie zunächst einmal einen 14-Tage-Plan auf. Was haben Sie in den nächsten zwei Wochen alles vor? Tragen Sie alle wichtigen Termine ein, die Sie wahrnehmen müssen. Überlegen Sie genau, welche dieser Verabredungen nötig sind und ob Sie nicht ein paar verschieben können. Manche Dinge lassen sich bestimmt delegieren. Es ist dann besser möglich, sich auf sich selbst zu konzentrieren. Alle Lücken, die sich nun in Ihrem Terminkalender befinden, sind für Sie und Ihr Programm reserviert. Nehmen Sie keine weiteren Verpflichtungen auf sich. Gedanken wie »Das geht doch ganz schnell« und »Das mache ich vielleicht besser selbst« sollten Sie verwerfen. Ihre Gesundheit hat jetzt Priorität!

Tragen Sie in Ihren Wochenplan ein, wann Sie aufstehen, und bedenken Sie, dass die morgendlichen Behandlungen im Bad zusätzlich etwa eine Viertelstunde in Anspruch nehmen. Planen Sie mehrere kurze Pausen ein. Falls Sie sich nicht freinehmen können, nehmen Sie sich auch im Büro immer wieder bewusst Zeit, zum Beispiel um Ihr Mittagessen in Ruhe einzunehmen. Gestalten Sie Ihre Übersicht so, dass Sie jeden Tag möglichst die gleichen Dinge zur gleichen Zeit tun, damit Sie Regelmäßigkeit in Ihren Tag bringen.

Wenn Sie das Akutprogramm dann abgeschlossen haben, gehen Sie bitte zum Dreimonats-Energieplan über!

ENERGIEPROGRAMM FÜR DEN VATA-STRESSTYP

Der Vata-Stresstyp hat es in der heutigen Zeit am schwersten. Wenn Sie von Vata dominiert werden und von Ihrer Veranlagung her mit besonders wenig Kapha ausgerüstet oder durch chronische Belastung Ihre Kapha-Reserven aufgebraucht sind, verfügen Sie erfahrungsgemäß nur noch über eine geringe Stressresistenz. In dieser Verfassung ist für Sie die Gefahr eines Burn-outs groß. Ohne es zu merken, geraten Sie in eine schwierige Situation: Die Energiereserven des Körpers sind verbraucht, das Gefühl, ausgebrannt, ohnmächtig gegenüber den täglichen Anforderungen zu sein, begleitet Sie ständig. Jede noch so kleine Aufgabe empfinden Sie als eine fast unerträgliche Herausforderung. Auch der Schlaf bietet Ihnen keine ausreichende Erholung mehr. Sie kommen nicht mehr zur Ruhe.
Diese Situation können Sie überwinden und sogar dafür sorgen, dass sie nie wieder eintritt. Eine Kehrtwende um 180 Grad ist allerdings nicht erforderlich. Alles, was ich Ihnen als Hilfestellung anbieten werde, ist mit Sicherheit in Ihren Alltag integrierbar, wenn Sie sich einmal entschlossen haben, das Problem anzugehen.

DAS 14-TAGE-AKUTPROGRAMM

Ich möchte Ihnen jemanden vorstellen, dem es vielleicht ganz ähnlich erging wie Ihnen jetzt – meine Patientin Florentine. Wenn Sie etwas von den Besonderheiten ihres Falls wissen, wird Ihnen Ihre aktuelle Verfassung bestimmt klarer werden.

DER FALL FLORENTINE

Florentine ist eine attraktive Frau Ende 30 – groß, schlank, zartgliedrig, mit feinem blonden Haar, etwas trockener Haut, kreativ, ehrgeizig und begeisterungsfähig, also ein klassischer Vata-Pitta-Typ. Sie hat immens hohe Ansprüche an sich selbst und quält sich, wenn sie nicht imstande ist, diese zu erfüllen. Zuweilen plagen sie Schlafprobleme, auf Reisen bekommt sie Verstopfung, sie neigt zu einem Blähbauch und seit geraumer Zeit macht ihr immer wieder der Rücken zu schaffen – Florentine hat eine Vata-Störung. Bis vor fünf Jahren ging sie voll in ihrem Beruf als Marketingleiterin auf, sehnte sich aber nach einem Kind.

Ihr Wunsch ist mittlerweile in Erfüllung gegangen – und damit änderte sich ihr Leben: Aus einer erfolgreichen Karrierefrau wurde eine Hausfrau, was ihr Selbstbild völlig infrage stellte. Drei Jahre später kam das zweite Kind.

Aus Florentines Sicht galt zwischen ihr und ihrem beruflich ebenso ambitionierten Mann die unausgesprochene Übereinkunft, dass sie sich bestimmte Aufgaben, die die Kinder betreffen, teilen würden. Bald stellte sich heraus, dass ihr Mann nicht in aller Konsequenz dazu bereit war. Die Kluft zwischen den beiden wuchs zusehends, bis Florentine sich schließlich von ihm trennte. Von jetzt an war sie alleinerziehende Mutter.

Es beginnt eine Zeit der totalen Überforderung. Florentine hat wieder angefangen zu arbeiten und will gleichzeitig die perfekte, liebevolle und fürsorgliche Mutter sein. Das ist unmöglich, wie sie heute weiß.

Als sie mich zum ersten Mal konsultiert, leidet sie an einem massiven Erschöpfungssyndrom. Mit der Zeit ist sie immer nervöser geworden, reagiert bei Kleinigkeiten hektisch und unausgewogen, manchmal fast hysterisch – wie sie selbst eingesteht. Ihre Rückenschmerzen bringt sie mit der schweren Last in Verbindung, die sie zu tragen hat und nicht mehr zu bewältigen vermag. Sie hat das Gefühl, völlig aus dem Gleichgewicht geraten zu sein, weit weg von ihrer inneren Mitte zu sein. Florentine quält sich dauernd mit Zweifeln und Selbstvorwürfen, weil sie meint, ihrer Aufgabe als Mutter nicht gerecht zu werden und möglicherweise nicht genug für den Erhalt ihrer Ehe getan zu haben.

Sicher können Sie sich in die Situation von Florentine einfühlen und stellen vielleicht verwundert fest: »Vieles ist ja genau wie bei mir!« Tatsächlich ist Florentine der klassische Fall eines erschöpften Vata-Stresstyps, an dem Sie Ihre Therapiemaßnahmen sehr gut orientieren können.

Ihr Energiemanagement

In den folgenden 14 Tagen müssen Sie streng zu sich sein. Bedenken Sie: Diese zwei Wochen sind der Aufbruch in ein neues Lebensgefühl und die Mühe allemal wert. Wenn Sie jetzt Urlaub nehmen, dann können Sie sich vollkommen auf Ihr Vorhaben konzentrieren. Aber auch ohne Ferien sollten die drei Maximen ...

- Ruhe,
- Regelmäßigkeit und
- Öl

... in den nächsten 14 Tagen in Ihrem Alltag den Raum einnehmen, den sie brauchen. Anspannung und Entspannung müssen in ein harmonisches Verhältnis gebracht werden. Alle Maßnahmen können Sie einfach zu Hause anwenden. Das 14-Tage-Akutprogramm beschränkt sich zwar auf Notfallmaßnahmen, doch Sie werden nur die versprochene Entlastung verspüren, wenn Sie sich konsequent auf den Plan einlassen.

Legen Sie bewusst Pausen ein

Ruhe ist Ihr oberstes Gebot für die nächsten zwei Wochen. Leicht gesagt und schwer getan in der hektischen Welt, aus der niemand so ganz flüchten kann. Sie werden Techniken erlernen, mit denen Sie Ruhe finden können. Nur so kann sich ein System erholen und neu ordnen. Das lernen wir von einem Naturgesetz, dem dritten Hauptsatz der Thermodynamik. Er sagt aus, dass ein System, das zur Ruhe kommt, aus sich selbst heraus in einen höheren Ordnungszustand springt. Ein Beispiel: Wenn Sie ein Glas Wasser abkühlen und es schließlich gefriert, bilden sich die zuvor unruhigen Wassermoleküle in einem wundervoll geordneten Eiskristall, zum Beispiel in Form einer Schneeflocke. Die innere Intelligenz des Systems sorgt für die Veränderung, wir müssen nur die notwendigen Rahmenbedingungen schaffen.
Ruhe ist eine besonders entscheidende Bedingung, und darum steht sie an erster Stelle. Vor allem geht es bei diesem Thema um Ihren Schlaf, die Erholungsphasen während des Tages und das Maß Ihrer Aktivität.
In der Ruhe liegt die Kraft:

- Achten Sie auf regelmäßigen Schlaf. Gehen Sie möglichst immer zur gleichen Zeit und so früh wie möglich zu Bett. Auf keinen Fall später als 22 Uhr, denn so nutzen Sie die beruhigende Kraft der Kapha-Zeit, die gegen 22 Uhr ausklingt. Die Pitta-Phase im Anschluss unterstützt Sie dabei, mithilfe des Traums die Erfahrungen des Tages zu verarbeiten.
- Legen Sie während des Tages regelmäßig ein- bis zweimal eine Pause von zehn bis 15 Minuten ein: Gehen Sie an die frische Luft oder setzen Sie sich bequem in einen Sessel, schließen Sie die Augen und fühlen Sie in Ihren Körper hinein.

- Reduzieren Sie das Maß Ihrer Aktivität auf ein Minimum. Prüfen Sie, wo Sie für zwei Wochen Abstriche machen können. Den Einwand »Das geht nicht« erheben Sie nur, weil Sie noch nicht wirklich zu den nötigen Maßnahmen bereit sind. Wenn Sie plötzlich eine akute Krankheit hätten, müsste es auch gehen – und es ginge auch, oder nicht? Machen Sie sich immer wieder klar: Ich bin in einer Notsituation. Ich muss handeln.
- Die tiefstmögliche Ruhe und perfekte Balance vermittelt uns der Yogazustand. Ihn erreichen wir in der Meditation. Wenn der Geist ganz zur Ruhe gekommen ist, ordnen und harmonisieren sich die Doshas mit ihren Funktionen. Die Transzendentale Meditation ist eine einfache Methode dafür.

Der richtige Rhythmus schafft Ordnung

Vata ist sprunghaft. Gerade wenn es bei Ihnen erhöht ist, müssen Sie Regelmäßigkeit in Ihren Tagesablauf bringen. Harmonie zwischen Ruhe und Aktivität heißt deshalb das Ziel.

Ihr optimaler Tagesablauf

Essen Sie zu regelmäßigen Zeiten. Frühestens eine Stunde nach dem Aufstehen können Sie ans Frühstück denken. Zwischen 12 und 14 Uhr ist die ideale Zeit fürs Mittagessen. Biorhythmisch betrachtet ist Ihr Agni jetzt am stärksten. Für Zwischenmahlzeiten eignet sich, wenn nötig, süßes Obst. Essen Sie aber möglichst nichts zwischendurch und verzichten Sie abends auf Knabbereien. Meiden Sie Alkohol, Kaffee, schwarzen und auch grünen Tee, denn er enthält Vata-stimulierendes Koffein. Abends ist nur leichte Kost zu empfehlen. Essen Sie nicht mehr nach 19 Uhr!
Übernehmen Sie sich nicht. Steigern Sie die Aktivität nicht sofort wieder, wenn Sie sich nach drei, vier Tagen schon etwas besser fühlen. Sie müssen sich Zeit geben. Es dauert eine Weile, bis sich Ihr Energiespeicher wieder gefüllt hat.

Sanfte Öle glätten Vata

Die dritte Maßnahme lautet: Öl. Überzogenes Vata trocknet aus, und zwar gemäß seiner Eigenschaften »trocken«, »rau«, »brüchig«. Gerade bei chronischem Stress wird alles spröde und Sie müssen darum für Einflüsse mit den entgegenwirkenden Eigenschaften sorgen. Deshalb wird Öl in klassischen ayurvedischen Schriften als das beste Gegengift bei überzogenem Vata gepriesen. Öl macht weich, sanft, fest und stabil, es baut Kapha auf und glättet Vata. Als bevorzugte Sorte für die äußere Anwendung gilt Sesamöl – je nach Symptomatik werden auch andere Öle verwendet. Gut ist auch Mandelöl. Wenn Sie Sesamöl nicht vertragen oder ein reiner Pitta-Typ sind, können Sie auch Kokosöl verwenden. Es hat den Vorteil, dass es nicht gereift werden muss. Sollten Sie keine Zeit für eine Ganzkörpermassage haben, reicht es schon aus, sich Gesicht, Ohren, Hände und Füße zu massieren.

Ganzkörperölmassage und Entgiftung

- Gönnen Sie sich morgens für zehn Minuten – wenn Sie Zeit haben, auch länger – eine Ganzkörperölmassage.
- Den Mund für zehn Minuten mit einem Schluck gereiftem Sesamöl (siehe Step 5 Seite 135) spülen. Das können Sie zum Beispiel während des Duschens machen. Nicht herunterschlucken, sondern ausspucken.
- Gießen Sie über Ihr Mittagessen einen Esslöffel Ghee – indisches Butterfett. Bei hohem Fettspiegel im Blut, also zu hohen Cholesterin- und -Triglyzeridwerten, lieber Olivenöl nehmen. Ihre Speisen sollten nie zu trocken sein, sondern immer ein wenig ölig.
- Massieren Sie für mindestens zehn Minuten Ihre Hände und Füße, besonders Ihre Fußsohlen, mit Vata-Massage-, gereiftem Sesam- oder Mandelöl, bevor Sie ins Bett gehen.

Was Sie erwarten dürfen

Bei genauer Umsetzung dieser Ratschläge wird sich bei Ihnen mit großer Wahrscheinlichkeit nach den zwei Wochen eine spürbare Besserung einstellen. Sie müssen aber darauf gefasst sein, dass am Anfang der Behandlung eine geringfügige Verstärkung Ihrer Symptome eintritt. Die Versuchung wird dann groß sein, wieder in Ihr altes Verhaltensmuster zurückzufallen, mit dem es Ihnen ja vermeintlich besser ging. Das wäre zwar verständlich, hätte aber ungünstige Folgen. Eine Erstverschlimmerung zeigt Ihnen, dass Ihr Organismus auf die plötzliche Um-

stellung reagiert. Außerdem könnten Sie Ihre Beschwerden deshalb stärker empfinden, weil Sie sich selbst intensiver spüren – insgesamt also durchaus ein gutes Zeichen. Machen Sie weiter mit dem, was Sie sich vorgenommen haben – nach wenigen Tagen werden Sie einen Aufwärtstrend bemerken. Das akute Stressempfinden verringert sich, Sie werden sich etwas energievoller und entspannter fühlen und eine neue, natürliche Lebensfreude sowie ein besseres Körpergefühl erlangen. An diesem Punkt gehen Sie zum Langzeitplan über.

DAS GUTE ENDE DES FALLS FLORENTINE

Florentines Behandlung zeigt gute Erfolge. Sie erzählte mir nach einer Woche, dass ihr Gesicht zwar wie ein Streuselkuchen aussehe – offensichtlich ein Zeichen der Reinigung –, es ihr aber schon deutlich besser gehe. Sie hat ihr Programm strikt eingehalten, und zwar während der Ferien ihrer Kinder, die diese Zeit bei ihrem Vater verbrachten. Florentine fühlte sich nach ihrem Kurzprogramm schon entspannter, klarer, frischer und konnte wieder lachen. Ihr Körpergefühl kehrte zurück, sie spürte die Wirkung der Einflüsse, denen sie sich ausgesetzt hatte.

DER DREIMONATS-ENERGIEPLAN

Wir lockern jetzt die strengen Forderungen des 14-Tage-Akutprogramms und gehen zum Langzeitplan für den Vata-Stresstyp über.

DER FALL CHRISTIANE

Christiane ist bei einer Fluggesellschaft für das Krisenmanagement zuständig. Wann immer am Schalter etwas schiefläuft – mit den Tickets, Überbuchungen oder dem Gepäck –, muss sie übernehmen. Ihre Kreativität und Flexibilität sind gefragt, die Antwort »Das geht nicht« gibt es für sie nicht. Auch wenn es turbulent wird, muss sie freundlich bleiben und einen klaren Kopf behalten. Der Job macht ihr Spaß, er schafft ständig neue Herausforderungen und schult die Flexibilität im Denken. Obwohl Christiane viel Vata in ihrer Konstitution aufweist, hat sie Stress bislang gut bewältigt.
Doch dann wird ihre Mutter schwer krank: Sie hat Krebs. Da die Eltern in Frankreich auf dem Land leben und eine gute medizinische Versorgung dort nicht gewährleistet ist, holt Christiane sie zu den dreiwöchigen Chemotherapiezyklen nach München. Während die Mutter im Krankenhaus liegt, lebt ihr Vater bei ihr. Christiane zeichnet sich durch ihre enorme Gewissenhaftigkeit und ein großes Verantwortungsgefühl aus. Sie erkennt aber auch, dass sie es mit ihrem Perfektionismus oft zu weit treibt und sich dadurch manchmal unnötig unter Druck setzt. Diese Eigenschaften sind auf die Pitta-Anteile in ihrer Konstitution zurückzuführen.

Die Veränderungen in ihrem Leben setzen Christiane stark zu, insbesondere weil sie große Angst um ihre Mutter hat. Als sie zu mir kommt, fühlt sie sich erschöpft und überfordert und ihre Verdauung funktioniert sehr schlecht. Die Herausforderungen ihres Berufs bewältigt sie nicht mehr mit dem gewohnten Elan: Sie ist fahrig, nervös und hektisch, macht häufig Fehler, was sie von sich nicht kannte. Sie sehnt sich nach mehr Ruhe und viel Zeit für sich selbst.
Die Verfassung von Christiane war mit der von Florentine nicht zu vergleichen. Sie kam viel früher in die Sprechstunde und hatte noch deutlich mehr Reserven. Sie wirkte weniger erschöpft als belastet. Klar war jedoch, dass auch sie etwas in ihrem Leben verändern musste. Auf dieser Basis erstellte ich für sie einen Langzeitplan, der seine Wirkung auch bei Ihnen nicht verfehlen wird, wenn Sie sich in einer vergleichbaren Situation befinden.

Ihr Energiemanagement

Ihr Körper hat noch einige Reserven. Und darauf können Sie aufbauen. Es geht für Sie darum, von lieb gewonnenen und doch schlechten Gewohnheiten Schritt für Schritt Abschied zu nehmen. Versuchen Sie, langsam neue Gewohnheiten in Ihren Tagesablauf einfließen zu lassen, die die alten auf Dauer ablösen. Dafür veranschlagen wir einen Zeitraum von drei Monaten. Sie werden schnell merken, wie gut Ihnen die neuen Behandlungen und Verhaltensweisen tun.

Einen festen Ablauf etablieren

Wir beginnen mit Ihrem Tagesablauf, der eine neue, regelmäßige und ausgewogene Struktur bekommen muss. Die Art, wie wir unseren Tag gestalten, beeinflusst die Rhythmen unseres Körpers. Nur Gesundheit bringt die harmonische Melodie unserer Biorhythmen hervor, die in einem engen Wechselverhältnis zueinander stehen.

Den Alltag regeln

Meist ist es nicht ganz leicht, einen festen Ablauf für den Tag zu etablieren. Schließlich hat jeder mit vielen Einflüssen von außen zu kämpfen. Christiane beispielsweise muss nicht nur mit ihrer Vata-stimulierenden Tätigkeit klarkommen, bei der dauernd etwas Unvorhergesehenes passiert und alles immer ganz schnell gehen muss. Sie hat außerdem noch mit den Belastungen des Schichtdienstes fertigzuwerden. Nur Vata-beruhigende Maßnahmen sorgen in dieser Situation für den notwendigen Ausgleich.
Die tägliche Darmentleerung gehört gleichermaßen zur Chronohygiene. Sie ist besonders wichtig, um ein gestörtes Vata zu harmonisieren, und sollte idealerweise morgens erfolgen. Wenn Sie nach dem Aufstehen gleich viel trinken – am besten warmes Wasser oder mindestens einen halben Liter Zitronenwasser mit Honig –, geht es leichter. Über den sogenannten gastrokolischen Reflex wird die Darmtätigkeit und Entleerung in Gang gesetzt.

Achten Sie auf feste Essenszeiten

Sowohl Frühstück als auch Abendessen sollten leichte Mahlzeiten sein. Die Zeit zwischen 12 und 14 Uhr ist optimal für Ihre Hauptmahlzeit, denn da arbeitet Ihr Agni am stärksten.
Regelmäßige Bewegung ist genauso wichtig wie geregelte Essenszeiten. Drei- bis viermal pro Woche sollten Sie deshalb für 30 bis 40 Minuten Sport treiben. Und zwar moderat und am besten zur Kapha-Zeit, um Vata nicht weiter zu stimulieren – denn nach der sportlichen Betätigung sollten Sie sich niemals erschöpft fühlen! Geeignete Sportarten für Sie habe ich auf den Seiten 162 und 163 zusammengestellt.
Ruhe und Aktivität sollten sich die Waage halten, wenn Sie Ihren neuen, regelmäßigen Tagesablauf planen. Ihr Körper wird irgendwann seinen Tribut fordern, wenn Sie sich kontinuierlich übernehmen. Dann müssen Sie eine Zwangspause einlegen und Sie werden lange brauchen, bis Sie zu Ihrem alten Maß an Energie zurückfinden. Regelmäßig einen Schritt langsamer gehen bedeutet, bei der Produktivität zuzulegen. Mein Rat lautet also: **Haushalten Sie zur rechten Zeit mit Ihren Kräften, dann haben Sie sie in der Not. Seien Sie klug: Gehen Sie ehrlich mit sich um, gestehen Sie es sich ein, wenn der Druck zu groß wird, ziehen Sie rechtzeitig die Notbremse.**

Der Abend gehört den schönen Dingen des Lebens

Tun Sie das, was Ihnen Spaß macht. Verzichten Sie einmal auf die schnellen Bilder des Fernsehens und widmen Sie sich einem anregenden Buch, entspannender Musik oder einem interessanten Gespräch. Haben Sie keine Angst, auf sich selbst zurückzufallen. Sie können sich selbst wieder gut allein aushalten. Lassen Sie negative Gedanken vorüberziehen und verlieren Sie sich nicht darin. **Erinnern Sie sich an die Ereignisse des Tages, die schön waren.**

Sagen Sie Danke dafür. Und vergessen Sie nicht, sich bei Ihrem Körper zu bedanken – Ihrem Herzen, Ihrer Lunge, Ihrem Gehirn, Ihrer Leber, Ihrer Niere, Ihrem Verdauungstrakt. Sie alle halten Sie am Leben. Dann können Sie auch mit dem Gefühl zu Bett gehen, dass Ihr Tag auf harmonische Weise ausgeklungen ist.

Jeder ist, was er isst

In Step 5 haben wir erfahren, warum die richtige Ernährung für unsere Gesundheit und unser Wohlbefinden so wichtig ist. Durch sie können wir einen gewaltigen Einfluss auf unser Dosha-Gleichgewicht ausüben. Gerade wenn Sie unter chronischem Stress leiden, ist eine gesunde, das heißt auf Sie zugeschnittene Ernährung extrem wichtig.
Bei den Empfehlungen für den Tagesablauf habe ich schon betont, wie wichtig feste Essenszeiten sind. Denn Regelmäßigkeit spielt bei der Behebung Ihrer Vata-Störung eine große Rolle.

Morgens nie sofort essen

Trinken Sie am besten nach dem Aufstehen einen halben Liter warmes Zitronenwasser mit Honig. Wenn Sie frühstücken möchten, sollten Sie das frühestens eine Stunde nach dem Aufstehen tun. Sie sollten dann frisches, reifes und süßes Obst bevorzugen und es entweder einzeln, als Obstsalat oder mit etwas Joghurt zu sich nehmen. Auf Seite 161 finden Sie eine Übersicht, welche Obstsorten besonders gut für Sie sind. Vielleicht mögen Sie auch ein leichtes Müsli. Das Getreide sollten Sie vorher allerdings kurz aufkochen – andernfalls lässt es sich früh am Morgen schlecht verdauen.

High Noon – jetzt dürfen Sie schlemmen

Das Mittagessen wird Ihre Hauptmahlzeit bilden, und dafür sollten Sie sich ausreichend Zeit nehmen. Nach dem Essen entspannen Sie am besten noch ein paar Minuten gemütlich in einem Stuhl oder besser Sessel. Machen Sie danach einen kurzen Spaziergang an der frischen Luft – mit Entspannung, Licht und Sauerstoff füllen Sie Ihren Energiespeicher. Zwischen 12 und 14 Uhr ist die ideale Zeit. Und wie sollte Ihr Mittagessen aussehen? Alles, was süß, sauer oder salzig schmeckt, beruhigt Ihr überzogenes Vata. Gleiches gilt für Speisen, die warm, also gekocht, etwas schwerer und fetter oder saftig sind. Eher zurückhaltend sollten Sie bei Nahrungsmitteln mit vorherrschend scharfem, bitterem und herbem Geschmack sein – sie regen Vata an. Ein kleiner Salat ist in Ordnung, aber Sie sollten sich mittags nicht auf Rohkost beschränken. Auch warme oder noch besser heiße Getränke besänftigen Vata. Dazu gehören allerdings nicht Kaffee, schwarzer und grüner Tee.
Achten Sie darauf, dass Ihre Mahlzeiten ausreichend sind, sodass Sie sich danach gesättigt, aber nicht müde oder gar schwer fühlen. Einen Überblick über Nahrungsmittel, die Sie meiden sollten, bekommen Sie auf Seite 162.

Abends light

Am wichtigsten ist, dass Sie nicht zu spät essen, das heißt nicht später als 19 Uhr. Und begnügen Sie sich mit leicht verdaulichen Mahlzeiten, beispielsweise Gemüsesuppe, Pasta mit Ihrem Vata-Lieblingsgemüse oder einem leckeren Milchreis. Verzichten Sie auf Rohkost, fetten Käse und Joghurt. Wenn Sie Brot essen möchten, sollten Sie es abends grundsätzlich toasten – auch Vollkornbrot. Dann ist es leichter verdaulich. Sollten Sie aus geschäftlichen oder privaten Gründen einmal später und schwerer essen, gilt folgende Regel: Verzichten Sie am Folgetag auf das Frühstück, trinken Sie viel heißes Wasser oder legen Sie einen Suppentag ein.

Geeignete Lebensmittel, um Vata zu senken

Vata wird grundsätzlich durch die Geschmacksrichtungen »süß«, »sauer« und »salzig« gesenkt. Das Essen sollte auch warm, saftig und etwas ölig sein.

- **Milchprodukte:** Alle Milchprodukte, insbesondere Milch, Butter, Frischkäse, Sahne, Lassi, frischer Joghurt
- **Getreide:** Reis (vorzugsweise Basmati- oder Vollkornreis), Weizen, gekochte Haferflocken in kleinen Mengen, Dinkel
- **Gemüse/Salate:** Weißer Kürbis, Avocados, Tomaten, Okraschoten, Spargel, Rote Bete, Karotten, Zucchini, Gurken, milder weißer Rettich, Fenchel, Artischocken, zarte Auberginen, gekochte Süßkartoffeln, kleine Mengen Kartoffeln, Rosenkohl, Brokkoli, Blumenkohl, Spinat, Bohnenkeimlinge
- **Obst:** Alle vollreifen, süßen und saftigen Früchte, eingeweichte Trockenfrüchte, Bananen, Mangos, Papayas, Ananas, Pflaumen, süße Beeren, Kirschen, Pfirsiche, Aprikosen, frische Feigen, Trauben, Zitronen, süße Orangen, Datteln, Rosinen, süße und saftige Äpfel, Birnen, Kiwis, Granatäpfel
- **Hülsenfrüchte:** Sojaprodukte wie Tofu, rote Linsen, Mungbohnen
- **Nüsse/Samen:** Alle Nüsse, Samen nur in kleinen Mengen
- **Öle/Fette:** Alle Öle, Ghee
- **Süßungsmittel:** Brauner Zucker, Zuckerrohrprodukte, Melasse, Sirup, Palmzucker, Ursüße, Guar, Honig in kleinen Mengen
- **Gewürze/Kräuter:** Alle Gewürze, insbesondere Ingwer, Nelken, Kardamom, Zimt, Kreuzkümmel, Senfkörner, Estragon, Basilikum, Rosmarin, Thymian, Kümmel, Oregano, Majoran, Muskat, Petersilie, Kresse, Liebstöckel, Piment, Paprika, Safran, Salbei, schwarzer Pfeffer in kleinen Mengen, Kurkuma, Steinsalz, Asa foetida (Hing), Anis, Tamarinde, Fenchelsamen
- **Fleisch/Eier (besser selten):** Hühnchen oder Truthahn (weißes Fleisch), Lamm, Meerestiere, Eier nur in kleinen Mengen

Ungeeignete Lebensmittel

Generell etwas zurückhaltend sollten Sie bei Nahrungsmitteln mit vorherrschend scharfem, bitterem und herbem (adstringierendem) Geschmack sein, ebenso mit Rohkost. Sie regen Vata an.

- **Getreide:** Hirse, Mais, Buchweizen, rohe Haferflocken, rohes Getreide, nicht zu viel Gerste und Roggen
- **Gemüse/Salate:** Viel Blattgemüse, Salate und Rohkost, Kohl, große Mengen Kartoffeln, Rosenkohl, Brokkoli, Blumenkohl, Spinat, Bohnenkeimlinge, Sellerie, roter Kürbis, Erbsen, überreife Auberginen, Chicorée
- **Hülsenfrüchte:** Alle Hulsenfruchte außer gelbe Mungbohnen, rote Linsen und Erdnüsse (obwohl man Erdnüsse gemeinhin zu den Nüssen zählt, sind sie botanisch gesehen Hülsenfrüchte)
- **Obst:** Trockenfrüchte, Preiselbeeren, herbe und unreife Äpfel und Birnen, saures und unreifes Obst
- **Fleisch:** Rind-, Kalb- und Schweinefleisch
- **Getränke:** Kaffee, Alkohol, schwarzer und grüner Tee

Ein gesunder Geist in einem gesunden Körper

Neben Chronohygiene und Ernährung spielt die Bewegung beim Langzeitplan eine tragende Rolle. Folgende Sportarten sind für Ihren Stresstypus besonders günstig:

- **Leichte Yogakörperübungen (Asanas):** Durch Ihr überzogenes Vata sind Sie vielleicht etwas unbeweglich und steif geworden. Darum sollten Sie sehr vorsichtig an die Übungen herangehen und sich in keinem Fall überfordern – bitte überstrecken Sie sich nicht und gehen Sie bei der jeweiligen Übung nur bis zu dem Punkt, an dem ein unangenehmes Ziehen auftritt. Die Position der Asanas sollten Sie einige Zeit halten und dabei harmonisch atmen. Ein guter Lehrer wird Ihnen die richtige Technik beibringen. Von Mal zu Mal wird sich die Geschmeidigkeit Ihres Körpers verbessern. Sie brauchen nur etwas Geduld!
- **Surya Namaskara – der Sonnengruß:** Diese Übung aus dem Yoga ist ebenfalls gut geeignet. Hier gelten dieselben Richtlinien wie bei den Asanas. Ganz wichtig: Beide Übungsformen sollte man bei einem kompetenten Lehrer lernen!
- **Nordic Walking oder Walking:** Walken, das heißt zügiges Gehen an der frischen Luft, ohne sich zu verausgaben, ist für jedes Alter geeignet und bietet sich bei einem überzogenen Vata an. Am besten jeden Tag wenigstens eine halbe Stunde an die frische Luft.
- **Wandern:** Eine besonders geeignete Bewegungsform, um Vata zu harmonisieren, ist Wandern. Dabei kann auch die Landschaft zu einem Vata-beruhigenden Einfluss beitra-

gen. Insbesondere der Anblick üppiger Gegenden mit Seen und Flüssen, sanften Hügeln, kräftigem Grün und vielen Blumen besänftigt Vata. Wichtig aber ist: Übertreiben Sie es beim Wandern nicht und nehmen Sie sich nicht zu lange Touren vor. Gönnen Sie sich Pausen zwischendurch.

- **Fahrrad fahren:** Sie können während des Dreimonats-Programms auch gerne Ihr Fahrrad aus dem Keller holen. Wenn Sie während dieser Zeit eine Fahrradtour machen, meiden Sie holprige Strecken und legen Sie sich einen weichen Sattel zu. Auch sollte Ihnen die pralle Sonne nicht auf den Kopf brennen. Tragen Sie einen Hut oder eine Mütze. Starker Wind regt auch Vata an, darum sollten Sie nicht mit dem Fahrrad fahren, wenn es stürmt.
- **Golf:** Auch dieser Sport bietet für den gestressten Vata-Menschen einen idealen Ausgleich. Die Bewegungen sind moderat, man ist an der frischen Luft und man kann nahezu das ganze Jahr über golfen. Setzen Sie sich jedoch auf keinen Fall unter Druck! Wenn Sie von Ihrer Veranlagung her mit reichlich Pitta ausgestattet sind, erfüllt Sie bei allem natürlich ein gewisser Ehrgeiz, und genau den müssen Sie während Ihres Langzeitplans zu Hause lassen. Werfen Sie nicht gleich den Schläger auf den Boden, wenn ein Schlag misslungen ist, sondern lachen Sie auch einmal über sich selbst. Sie müssen sich und anderen nichts beweisen. Haben Sie einfach nur Spaß!

Die beste Tageszeit, um Sport zu treiben, liegt für Sie – je nach Bewegungsform – zwischen 6 und 10 Uhr oder zum Beispiel bei leichten Yogaübungen zwischen 16 und 18 Uhr. Wie Sie bereits erfahren haben, liegt die Vata-Periode in der Zeit von 14 bis 18 Uhr, das heißt, Vata arbeitet – biorhythmisch gesehen – dann am intensivsten. Das Ziel von leichten Yogakörperübungen ist, Vata zum einen durch die Art der Bewegung zu besänftigen und zum anderen den beruhigenden Effekt in die Kapha-Zeit, 18 bis 22 Uhr, hineinzunehmen, damit das nun steigende Kapha nicht erst einmal damit beschäftigt ist, ein noch stärker erregtes Vata zu entspannen. Bitte beachten Sie, dass diese Zeit nur dann gilt, wenn die Bewegungsart beruhigt! Wenn Sie intensiv Sport treiben, durch den Ihr Vata leicht aktiviert wird, sollten Sie dies zur Kapha-Zeit zwischen 6 und 10 Uhr tun, da Kapha ausgleicht.

Sich vom Gift befreien

- Morgens nach dem Zähneputzen die Zunge mit einem Zungenschaber oder mit einem Löffel reinigen.
- Spülen Sie, zum Beispiel während Sie duschen, den Mund für zehn Minuten mit einem Schluck gereiftem Sesamöl (siehe Step 5 Seite 136). Das Öl danach ausspucken. Dieser

Vorgang der Mundhygiene, Gandusha genannt, beruhigt, entgiftet, desinfiziert und kräftigt Ihre Zähne.

- Wenn Sie Zeit haben, massieren Sie Ihren ganzen Körper morgens mit Vata-Massageöl (siehe Bezugsquellen im Anhang).
- Wenn Sie normale Cholesterin- oder Triglyzeridwerte haben, also keine Fettstoffwechselstörung, können Sie über das Mittagessen einen Esslöffel Olivenöl oder Ghee gießen. Grundsätzlich sollten Ihre Speisen nie zu trocken, sondern etwas ölig sein.
- Im ersten Monat des Langzeitplans sollten Sie tagsüber etwa jede Stunde eine Tasse heißes, abgekochtes Wasser trinken. Dafür müssen Sie das Wasser zehn Minuten lang kochen, wenn Sie möchten, mit einigen Scheiben einer Ingwerwurzel, und es dann in eine Thermoskanne füllen. Zur Abwechslung können Sie auch Vata-beruhigende Tees wie Vata- oder Basilikumtee (Tulsikraut) trinken. Tees haben jedoch eine andere Wirkung als heißes Wasser.
- Massieren Sie am Abend Ihre Füße, besonders Ihre Fußsohlen, mit Vata-Massageöl, gereiftem Sesamöl oder Mandelöl für mindestens zehn Minuten, bevor Sie ins Bett gehen.

Ruhe, die Ordnung schafft

Die nächste ayurvedische Säule zum Aufbau Ihres Energiekontos und zur Erhaltung und Stärkung der Gesundheit bilden Ruhe und Lebensfreude. Stress erzeugt Unordnung. Die Unordnung in unserem Geist wiederum schafft ein ungeordnetes Umfeld, das schließlich noch mehr Chaos in unserem Geist erzeugt – der Teufelskreis für einen fortwährenden Energieverlust ist entstanden.

Für niemanden sind regelmäßige, tiefe Ruhe und Entspannung so wichtig wie für Sie als Vata-Stresstyp. Wenn Ihr Vata jedoch schon stark überzogen ist, finden Sie keine Ruhe mehr oder es fällt Ihnen schwer, ruhig zu bleiben, da zu viel Unruhe in Ihrem System umherwirbelt. In diesem Fall sind die anderen vier Säulen – Tagesablauf, Bewegung, Ernährung, Entgiftung – zunächst besonders wichtig, um Ihrem Organismus zu helfen, wieder Stabilität zu gewinnen. **Erholsamer Schlaf ist das Regenerations- und Antistressmittel schlechthin.** Sie sollten möglichst früh zu Bett gehen, vorher die Füße massieren, vielleicht ein Duftlämpchen mit Vata-beruhigenden Düften wie Rose, Lavendel oder Jasmin anzünden, etwas beruhigende Musik hören, keine aufregende Lektüre lesen, Fernsehsendungen vor dem Einschlafen meiden und mit bewusst schönen Gedanken in den Schlummer gleiten.
Die Technik der Transzendentalen Meditation ist die einfachste Methode, um tiefe Ruhe zu erfahren. Diese Technik können Sie nur bei einem Lehrer lernen. In vielen Großstädten finden Sie mittlerweile ohne Probleme TM-Trainer (Adressen im Anhang). Diejenigen, die TM erlernt haben, sollten sie regelmäßig morgens und abends für 15 bis 20 Minuten praktizieren. **Momente der Entschleunigung sollten Sie sich besonders dann gönnen, wenn Sie bemerken, dass Ihr System überdreht.** Nehmen Sie sich ganz bewusst zurück, setzen Sie sich bequem hin, schließen Sie Ihre Augen und fühlen Sie in Ihren Körper hinein – ganz leicht und liebevoll. Sie werden nach einigen Minuten eine Erleichterung feststellen und anschließend in der Lage sein, mit sehr viel größerer Ruhe weiterzuarbeiten.
Tun Sie regelmäßig all das, was Ihnen besondere Freude macht. Vielleicht haben Sie sich schon lange keine Zeit mehr für Ihre Lieblingsbeschäftigung genommen, aber sich danach gesehnt. Leben Sie nicht nur im Morgen, sondern vergessen Sie nicht, dass das Leben sich immer nur im Jetzt abspielt. Natürlich muss jeder seine Pflichten erfüllen, doch auch das wird Ihnen Freude bereiten, wenn Sie sie aus einer inneren Ruhe heraus erledigen.

FLORENTINE UND CHRISTIANE ZEIGEN, WIE ES GELINGEN KANN

Florentine hat dieses dreimonatige Programm eingehalten. Christiane hat es ebenfalls geschafft. Mit großem Erfolg. Beide haben schlechte Gewohnheiten, die ihrer Gesundheit geschadet und durch die sie immer mehr das Gefühl für sich selbst verloren haben, durch andere Verhaltensweisen ersetzt, die ihre Regenerations- und Heilkräfte unterstützen. Florentine hat jetzt mehr Geduld mit ihren Kindern, sie hat gelernt, mit plötzlichen Veränderungen wieder souveräner umzugehen, sie lässt es nicht mehr zur Erschöpfung kommen, schläft regelmäßig und ausreichend. Florentine hat wieder Spaß am Leben gefunden. Christiane hat vor allem trotz Schichtdienst andere Ernährungsgewohnheiten angenommen, die ihr mehr Kraft und Ausdauer geben. Sie geht jetzt gnädiger mit sich selbst um, macht sich nicht mehr unnötige Vorwürfe, wenn sie eine Aufgabe nicht so lösen konnte, wie sie es generell von sich verlangt. Beide Frauen haben verstanden, dass es an ihnen lag, ihr Leben und ihre Sicht der Dinge zu verändern.

ENERGIEPROGRAMM FÜR DEN PITTA-STRESSTYP

Der Pitta-Stresstyp liebt Action. Wenn sich Neues auftut, Abwechslung die tägliche Routine auflockert, wenn vieles gleichzeitig passiert, dann fühlt sich der Pitta-Typ wohl. Er sucht die Herausforderung. Pitta-Menschen führen gern, ergreifen bevorzugt die Initiative, gehen an ihre Grenzen und oft darüber hinaus. Sie spüren dann nicht mehr, wann sie eine Pause brauchen und sich regenerieren müssen. Sie reagieren gereizt, werden schnell ungehalten, denn Pitta hat die Eigenschaften »sauer« und »scharf«. Pitta-Menschen verlieren schnell die Contenance und werden dann verletzend und laut. Auf diese Weise läuft typischerweise die Pitta-Stressreaktion ab.

DAS 14-TAGE-AKUTPROGRAMM

Vielleicht erging es meinem Patienten Gunther ganz ähnlich wie Ihnen jetzt. Wenn Sie etwas von den Besonderheiten seines Falls wissen, wird Ihnen Ihre aktuelle Verfassung bestimmt klarer werden.

DER FALL GUNTHER

Gunther ist Anfang 30 und hat eine steile Karriere in einem internationalen Medizintechnik-Unternehmen als Manager durchlaufen. Vor Kurzem tat sich für ihn eine neue Geschäftsidee mit großem wirtschaftlichen Potenzial auf. Das bedeutete jedoch, dass er neben seinem Job, der ihn sehr in Anspruch nahm, eine neue Firma aufbaute. Gunther arbeitete seit Monaten 18 Stunden am Tag, er füllte also zwei Vollzeitjobs gleichzeitig aus. Doch dann waren seine Batterien leer. Nur mit immer größerer Anstrengung konnte er sein Pensum erfüllen. Er fühlte sich völlig ausgebrannt, sein Immunsystem arbeitete nicht mehr richtig. Er wurde von einer immer wieder aufflackernden Herpesinfektion geplagt. Gunther ist ein Hüne von Mann, 1,95 Meter groß, dunkles, kräftiges Haar, athletisch gebaut, etwas fettige Haut, starke Gelenke, Sehnen und Gefäße, die sich im Unterhautgewebe gut verstecken. Er spricht mit einer klaren, sonoren Stimme, verfolgt ehrgeizig seine Ziele, ist mit viel Lebensenergie ausgestattet, spürt jedoch oft nicht, wann für ihn die Grenze erreicht ist. Wenn er über das Wochenende nur ein bisschen ausspannen kann, regeneriert er schnell. An all diesen Eigenschaften zeigt sich, dass Gunther ein Pitta-Kapha-Konstitutionstyp ist. Auf Stress und Belastung reagiert er, sobald er an sein energetisches Limit gestoßen ist, häufig mit Ungeduld und Gereiztheit. Er wird dann sehr mürrisch, und für Mitarbeiter ist es nicht ganz einfach, mit ihm zurechtzukommen. Gunther ist also ein Pitta-Stresstyp.

Als ich ihn zum ersten Mal sah, war Gunther der klassische Kandidat für das zweiwöchige Akutprogramm. Natürlich wollte er angesichts seiner beruflichen Situation anfänglich überhaupt nichts davon wissen. Gerade leistungsorientierte Managertypen glauben oft, dass es mit einer kleinen Pause, ein paar Aufbauspritzen und Vitaminen schnell wieder ganz normal weitergeht. Doch ein entscheidender ayurvedischer Grundsatz lautet: **Gesundheit gibt es nicht auf Rezept. Wir müssen etwas dafür tun.**

Ich führte ihm zunächst sein Problem vor Augen. Er hatte selbst erfahren, was passiert, wenn man sich chronisch überfordert. Irgendwann ist die Batterie leer, sofern die Energiereserven nicht regelmäßig wieder aufgeladen werden. Gunther ist jung und stark, deshalb hielt er lange durch, bis er einen tiefen Erschöpfungszustand spürte. Doch wenn er an diesem Punkt nicht sofort eingegriffen hätte, wären die Folgen ohne Zweifel schwerwiegend gewesen. Er hat die Warnsignale rechtzeitig ernst genommen.

Ihr Energiemanagement

Stellen Sie sich das menschliche Geist-Körper-System einmal wie eine starke, doch ausgesprochen elastische Feder vor. Wenn Sie ein Gewicht daranhängen, wird die Kraft der Feder es auffangen und kompensieren. Ähnlich verhält sich Ihr Organismus: Belasten Sie ihn, gleichen seine äußerst komplexen Regulationssysteme dies aus. Wenn Sie jedoch immer mehr und schwerere Gewichte an die Feder hängen, verliert sie irgendwann ihre Elastizität, ihre Spannkraft erschöpft sich, sie leiert aus. Das kann je nachdem, wie stark die Feder ist, früher oder später passieren.

So weit dürfen Sie es in Ihrem Organismus aber nie kommen lassen! **Darum müssen Sie das lebensnotwendige Gespür für die leisen Botschaften entwickeln, die aus Ihrem Inneren kommen. Sie zeigen Ihnen genau an, wann Sie achtsamer mit sich umzugehen haben. Sie müssen nur lernen, sie zu erkennen, sie richtig zu deuten und sie natürlich auch zu befolgen.**

Legen Sie bewusst Pausen ein

In Bezug auf Ruhe gilt genau das Gleiche wie beim Vata-Akutprogramm (siehe Seite 154f.). Ich habe versucht, Gunther im ersten Gespräch alle Prinzipien sehr deutlich vor Augen zu führen. Denn nur durch ausreichende Ruhe kann sich ein System erholen und neu ordnen, das heißt aus sich selbst heraus in einen höheren Ordnungs- und Energiezustand springen. In der Ruhe liegt die Kraft.

- Gehen Sie so früh wie möglich zu Bett, idealerweise nicht später als 22 Uhr. Nutzen Sie die beruhigende Kraft der Kapha-Zeit, die gegen 22 Uhr ausklingt. Danach beginnt die nächtliche Pitta-Phase – die brauchen wir, um im Schlaf und mithilfe des Traums die Erfahrungen des Tages zu verarbeiten.
- Die tiefste Ruhe vermittelt uns der Yogazustand. Ihn erreichen wir in der Meditation. Wenn Sie die Transzendentale Meditation erlernt haben oder eine andere Meditationstechnik ausüben, praktizieren Sie sie regelmäßig.
- Legen Sie während des Tages ab und zu eine kurze Pause von zehn bis 15 Minuten ein. Gehen Sie an die frische Luft oder setzen Sie sich bequem in einen Sessel, schließen Sie die Augen und fühlen Sie in Ihren Körper hinein.
- Reduzieren Sie in diesen zwei Wochen so weit wie möglich das Maß Ihrer Aktivität. Auch wenn Sie glauben, das ginge nicht – es gibt Möglichkeiten. Prüfen Sie genau, wo Sie für zwei Wochen Abstriche machen können.

Entsäuern

Eine bestimmende Pitta-Qualität ist »sauer«, das heißt, Pitta-Menschen neigen zur Übersäuerung. Wenn der Stress zunimmt und der Pitta-Stresstyp bemerkt, dass er immer ungeduldiger und gereizter reagiert, seine Grundstimmung aggressiv wird, sollte er etwas gegen seinen sauren Zustand unternehmen.

- Meiden Sie beim Essen und Trinken alles Saure, ebenso Salziges und Scharfes. Das erhöht Pitta. Unter den Nahrungsmitteln verboten sind in diesen zwei Wochen Tomaten – besonders gekochte –, saure Früchte, Essig, Joghurt und andere saure, vergorene Milchprodukte, Kaffee, schwarzer oder grüner Tee und Alkohol.
- Bevorzugen Sie basische Nahrung, die einen süßen, bitteren und herben Geschmack hat. Dazu gehören Milch, Sahne, süße Früchte und Gemüse (siehe Seite 175).
- Trinken Sie abends unmittelbar vor dem Zubettgehen eine Tasse warme Milch.
- Massieren Sie vor dem Schlafen Ihre Füße für zehn Minuten mit Pitta-Massageöl oder Kokosöl (siehe Bezugsquellen im Anhang).
- Führen Sie an einem Wochenende einen moderaten Abführtag durch. Dabei gehen Sie folgendermaßen vor: Am Abend zuvor machen Sie eine ausgiebige Ganzkörperölmassage mit Pitta-Massage- oder Kokosöl. Am Kopf beginnen – auch die Haare massieren –, dann Arme und Rumpf behandeln, zuletzt die Beine. Das Öl 15 bis 30 Minuten lang einwirken lassen. Danach etwa zehn bis 15 Minuten ein heißes Bad nehmen. Die Temperatur sollten Sie so wählen, dass sie angenehm ist. Wickeln Sie ein feuchtes, kühles Tuch um den Kopf. Am Tag danach frühmorgens 25 Milliliter aufgewärmtes flüssiges Rizinusöl pur oder in einer Tasse heißer Milch trinken. Danach zwei Stunden keine Flüssigkeit zu sich nehmen, dann jede halbe Stunde eine Tasse heißes, abgekochtes Wasser schlückchenweise trinken. An diesem Tag nur klare Reissuppe essen, nachdem der Darm völlig

entleert ist. Erfahrungsgemäß beginnt die Darmentleerung nach ein bis drei Stunden. Sie werden im Normalfall zwei- bis fünfmal abführen müssen. Bei den letzten Entleerungen können Sie ein Brennen am After spüren. Das ist völlig in Ordnung, da der Körper überschüssiges Pitta oder Säure entsorgt. Bitte an diesem und den folgenden Tagen keinen Alkohol, Kaffee oder schwarzen Tee trinken und keine Rohkost essen. Am nächsten Tag mit gekochtem Gemüse und Reis aufbauen, Brot oder Milchprodukte sollten Sie noch meiden.

Einen kühlen Kopf bewahren

Pitta-Menschen meiden instinktiv Hitze – ganz einfach, weil sie selbst sehr viel davon produzieren. Leicht erkennt man Pitta-Typen an ihrem rötlichen Hautkolorit, und die Pitta-typische Stressreaktion besteht oft darin, dass der Gestresste einen roten Kopf bekommt. Aus diesem Grund ist ein kühlender Einfluss grundsätzlich gut.

- Meiden Sie Hitzeeinflüsse wie heißes Duschen oder Baden, Saunieren, Sonnenbaden, Solarium et cetera.
- Duschen Sie nicht kalt, sondern lauwarm. Einflüsse von großer Kälte heizen Pitta als Gegenreaktion weiter an.

- Gönnen Sie sich am Morgen eine Ganzkörperölmassage mit Kokosöl. Sie hat eine wunderbar kühlende Wirkung.
- Massieren Sie vor dem Zubettgehen den Kopf mit Kokosöl ein und lassen Sie es über Nacht einwirken. Damit kühlen Sie Ihren Geist.
- Warmer, süßer Pfefferminztee wirkt kühlend. Darum wird er gerade in arabischen Ländern bei großer Hitze getrunken. Wenn möglich, verwenden Sie frische Minzeblätter und süßen mit Palmzucker.
- Machen Sie jeden Tag, wenn möglich, einen Spaziergang durch den Wald. Er kühlt und beruhigt und bringt Sie auf andere Gedanken. Hören Sie den Vögeln zu und freuen Sie sich an der Schönheit der Natur.

Entkrampfen – Herausforderungen spielend meistern

Pitta-Menschen sind Perfektionisten und haben die Ungeduld erfunden. Wenn ihr Pitta über das rechte Maß hinaus ansteigt, werden sie zudem verbissen und verlieren manchmal auch ihren Humor. Sie nehmen alles fürchterlich ernst. Ihnen kommt dann ihr ansonsten klarer Blick für die Bedeutung der Dinge abhanden. Aus diesem Grund braucht der Pitta-Stresstyp einige Hilfen, die ihm einen spielerischeren Umgang mit den Herausforderungen des Lebens ermöglichen.

- Machen Sie den Abend zur Zeit der Muße und der schönen Dinge. Schreiben Sie sich auf, was Sie gerne tun, was Ihnen Freude macht und wovon Sie noch Tage zehren.
- Meiden Sie Fernseh- oder Kinoabende mit aggressiven, gewaltvollen Filmen. Aufregung auch noch in der Freizeit ist nicht gut für Sie.
- Machen Sie all das, was Sie zum Lachen bringt. Vergnügen Sie sich mit einem lustigen Film, gehen Sie ins Theater oder freuen Sie sich an einem schönen Buch.
- Erzählen Sie sich mit Freunden lustige Geschichten, wenn Sie zusammen sind. Machen Sie sich beispielsweise einen Spaß daraus, jeden Einzelnen aufzufordern, von dem komischsten Ereignis im letzten Jahr zu berichten, das ihm noch in Erinnerung ist.
- Fahren Sie übers Wochenende weg. Lassen Sie alles hinter sich und genießen Sie eine unbeschwerte Zeit – allein oder mit den Menschen, die Ihnen viel bedeuten.
- Spielen Sie mit Kindern! Aber geben Sie dabei den Kindern nicht Ihre Regeln vor, sondern richten Sie sich nach ihnen. Das ist für den Pitta-geprägten Menschen eine enorme Herausforderung, denn der sagt gerne, wo's langgeht.

DAS GUTE ENDE DES FALLS GUNTHER

Gunther nahm sich alle meine Empfehlungen sehr zu Herzen. In der ersten Woche verhielt er sich äußerst diszipliniert und regenerierte sich noch schneller als erwartet. Typisch für den Pitta-Menschen: Das machte ihn gleich übermütig, und er befolgte die strikten Regeln nicht mehr so gewissenhaft. Doch er hatte noch nicht vergessen, wie schlecht es ihm gegangen war, und führte sein Programm in abgemilderter Form fort. Er kam regelmäßig zu mir, und so konnten wir rechtzeitig eingreifen, bevor er in alte Gewohnheiten zurückfiel.

DER DREIMONATS-ENERGIEPLAN

Ihre Entscheidung ist auf den Langzeitplan gefallen. Bestimmt zeigt der im Folgenden geschilderte Fall dann auch Parallelen zu Ihrer Lebenssituation auf.

DER FALL KARL

Karl betreibt ein mittelständisches Bauunternehmen mit über 300 Mitarbeitern. Er führt die Firma in der dritten Generation. Kurz nach seinem Studium musste er das Ruder übernehmen, da sein Vater unerwartet starb. Anfänglich war es schwierig für ihn, sich zu behaupten, weil seine Autorität von einigen altgedienten leitenden Angestellten untergraben wurde.

Mit der Zeit setzte er sich jedoch durch und entwickelte sich zu einem erfolgreichen Unternehmer. Dann aber brach die Konjunktur in der Baubranche ein. Seine Firma geriet – wie viele andere auch – in Schwierigkeiten. Karl musste die Hälfte der Belegschaft abbauen, um den Betrieb zu retten, was ihm nach weiteren einschneidenden Maßnahmen gelang. Bis heute allerdings lebt er mit der ständigen Angst, dass sich die Auftragslage wieder verschlechtern könnte.

Zu seinem beruflichen Stress kamen private Probleme. Seine Ehe funktionierte nicht mehr, er stritt sich häufig mit seiner Frau, unter deren ausgeprägten Launen er litt. Wegen ihres gemeinsamen Sohnes Florian, den Karl sehr liebt und dessen Vorbild er ist, scheute er aber vor einer Trennung zurück. Er wollte einfach nicht, dass Florian unter seinen Eheproblemen zu leiden hatte.

Dennoch war eines Tages der Punkt erreicht: Karl verließ seine Frau und reichte die Scheidung ein. Ihn schmerzte die Trennung von seinem Sohn sehr, den er von da an nur noch am Wochenende sah. Und in dieser Lebenssituation kam Karl zu mir. Er sei übersäuert, überanstrengt, erschöpft und aggressiv, berichtete er. Auch wenn er ausreichend schlief, hielt eine ständige Müdigkeit während des Tages an. Sein Immunsystem litt, er bekam dauernd eine Erkältung, die lange nicht abklang. Er war mit sich und seinem Leben unzufrieden.

Karl ist ein Pitta-Kapha-Typ, mittelgroß, athletisch bis robust gebaut, mit leicht fettiger Haut, lichtem Haar, er wirkt charmant und liebenswürdig. Karl treibt viel Sport, entfaltet auch dabei seinen Pitta-Ehrgeiz und neigt daher dazu, sich bei allen Aktivitäten zu verausgaben. Mit seinem Sohn allerdings geht er sehr geduldig um. Dabei kommt ihm der Kapha-Aspekt in seiner Konstitution zugute.

Karl war im Gegensatz zu Gunther noch nicht an seinen energetischen Grenzen angelangt und noch nicht vollkommen erschöpft. Darum war klar, dass hier der Langzeitplan angezeigt war.

Ihr Energiemanagement

Das Ziel dieses Programms besteht darin, überschüssiges Pitta abzubauen und gleichzeitig das Vata nicht zu vergessen, denn es ist bei einer stressbedingten Erschöpfung immer involviert. Schritt für Schritt hilft dieses Programm, Ihr Energiekonto wieder zu füllen, zu alter Kraft und Vitalität zurückzufinden. Bei der Umsetzung der Therapieschritte sollte man nicht zu streng mit sich sein, doch die Notwendigkeit von bestimmten Veränderungen klar erkennen. Wichtig ist, dass man die Empfehlungen seinen Möglichkeiten anpasst. Das bedeutet, sich zunächst diejenigen Maßnahmen herauszugreifen, die man für realisierbar hält, und sich dann denen zuzuwenden, die einem vielleicht ein bisschen schwieriger erscheinen.

Ihr Tagesablauf ist Maßarbeit

Der Pitta-Mensch arbeitet gern. Er ist ehrgeizig, sucht die Herausforderung, strebt nach Erfolg. Nicht selten verliert er sich in seiner Tätigkeit und spürt nicht mehr, wenn sich sein energetisches Reservoir dem Ende zuneigt. Ganz plötzlich kommt es dann zum Einbruch und er wird zum Regenerieren gezwungen, oft durch eine Krankheit. Chronischer Stress löst beim Pitta-Stresstyp Unzufriedenheit, leichte Reizbarkeit, ein Gefühl der Erschöpfung und Übersäuerung aus – das Immunsystem wird massiv geschwächt.

Der Pitta-Mensch wird nicht selten zum Herzinfarktkandidaten, wenn er seine Grenzen fortwährend überschreitet. Er neigt von seiner Persönlichkeit her grundsätzlich zu Herz-Kreislauf-Erkrankungen.

Der Pitta-Stresstyp reagiert bei Überbelastung cholerisch. Er wird aggressiv und bemerkt schließlich selbst, dass er dauernd gereizt ist. Darunter leidet er. Durch einen festen Tagesablauf muss er darum für Phasen der Entspannung und Lockerheit sorgen.

Reichlich Schlaf ist wichtig. Nutzen Sie nach Möglichkeit so viel wie möglich der nächtlichen Pitta-Zeit, um zu schlafen. Pitta wird nach 22 Uhr wieder aktiv und dominiert bis 2 Uhr. In dieser Zeit lässt Pitta den Tag Revue passieren – all die Eindrücke und Erfahrungen, die wir gemacht haben, werden verarbeitet. Gönnen Sie sich zu Anfang des Programms so viel Schlaf, wie Sie benötigen. Nach einigen Tagen wachen Sie von allein früher auf – und sind ausgeruht. Schlafstörungen werden gelindert oder verschwinden ganz, wenn Sie vor dem Zubettgehen Ihre Füße zehn Minuten mit Kokosöl oder Pitta-Massageöl massieren. Trinken Sie außerdem eine Tasse warme Milch mit Honig. Sie können auch ein paar Gewürze hinzufügen wie zum Beispiel Vanille, Kardamom, Zimt, Kurkuma oder Safran.

Die tägliche Darmentleerung, am besten morgens, ist besonders wichtig, um ein gestörtes Vata auszugleichen. Überzogenes Vata heizt Pitta zusätzlich an, ähnlich wie ein Luftzug das

Feuer stimuliert. Darum muss man auf ein geregeltes Vata achten, wenn man Pitta therapiert. Trinken Sie gleich nach dem Aufstehen am besten mindestens einen halben Liter warmes Wasser oder Zitronenwasser mit Honig (siehe Seite 23). Achtung! Für den Pitta-Typ ist es wichtig, dass das Zitronenwasser nicht zu sauer wird, also sparsam mit dem Zitronensaft umgehen. Über den sogenannten gastrokolischen Reflex wird die Darmtätigkeit und Entleerung in Gang gesetzt. Es kann sein, dass sich der Erfolg nicht sofort, sondern erst nach ein paar Tagen regelmäßigen morgendlichen Trinkens einstellt. Halten Sie so lange durch!

Feste Essenszeiten

Pitta-Menschen brauchen ihre regelmäßigen Mahlzeiten, sonst verbrennen sie von innen. Sie haben sicherlich auch schon bemerkt, dass es Menschen gibt, die sehr unleidlich werden, wenn sie nicht zu einem bestimmten Zeitpunkt essen können. Hier handelt es sich immer um solche mit einem hohen Pitta-Anteil in ihrer Konstitution. Grundsätzlich sollten Frühstück und Abendessen leichte Kost sein, mittags ist die Hauptmahlzeit anzusetzen – idealerweise zwischen 12 und 14 Uhr, dann arbeitet Ihr Agni am besten.

Bewegung und Regeneration

Regelmäßige Bewegung gehört dazu. Treiben Sie drei- bis viermal pro Woche moderat und genüsslich für 30 bis 40 Minuten Sport. Die geeigneten Sportarten sind auf Seite 177 aufgeführt. Überanstrengen Sie sich nicht. Hinterher sollten Sie niemals erschöpft sein!

Achten Sie auch während des Tages auf Regenerationsphasen. **Gönnen Sie sich zum Beispiel nach dem Essen ein paar Minuten Ruhe und danach einen Spaziergang.** Spüren Sie gelegentlich in sich hinein, ob Sie überdrehen, gereizt sind, sich erschöpft fühlen. Machen Sie dann ganz bewusst eine Pause, schließen Sie die Augen, richten Sie Ihre Aufmerksamkeit nach innen und prüfen Sie, ob Sie irgendein körperliches Unbehagen ausmachen können. Fühlen Sie dann hin zu dieser Stelle des Körpers und bleiben Sie eine Weile dort. »Ausgewogene Aktivität« lautet das Motto. Es zahlt sich auf Dauer nicht aus, wenn Sie sich permanent übernehmen. Ihr Organismus wird irgendwann seinen Tribut fordern, und dann müssen Sie ohnehin pausieren. Außerdem leidet irgendwann auch Ihre Produktivität. Gestehen Sie sich ein, wenn Ihre Leistungsfähigkeit einbricht, und ziehen Sie rechtzeitig die Konsequenzen. Leben Sie für die kommenden Wochen mit dem Grundsatz »Ich entschleunige mein Leben«. **Der Abend gehört der Muße. Schönes, Erfreuliches, Lustiges sollte im Vordergrund stehen.** Auch wenn in Ihrem Leben diese Qualitäten im Moment fehlen, gibt es immer Positives, worauf man seine Aufmerksamkeit richten kann. Der Pitta-Stresstyp sollte daran arbeiten, seine Verbissenheit etwas abzulegen. Setzen Sie die richtigen Prioritäten und lassen Sie auch mal fünf gerade sein. Machen Sie ein Spiel, lesen Sie ein schönes Buch, hören Sie entspannende Musik oder führen Sie ein inspirierendes Gespräch. Meiden Sie ganz bewusst jede Form von negativer Energie und gehen Sie dann mit dem Gefühl zu Bett, dass der Tag auf harmonische Weise ausgeklungen ist.

Jeder ist, was er isst

Der Pitta-Mensch hat im Allgemeinen ein sehr gutes, scharfes Agni, eine ausgeprägte Verdauungskraft – doch kann sie durch ein stressüberhöhtes Vata beeinträchtigt sein. Aus diesem Grund sollte der Pitta-Stresstyp bei der Ernährung nicht allein auf Pitta-beruhigende Nahrungsmittel achten, sondern auch mit der Art der Nahrungsaufnahme vorsichtig sein, um sein Vata nicht noch weiter zu erhöhen.

Morgens den Darm in Bewegung bringen

Nach dem Aufstehen als Erstes ein großes Glas warmes Wasser trinken. Wasser kurz aufkochen und dann abkühlen lassen, bis Sie es gut trinken können. Damit regen Sie Ihre Darmtätigkeit an.
Zum Frühstück, das Sie allerdings frühestens eine Stunde nach dem Aufstehen einnehmen sollten, können Sie frisches, reifes und süßes Obst essen wie Bananen, Mangos, Melonen, Feigen, Birnen, Trauben, Rosinen, Kirschen, Ananas, süße Orangen, Äpfel, Granatäpfel, Datteln, Aprikosen, Kiwis – entweder als ganze Frucht, als Obstsalat oder klein geschnitten mit etwas Joghurt oder noch besser Quark. Sie können auch ein leichtes Müsli essen; das Getreide dafür kurz aufkochen, denn im rohen Zustand können Sie es so früh nicht ausreichend verdauen und es bildet sich Ama.

Mittags dürfen Sie schlemmen

Wenn möglich, sollten Sie Ihre Hauptmahlzeit zwischen 12 und 14 Uhr einnehmen. Essen Sie warm, ein kleiner Salat als Beilage ist in Ordnung. Beschränken Sie sich aber nicht auf Rohkost – sie regt Vata zu stark an. Aus welchen Nahrungsmitteln Sie Ihr Mittagessen bevorzugt zusammenstellen sollten, lesen Sie im folgenden Kasten auf dieser Seite. Achten Sie darauf, dass Ihre Hauptmahlzeit nicht zu fett und schwer ist.

Abends nie zu spät

Am wichtigsten ist, dass Sie nicht zu spät essen. Sie sollten sich mit leicht verdaulichen Mahlzeiten begnügen, zum Beispiel mit einer Gemüsesuppe oder einer kleinen Portion Pasta mit viel Pitta-geeignetem Gemüse oder einem leckeren Milchreis. Verzichten Sie auf Wurst, Fisch, Rohkost, fetten Käse und Joghurt – diese Lebensmittel liegen nachts zu schwer im Magen.

Geeignete Lebensmittel, um Pitta zu senken

Die Geschmacksrichtungen »süß«, »bitter« und »herb« vermindern Pitta.
Die Mahlzeit sollte etwas ölig sein.

- **Milchprodukte:** Milch, Butter, Frischkäse, in kleinen Mengen süßes Lassi, süße Buttermilch, Sahne
- **Getreide:** Weißer Reis (vorzugsweise Basmatireis), Weizen, Haferflocken, Gerste
- **Gemüse/Salate:** Überwiegend süße und bittere Gemüsesorten wie beispielsweise Spargel, Gurken, Zucchini, Kürbis, Sellerie, Kohl, Blumenkohl, Brokkoli, Kartoffeln, Keimlinge, grüne Blattgemüse wie beispielsweise Mangold, Wirsing und Spinat, grüne Salate, Artischocken, zarte Auberginen, milder Rettich/Radieschen mit Öl, Fenchel, Okraschoten, Chicorée, Süßkartoffeln
- **Obst:** Bananen, Mangos, süße Melonen, Avocados, Feigen, Birnen, süße Trauben, Rosinen, Ananas, süße Orangen, Äpfel, Granatäpfel, Datteln, Aprikosen, Kiwis, grüne Papayas
- **Hülsenfrüchte:** Grüne Bohnen, frische Erbsen, Sojaprodukte, gelbe Mungbohnen, alle anderen Hülsenfrüchte außer Linsen
- **Nüsse/Samen:** Kokosnuss, Sonnenblumenkerne, Kürbiskerne
- **Öle/Fette:** Olivenöl, Sonnenblumenöl, Kokosöl, Sojaöl, Ghee
- **Süßungsmittel:** Weißer Kandiszucker, Palmzucker, Ursüße
- **Gewürze/Tees:** Koriander, Kardamom, Fenchel, Safran, Kurkuma, Ingwer in Maßen, frische Gartenkräuter (außer Lauchgewächse), kleine Mengen schwarzer Pfeffer, Minze, Kamille, Holunder, Malve, Hibiskus, grüner süßer Pfeffer, Johanniskraut, Haferstroh, Brennnessel, Sennesblätter, Schafgarbe, Zinnkraut, Lavendel
- **Fleisch/Eier (möglichst wenig):** Hühnchen, Pute, Fasan, Hase, Wild, vom Ei: Eiweiß

Ungeeignete Lebensmittel

Generell etwas zurückhaltend sollten Sie bei Nahrungsmitteln mit vorherrschend saurem, salzigem oder scharfem Geschmack sein. Sie vermehren Pitta ebenso wie heiße Speisen und Getränke.

- **Milchprodukte:** Sauermilchprodukte wie Joghurt, Quark, alter und salziger Käse, Sauerrahm, Sauermilch, unter Verwendung von Milchsäurekulturen hergestellte Buttermilch
- **Getreide:** Hirse, Roggen, brauner Reis, Mais, Buchweizen
- **Gemüse/Salate:** Rote Bete, Karotten, Tomaten, scharfer Rettich und Radieschen, scharfe Paprika, Oliven, rohe Zwiebeln
- **Hülsenfrüchte:** Linsen (außer in der Suppe)
- **Obst:** Saure Beeren, saure Äpfel, saure Orangen, Grapefruit, Zitronen, Pfirsiche, Papayas, saure Trauben, Backpflaumen
- **Öle/Fette:** Mandelöl, Sesamöl, Maisöl
- **Nüsse/Samen:** Alle außer Kokosnüsse, Sonnenblumen- und Kürbiskerne
- **Süßungsmittel:** Honig, Melasse, Zuckerrohrsaft, Rohrzucker
- **Gewürze:** Scharfe Gewürze, Pfeffer in größeren Mengen, Cayennepfeffer, Chilischoten, Anis, Nelken, Kümmel, Selleriesamen, Bockshornkleesamen, Senfkörner, Zwiebeln, Knoblauch, Salz
- **Fleisch/Eier:** Rind- und Schweinefleisch, zu viele Meerestiere, Eigelb
- **Getränke:** Kaffee, Alkohol, schwarzer und grüner Tee

Trinken – hier dürfen Sie maßlos sein

Viel trinken ist ein gutes *Rasayana*. Täglich sollten Sie es auf mindestens zweieinhalb Liter bringen. Nichts aus dem Kühlschrank, zumindest Zimmertemperatur, keine kohlensäurehaltigen Getränke – so lauten die Trinkregeln. Auch viel heißes Wasser sowie Kräutertees, zum Beispiel Pitta-, Vata-, Kamille-, Minze-, Fencheltee und frisch gepresste Obst- und Gemüsesäfte sind möglich, allerdings nicht mehr abends.

Wenn Sie einmal später und schwerer essen sollten, verzichten Sie am Folgetag auf das Frühstück, trinken Sie viel heißes Wasser, essen Sie leicht oder legen Sie einen Suppentag ein. So können Sie für Entlastung sorgen. Grundsätzlich gilt: Kleine Sünden gleich am nächsten Tag ausbügeln.

Ein gesunder Geist in einem gesunden Körper

Bei einem Energieprogramm ist entscheidend, dass die Bewegung selbst nicht zum Stress wird, sondern sich der Körper regeneriert und Ihnen so Erholung und Freude bringt. Besonders der ehrgeizige Pitta-Typ muss aufpassen, dass er sich nicht überanstrengt und bei seiner Stressbelastung nicht noch mehr Energie verliert. Setzen Sie beim Sport Ihren Ehrgeiz daran, nicht ehrgeizig zu sein. Drei- bis viermal die Woche Sport treiben, täglich aber wenigstens zehn Minuten an der frischen Luft spazieren gehen. Zu den Sportarten, die geeignet sind, gehören vor allem:

- **Leichte Yogakörperübungen (Asanas):** Der Pitta-Reaktionstyp muss besonders darauf achten, vorsichtig an die Übungen heranzugehen und sich auf keinen Fall zu überfordern. Nicht überstrecken, sondern bei der jeweiligen Übung immer nur so weit gehen, bis ein unangenehmes Ziehen auftritt, und diesen Punkt niemals überschreiten. Die Position einige Zeit halten und dabei harmonisch atmen. Sie werden sehen, dass sich von Mal zu Mal die Geschmeidigkeit Ihres Körpers verbessert. Keinen falschen Ehrgeiz und etwas Geduld!
- **Surya Namaskara – der Sonnengruß:** Hier gelten dieselben Richtlinien wie bei den Asanas. Beide Übungsformen sollte man von einem kompetenten Lehrer lernen!
- **Schwimmen und Wassergymnastik:** Das sind die besten Sportarten für den Pitta-Stresstyp. Jede Bewegung im Wasser kühlt seine innere Hitze. Es ist schön, sich im Wasser zu bewegen, es belastet Ihre Gelenke nicht und beansprucht Ihre gesamte Muskulatur.

- **Nordic Walking oder Walking:** Zügiges Gehen an der frischen Luft, ohne sich zu verausgaben. Für den Pitta-Stresstyp ist das Walken im kühlenden Wald besonders empfehlenswert. Er sollte aber nicht ins Schwitzen kommen. Spüren Sie also die Bewegungen Ihres Körpers, fühlen Sie beim Laufen in sich hinein und atmen Sie durch die Nase. Wenn Sie anfangen, durch den Mund zu atmen, sind Sie zu schnell oder haben sich zu sehr angestrengt.
- **Golf:** Genießen Sie den Sport, die Zeit an der frischen Luft und setzen Sie sich auf keinen Fall unter Druck. Als Pitta-Mensch erfüllt Sie bei allem ein gewisser Ehrgeiz, und genau den sollten Sie während Ihres Langzeitplans zu Hause lassen. Sie müssen sich und anderen hier nichts beweisen – Sie sollten nur genießen und Spaß haben.

Die beste Tageszeit, um Sport zu treiben, ist für den Pitta-Stresstyp morgens zur Kapha-Zeit zwischen 7 und 10 Uhr und für leichte Yogaübungen auch während der Vata-Zeit zwischen 16 und 18 Uhr. Die Vata-Periode liegt während des Tages zwischen 14 und 18 Uhr. Zu dieser Zeit arbeitet die Vata-Biorhythmik am intensivsten. Ziel von leichten Yogakörperübungen ist es beispielsweise, zum einen Pitta sowie Vata durch die Art der Bewegung zu besänftigen und zum anderen den beruhigenden Effekt in die Kapha-Zeit (18 bis 22 Uhr) mitzunehmen, damit das anschließend steigende Kapha nicht erst einmal damit beschäftigt ist, ein noch stärker erregtes Vata zu beruhigen. Diese Zeit ist wirklich nur dann geeignet, wenn die Bewegungsart beruhigt! Falls Sie etwas intensiver Sport treiben wollen, dann tun Sie es immer zur Kapha-Zeit. Und: Während der Pitta-Phase sollten Sie keinen Sport treiben.

Sich vom Gift befreien

Das Ziel sämtlicher Entgiftungsmaßnahmen beim Pitta-Stresstyp besteht darin, den Organismus zu entsäuern. Dazu trägt natürlich eine basische Ernährung bei, doch es gibt auch noch eine Reihe anderer Maßnahmen, die man im Alltag durchführen kann:

- Morgens nach dem Zähneputzen die Zunge reinigen. Spülen Sie, zum Beispiel während Sie duschen, den Mund für zehn Minuten mit etwas gereiftem Sesamöl (siehe Step 5 Seite 135). Das Öl danach ausspucken.
- Wenn Sie Zeit haben, massieren Sie Ihren ganzen Körper morgens mit Pitta-Massageöl oder Kokosöl ein. Am Kopf beginnen – die Haare an solchen Tagen massieren, an denen Sie sie ohnehin waschen. Dann Arme und Rumpf, zuletzt die Beine behandeln. 15 bis 20 Minuten lang einwirken lassen und in dieser Zeit den Rest der Morgentoilette durchführen, danach warm duschen.

- Sollten Sie nicht unter Fettstoffwechselstörungen leiden, also keine zu hohen Cholesterin- oder Triglyzeridwerte aufweisen, können Sie über Ihr Mittagessen einen Esslöffel Olivenöl oder Ghee (Butterfett) gießen. Grundsätzlich sollte Ihr Essen nie zu trocken sein, sondern eher etwas ölig.
- Trinken Sie oft Pitta-beruhigende Tees wie den speziellen Pitta-Tee, Pfefferminz- oder Fencheltee. Sie entsäuern und kühlen.
- Massieren Sie vor dem Zubettgehen Ihre Füße für zehn Minuten mit Pitta-Massageöl oder Kokosöl.
- Planen Sie während des Langzeitplans einmal im Monat einen moderaten Abführtag. Dabei gehen Sie wie auf Seite 168f. beschrieben vor.
- Es gibt eine Fülle ayurvedischer Heilmittel, die eine Pitta-beruhigende und entsäuernde Wirkung besitzen. Dabei ist aber die Anleitung durch einen kompetenten Ayurveda-Arzt nötig. Geeignet ist beispielsweise Tri-Clean, das Pitta beruhigt und entsäuert.
- Besonders effizient als Entgiftungs- und Entsäuerungsmaßnahme ist natürlich die Panchakarma-Therapie (siehe Seite 133). Unter den zahlreichen Verfahren dieser Behandlung sind nach entsprechender Vorbereitung besonders wirksam zur Pitta-Ausleitung das Abführen, also die Reinigung des oberen Verdauungstrakts, und der kühlende Stirnguss.

Die Ruhe, die Ordnung schafft

Wenn Pitta die Konstitution eines Menschen prägt, wird er durch Stress und Unruhe übersäuert. Der Pitta-Mensch muss sich lockern und entspannen. Nichts hilft dabei besser als Ruhe. Gleichzeitig beruhigt er dabei auch noch Vata, was für die Pitta-Harmonisierung von großer Bedeutung ist.

- Auch für diesen Typ ist ausreichend Schlaf eine entscheidende Maxime: möglichst früh ins Bett gehen, vorher die Füße massieren, vielleicht ein Duftlämpchen mit süßen, Pitta-beruhigenden Düften wie Sandelholz, Zitronenmelisse, Safran, Kamille, Minze, Lavendel, Rose oder Jasmin anzünden, zuvor etwas beruhigende Musik hören, keine aufregende Lektüre oder Fernsehsendungen vor dem Zubettgehen und mit bewusst schönen Gedanken einschlafen.
- Die größtmögliche Ruhe vermittelt einem Organismus der Yogazustand. Nach meinem Wissen ist die einfachste Methode, um diesen Zustand zu erfahren, die Technik der Transzendentalen Meditation. Diejenigen, die sie erlernt haben, sollten sie regelmäßig morgens und abends für 15 bis 20 Minuten praktizieren.
- Gönnen Sie sich während des Tages Momente der Entschleunigung, besonders wenn Sie bemerken, dass Ihr System überdreht. Richten Sie Ihre Aufmerksamkeit bewusst darauf zu spüren, wann Ihr Organismus erschöpft ist, wann Sie hektisch werden, wann Ihnen die Masse der Einflüsse zu groß wird. Dann nehmen Sie sich ganz bewusst zurück, setzen sich bequem hin, schließen Ihre Augen und spüren in Ihren Körper hinein – leicht und

liebevoll. Sie werden nach einigen Minuten eine Erleichterung feststellen und sich anschließend in der Lage fühlen, mit größerer Ruhe weiterzuarbeiten. Achten Sie während Ihres Programms darauf, sich nicht zu erschöpfen.

- Legen Sie Wert darauf, ganz bewusst Dinge zu tun, die Ihnen Freude machen und Sie erfüllen. Vielleicht haben Sie sich lange keine Zeit dafür genommen, sich aber danach gesehnt. Leben Sie nicht nur im Morgen und vergessen Sie nicht, dass das Leben sich immer nur im Jetzt abspielt.
- Genießen Sie die Schönheit der Natur. Entdecken Sie Ihre spielerische Ader, gehen Sie mit offenen Augen durch den Wald und lassen Sie sich von seiner Ruhe anstecken.
- Spielen Sie mit kleinen Kindern. Lassen Sie sich auf sie ein. Entdecken Sie Ihre Offenheit und Unbekümmertheit wieder!

KARL ZEIGT, WIE ES GELINGEN KANN

Karl war diszipliniert und hat sein Programm weitgehend eingehalten. Wir haben uns alle zwei Wochen gesehen und seine Fortschritte überprüft. Als wir nach drei Monaten ein Resümee zogen, sagte er: »Ich fühle mich um 200 Prozent besser und gehe völlig anders mit mir selbst und meinen Mitarbeitern um. In meiner neuen Partnerschaft finde ich große Erfüllung, das wäre mir vorher nicht möglich gewesen. Vor allem weiß ich heute, wie ich mich in Krisensituationen zu verhalten habe, und das verleiht mir große innere Stärke.«

ENERGIEPROGRAMM FÜR DEN KAPHA-STRESSTYP

In Bezug auf Stress gehört der Kapha-Mensch zu den Privilegierten. Von seiner Konstitution her weist er die höchste Stressresistenz auf. Kapha gibt ihm Ruhe, Kraft, Ausgeglichenheit, Stabilität, eine hohe Reizschwelle, Genussfähigkeit und Ausdauer.

Ein Mensch, der von seiner Anlage her mit reichlich Kapha ausgestattet ist, hat der Vata- und Pitta-Belastung, die durch chronischen Stress erzeugt wird, etwas entgegenzusetzen. Das ist von Vorteil, denn ein Organismus strebt immer den Zustand seines individuellen Gleichgewichts an. Wenn dieses Gleichgewicht durch äußere Einflüsse in Gefahr gerät, mobilisiert der Körper alle ihm zur Verfügung stehenden Regulationssysteme, um die Homöostase zu erhalten beziehungsweise wiederherzustellen.

Chronischer Stress erzeugt viel Vata und Pitta und frisst die Energiereserven auf. Um die drei Doshas im Gleichgewicht zu halten, muss der Körper sein Kapha-Guthaben anzapfen. Wenn sich allmählich die Kapha-Speicher leeren, signalisiert unsere Körperintelligenz, dass es an der Zeit ist, sie wieder aufzufüllen. Kapha führt man dem Körper am einfachsten über Essen und Schlaf zu. Da der Kapha-geprägte Mensch gern und genussvoll isst, wird er deshalb versuchen, über Kapha-haltige und -stimulierende Nahrungsmittel das Defizit zu kompensieren. Dazu gehören süße, saure und salzige Speisen.

Durch die wachsende Kapha- und damit energetische Schwäche hat sich jedoch zunehmend Vata aufgebaut. Vata kontrolliert mitunter unser Verhalten, auch das Essverhalten. Sie erinnern sich, dass eine Eigenschaft von Vata »Unregelmäßigkeit« ist. Dauerndes Zwischendurchessen, das bei einer gewissen inneren Leere zumindest etwas – nämlich den Magen – füllt, erhöht zum einen Vata noch mehr, schwächt zum anderen Agni, da die Mahlzeiten nicht richtig verdaut werden. Es baut Ama auf und lässt Kapha ausufern. Das Gewicht geht stetig nach oben. Bald ist diese Dosha-Konstellation entstanden: Vata überzogen, Pitta beziehungsweise Agni geschwächt, Kapha massiv erhöht, Ama akkumuliert.

Viele versuchen, dem Übergewicht durch Fasten Herr zu werden. Meist enden solche Diäten jedoch mit dem typischen Jo-Jo-Effekt: Der anfänglichen Gewichtsreduktion, die durchaus beträchtlich sein kann, folgt eine noch größere Gewichtszunahme. Wie kommt das? Fasten reduziert zweifellos Kapha und Ama, dämpft jedoch Pitta und Agni weiter und erhöht Vata. Nach Beendigung des Fastens ist der Stoffwechsel schwach – Pitta brennt auf niedriger Flamme. Was wir jetzt essen, setzt schnell an. Und weil Vata noch höher ist als zuvor, kommt es meist wieder zu unkontrollierten Fressanfällen. Um diesen Kreislauf zu durchbrechen, muss man klug vorgehen. Zum Ersten müssen Kapha und Ama abgebaut, zum Zweiten muss Vata beruhigt und zum Dritten müssen Verdauungskraft und Stoffwechsel stimuliert werden. Diese drei Maßnahmen sollten in eine Gesamtstrategie integriert werden – das Kapha-Akutprogramm.

DAS 14-TAGE-AKUTPROGRAMM

Ich möchte Ihnen jemanden vorstellen, dem es vielleicht ganz ähnlich erging wie Ihnen jetzt – meinen Patienten Lawrence. Wenn Sie etwas von den Besonderheiten seines Falls wissen, wird Ihnen Ihre aktuelle Verfassung bestimmt klarer werden.

DER FALL LAWRENCE

Lawrence ist Hotelier. Er betreibt etliche Hotels in Deutschland und Spanien. Klar, dass er dauernd unterwegs ist, sich fortwährend mit unterschiedlichen Problemen herumschlagen muss, zu unregelmäßigen Zeiten ins Bett kommt, Mahlzeiten nicht zu festen Zeiten einnimmt, fortwährend irgendwelche Snacks und andere »Kleinigkeiten« nascht. Lawrence ist ein Powertyp, voller Tatendrang – nicht sonderlich groß, doch robust und kräftig gebaut, mit starken Knochen und Gelenken, vollem, dunklem Haar, braunen Augen und etwas milchigen Skleren (Lederhaut des Auges), weicher, etwas fettiger Haut, die Sehnen und Gefäße verstecken. Lawrence ist ein Kapha-Pitta-Typ.

Lawrence kam zu mir, weil er ständig ausgelaugt und müde war, er hatte 15 Kilogramm Übergewicht und fühlte sich morgens alles andere als ausgeruht. Mit zunehmendem Gewicht stieg sein Blutdruck, sodass er Medikamente nehmen musste. Seit seiner Kindheit leidet er unter Heuschnupfen, in seiner Jugend hat sich durch die allergische Veranlagung Asthma entwickelt, das sich bei Stressbelastungen deutlich verschlechtert. Bei der Untersuchung stellten sich außerdem stark erhöhte Blutfette heraus. Lawrence hatte durch die dauerhafte Stressbelastung eine massive Vata-Kapha-Störung entwickelt, die dringend beseitigt werden muss, um dauerhafte Schäden zu verhindern. Aus diesem Grund war er ein klassischer Kandidat für das Kapha-Akutprogramm.

TIPP: **Machen Sie sich klar: Wenn Sie ständig oder immer zwischendurch zuckerhaltige Nahrungsmittel essen, ist Ihr Blutzuckerspiegel durchgehend erhöht. Das verhindert, dass Glukose in Ihre Zellen gelangen kann.**
Die Folge: Ihr Gehirn signalisiert Ihnen dauernd Hunger. Ein Teufelskreis, den Sie durchbrechen müssen.

Ihr Energiemanagement

Die Maximen des Kapha-Akutprogramms lauten:

- Abnehmen
- Wärmen
- Bewegen
- Aufrauen und austrocknen
- Strukturieren

Richtig abnehmen

Die Diät für den Kapha-Stresstyp muss zur Gewichtsabnahme führen, also Kapha und vor allem Ama eliminieren, aber auch Vata beruhigen und Agni, die Verdauungskraft, stärken.

- Essen Sie regelmäßig, aber nur zwei Mahlzeiten am Tag. Das Frühstück sollte entweder ganz wegfallen oder nur aus frischem, gedünstetem Obst bestehen.
- Vor dem Mittagessen sollten Sie zwei bis drei Scheibchen einer frischen Ingwerwurzel mit einigen Tropfen Zitronensaft und etwas Steinsalz kauen.
- Machen Sie das Mittagessen zu Ihrer Hauptmahlzeit. Am besten essen Sie zwischen 12 und 14 Uhr, dann arbeitet Pitta am stärksten. »Warm und nicht zu schwer« lautet die Devise. Ein Salat als Beilage ist gut. Wenn Fleisch, dann nur mittags, und bevorzugt Geflügel, Lamm oder Wild, beim Fisch ist Meeres- dem Süßwasserfisch vorzuziehen. Auf Rind-, Kalb- und Schweinefleisch verzichten – diese Fleischsorten liegen zu schwer im Magen. Wenn Sie ein Fleisch- oder Fischgericht essen, lassen Sie Kohlenhydrate als Beilage völlig weg und begnügen Sie sich mit Gemüse oder Salat.
- Das Abendessen soll möglichst früh stattfinden, nach Möglichkeit vor 19 Uhr. Zweimal pro Woche sollten Sie sich abends auf eine Suppe beschränken.
- Tagsüber jede halbe Stunde eine Tasse heißes, abgekochtes Wasser trinken: Wasser zehn Minuten kochen, dann in eine Thermoskanne füllen. Sie können beim Kochen des Wassers auch einige Scheiben einer frischen Ingwerwurzel hinzufügen; dadurch erhöht sich die stoffwechselanregende Wirkung. Anfänglich spüren Sie vielleicht eine gewisse Trockenheit der Schleimhäute und Rauheit der Stimme. Das legt sich nach ein paar Tagen von alleine und ist ein Indiz für den Abbau von Kapha und Ama.

Ziel ist es, im ersten Monat je nach Übergewicht zwei bis drei Kilogramm abzunehmen und in den nächsten Monaten ein bis eineinhalb Kilogramm. Es ist nicht schlimm, wenn die Waage für eine Weile keine Bewegung nach unten zeigt. Das ist normal. Stressen Sie sich nicht, indem Sie sich unentwegt wiegen, sondern konzentrieren Sie sich auf das, was Sie sich vorgenommen haben.

Den Stoffwechsel in Schwung bringen

Sowohl Kapha als auch Vata sind von ihrer Qualität her »kalt«, wobei Kapha kälter ist als Vata. Ein überzogenes Kapha schwächt Ihren Stoffwechsel, macht ihn noch träger und dumpf; gleichzeitig baut sich Ama auf. Wärme oder Hitze regt den Stoffwechsel an, senkt Kapha und Vata, also beide Doshas, die an stressbedingtem Übergewicht beteiligt sind. Aber: Wärme kann man von außen zuführen oder durch Bewegung erzeugen. Beherzigen Sie daher bitte immer die folgenden Empfehlungen.

- Gehen Sie während des 14-Tage-Akutprogramms zwei- bis dreimal pro Woche in die Sauna. Trockensauna ist besser als Dampfsauna, da trockene Hitze Kapha stärker reduziert als feuchte. Wichtig: Den Kopf mit einem kalten und feuchten Tuch umwickeln, denn der Kapha-Typ sollte auch in der Hitze immer einen kühlen Kopf bewahren. Nach der Sauna nicht gleich in ein kaltes Tauchbad steigen, sondern einen langsamen Übergang wählen: zuerst warm duschen, dann langsam abkühlen und erst dann in das kalte Becken steigen. Andernfalls regen Sie durch den abrupten Wechsel vom Heißen ins Kalte Vata zu stark an. Diese Empfehlung gilt nicht, wenn Sie unter Bluthochdruck oder Herzbeschwerden leiden oder Sauna schlecht vertragen. Dann sollten Sie auf Sauna und große Hitze komplett verzichten.

- Morgens nach einer ausgiebigen fünf- bis zehnminütigen Massage mit Rohseidehandschuhen sollten Sie sich eine heiße Dusche oder alternativ ein heißes Bad gönnen, danach langsam abkühlen. Wechselbäder oder -duschen sind allerdings nicht das richtige Mittel; sie aktivieren Vata zu stark.
- Achten Sie darauf, dass Sie nicht frieren, und berücksichtigen Sie das bei der Wahl Ihrer Kleidung und bei der Regulierung der Raumtemperatur.

Sport – aber richtig

Sport regt den Stoffwechsel an und erzeugt Wärme von innen. Wenn Sie lange keinen Sport gemacht haben, sollten Sie langsam wieder einsteigen. Nehmen Sie sich aber jeden Tag ausreichend Bewegung vor. Am besten geeignet ist dafür die Kapha-Zeit zwischen 6 und 10 Uhr, weil zu dieser Zeit Kapha natürlicherweise vorherrscht und deshalb gezielt abgebaut werden sollte. Gleichzeitig wird Vata dann nicht weiter strapaziert.

- Wenn Sie sich über längere Zeit nicht bewegt haben, beginnen Sie mit strammen Spaziergängen, am besten 30 bis 40 Minuten täglich. Noch besser ist Nordic Walking, weil man dabei durch die Verwendung der Stöcke auch die Arme einbezieht und der Bewegungsablauf noch dynamischer wird.
- Wenn Sie etwas besser trainiert sind, sollten Sie vier- bis fünfmal pro Woche Sport treiben, ohne sich zu überanstrengen. Machen Sie an den anderen Tagen jeweils einen langen Spaziergang an der frischen Luft.
- Joggen ist bei Kapha-Überhang gut, doch bei stärkerem Übergewicht ungünstig, da Sie Ihre Gelenke zu sehr belasten. Tragen Sie gute Laufschuhe. In Sportgeschäften lässt sich per Videoanalyse feststellen, welchen Schuh Sie brauchen.
- Gelenkschonende Bewegung fördert zum Beispiel der Crosstrainer. Trotzdem werden hier alle Muskelgruppen beansprucht.
- Hervorragend geeignet für den Kapha-Überschuss ist Rudern. Auch hier werden alle Muskelgruppen einbezogen.
- Gymnastik und Aerobic sind ideal für den übergewichtigen Kapha-Stresstyp. Dabei sollten Sie langsam anfangen und die Trainingseinheiten allmählich steigern.
- Achten Sie nach dem Sport darauf, genügend Dehn- und Streckübungen zu machen.

Dem Körper die Schwere nehmen

Kapha ist von seiner Qualität her schwer, ölig und fett. Unter den ayurvedischen Strategien, die Kapha abbauen, gelten *Rukshana* und *Langhana* als besonders effizient. *Rukshana* bedeutet »den Körper aufrauen und austrocknen«. *Langhana* heißt »leicht machen«, also dem Körper die Schwere nehmen. Die meisten Maßnahmen dafür habe ich bereits oben erwähnt. Zusätzlich ist zu empfehlen: **Ein hervorragendes ayurvedisches Mittel, um den**

Stoffwechsel anzuregen und Ama abzubauen, also um den Körper leichter zu machen, ist Triphala – ein Präparat, das aus drei Pflanzen der Myrobalanen-Gruppe besteht. Im Handel ist es auch unter dem Namen Tri-Clean erhältlich (siehe Bezugsquellen im Anhang).

Dem Leben Form geben

Kapha-geprägte Menschen zeichnen sich durch ein hohes Maß an Strukturiertheit, Methodik, Ausdauer und Geordnetheit aus. Der Kapha-Typ beginnt schnell, sich unwohl zu fühlen, wenn Struktur verloren geht, sein Leben durch chronischen Stress und einen übermäßigen Vata-Einfluss aus den Fugen gerät. Daher ist es für den Kapha-Typ wichtig, in seinem Tagesablauf eine gewisse Ordnung aufrechtzuerhalten, insbesondere um Vata wieder unter Kontrolle zu bringen.
So strukturieren Sie Ihren Tag:

- Gehen Sie früh zu Bett, und zwar nicht später als 22 Uhr – und stehen Sie auch früh wieder auf. Ideal wäre es, wenn Sie ohne Wecker aufwachen. Es kann sein, dass Sie in den ersten Tagen etwas später als sonst dran sind, aber das wird sich bald von selbst regeln – nicht zuletzt durch Ihr frühes, leichtes Abendessen. Bleiben Sie nach dem Aufwachen nicht mehr lange liegen, sondern stehen Sie gleich auf.
- Halten Sie regelmäßige Essenszeiten ein. Ihr Agni ist durch die Mahlzeiten nach dem Zufallsprinzip gestört und muss sich wieder an einen geordneten Rhythmus gewöhnen.
- Planen Sie regelmäßige Zeiten für ein Bewegungsprogramm in Ihren Alltag ein.
- Ruhe- und Regenerationsphasen spielen eine außerordentlich wichtige Rolle, um Vata zu beruhigen und Kapha auszubalancieren. Während des 14-Tage-Akutprogramms sollten Sie sich auf keinen Fall überfordern und insbesondere den Abend für schöne Mußestunden nutzen.

Was Sie erwarten dürfen

Die Schwerpunkte des Kapha-Programms unterscheiden sich von denen der anderen Programme. Die Hierarchie der Maßnahmen ist anders: »Abnehmen, wärmen, bewegen, aufrauen und austrocknen« lautet die Reihenfolge.

DAS GUTE ENDE DES FALLS LAWRENCE

Lawrence führte sein 14-tägiges Akutprogramm penibel durch – und der Erfolg ließ nicht auf sich warten. Danach befolgte er die Richtlinien des Langzeitplans und wurde dafür belohnt: In sechs Monaten nahm er zwölf Kilogramm ab, sein Blutdruck normalisierte sich, seine asthmatischen Beschwerden wurden besser und er benötigt dafür nur noch selten Medikamente. Er fühlt sich trotz der Belastungen ausgeglichen. Jeden zweiten Tag macht er weiterhin Sport und hat gelernt, wie man schlechte Gewohnheiten durch gute ersetzt. Er vermisst in seinem neuen Leben nichts – ganz im Gegenteil, er spürt seine Lebendigkeit viel mehr und genießt seine wachsende Lebensfreude. Durch seine Erfahrung hat er verstanden, dass gesundes Leben nicht Verzicht bedeutet, sondern Spaß macht.

DER DREIMONATS-ENERGIEPLAN

Entweder haben Sie das 14-Tage-Akutprogramm bereits erfolgreich hinter sich gebracht oder Sie starten gleich mit dem Langzeitplan. Die Entscheidung für die richtige Strategie ist sehr wichtig.

DER FALL SARAH

Sarah ist 39 Jahre alt und Personalleiterin in einer großen internationalen Internetfirma. Ihre Karriere war von einem steilen Aufstieg geprägt, denn Sarah ist ehrgeizig, trotzdem besonnen, ruhig und konsequent. Sie ist ein richtiges Arbeitstier und hat seit Jahren regelmäßig eine 70-Stunden-Woche. Sarah wirkt auch unter großer Belastung ausgeglichen und vergnügt. Aus dieser kurzen Charakterisierung allein wird klar, dass sich starke Kapha-Anteile in ihrer Konstitution finden, denn sonst könnte sie dieses Pensum gar nicht durchhalten.

Ihre Kapha-Dominanz erkennt man daran, dass Sarah robust gebaut und etwas übergewichtig ist, kräftiges, welliges Haar, große blaue Augen und ein sehr einnehmendes Wesen hat. Sie kann gut zuhören und bewahrt die Ruhe, auch wenn sich die Ereignisse überschlagen.

Vor einem halben Jahr hatte Sarah einen schweren Autounfall mit einem Schädel-Hirn-Trauma. Sie hat sich bis heute noch nicht ganz davon erholt; bei längerer Computerarbeit verschwimmen die Bilder vor ihren Augen. Der Neurologe meinte, dass möglicherweise ihr Sehzentrum in Mitleidenschaft gezogen wurde. Seit ihrer Jugend leidet Sarah außerdem an Herzrhythmusstörungen, die medikamentös einigermaßen unter Kontrolle zu halten sind.

Sarah kam zu mir, weil sie spürte, dass sie ihr Pensum auf Dauer nicht mehr durchhalten konnte. Die chronische Überlastung und ihr reduziertes Privatleben hinterließen schon Spuren.

Ihr Ess- und Schlafverhalten gerieten im Laufe der Zeit völlig durcheinander – als Resultat der Vata-Belastung, die durch chronischen Stress ohne die entsprechenden Gegenmaßnahmen unvermeidbar ist. Sarah hat in den letzten zwei Jahren fast zehn Kilogramm zugenommen, sie isst unregelmäßig, oft Süßigkeiten zwischendurch oder Brötchen während der Besprechungen. Auf dem Weg nach Hause holt sich Sarah oft noch eine Pizza, die sie isst, bevor sie ins Bett geht. Ganz klar: Sarah ist die klassische Kandidatin für den Kapha-Langzeitplan.

Ihr Energiemanagement

Das Ziel dieses Plans besteht darin, zunächst Ama zu reduzieren, dann überschüssiges Kapha abzubauen, zugleich Agni zu stärken und Vata zu harmonisieren, um so Schritt für Schritt zu alter Kraft und Vitalität zurückzufinden. Dabei sollte man aber nicht fanatisch werden und sich nicht zu viel zumuten.

Doch Sie müssen die Notwendigkeit erkennen, bestimmte Verhaltensweisen in Ihrem Leben zu ändern. Wichtig ist, dass Sie alle Empfehlungen Ihren individuellen Möglichkeiten anpassen. Das bedeutet, nicht gleich alles abzutun, weil man das eine oder andere nicht durchführen kann, sondern sich nach reiflicher Überlegung diejenigen Maßnahmen herauszugreifen, die machbar sind. Die anderen Aufgaben sollte man erst einmal zurückstellen, ohne sie allerdings ganz aus den Augen zu verlieren.

Wir wollen uns – wie auch beim Vata- und Pitta-Langzeitplan – auf fünf entscheidende Aspekte konzentrieren, in folgender Reihenfolge:

- Entgiftung
- Tagesablauf
- Ernährung
- Bewegung
- Ruhe und Lebensfreude

So sollten Sie vorgehen

Beim Kapha-Dreimonatsplan sollten Sie mit der Entgiftung anfangen, da sie die Grundlage für den Erfolg der anderen Maßnahmen bildet. Als Nächstes ist es wichtig, dem Tag wieder eine klare Struktur zu geben, denn nur damit fühlt der Kapha-Typ sich wohl. Danach steht die Ernährung an oberster Stelle.

Das Ziel besteht darin, dass Sie bald alle fünf Bereiche des Kapha-Programms gleichzeitig und nicht nur einzeln nacheinander anwenden können. Eine Ausnahme bildet der Faktor »Zeit« der ersten Entgiftungsphase, bei der die Ernährung nicht den sonstigen Richtlinien des Langzeitplans entspricht.

Sich vom Gift befreien

Bei der Entgiftung muss eine systematische Ama-Reduktion im Vordergrund stehen. Führen Sie sie in den ersten zehn Tagen so diszipliniert wie möglich durch.

- Morgens mindestens einen halben Liter warmes Zitronenwasser mit Honig trinken. Grundsätzlich gilt: Verzichten Sie auf das Frühstück.
- Tagsüber sollten Sie jede halbe bis eine Stunde eine Tasse heißes, abgekochtes Wasser trinken. Sie können auch einige Scheiben einer frischen Ingwerwurzel hinzufügen. Lassen Sie das Wasser nicht abkühlen, bevor Sie es trinken, sondern schlürfen Sie es in kleinen

Schlückchen so heiß wie möglich. Dadurch erhöht sich die stoffwechselanregende Wirkung des Wassers.

- Vor dem Mittagessen nehmen Sie zwei bis drei Scheibchen einer frischen Ingwerwurzel mit einigen Tropfen frischem Zitronensaft und etwas Steinsalz zu sich.
- Auf leicht verdauliche Mahlzeiten achten. Meiden Sie Rohkost, Fleisch, Wurst, Fisch, Eier, Frittiertes, Gebratenes, Brot, Süßigkeiten und schwere Milchprodukte wie Sahne, Quark und Hartkäse. Essen Sie sehr viel Gemüse (siehe dazu die Übersicht auf Seite 191), dazu Reis, Dinkel, Nudeln oder Kartoffeln.
- Sie sollten sich auf zwei Mahlzeiten am Tag beschränken. Abends genügt eine Gemüsesuppe oder gekochtes Gemüse mit Reis. Nach 19 Uhr nichts mehr essen.
- Verzichten Sie in diesen zehn Tagen auf alkoholische Getränke, Kaffee, schwarzen und grünen Tee.
- Nicht später als 22 Uhr ins Bett gehen.
- Die Ama-Reduktion wird idealerweise durch die Einnahme stoffwechselanregender und Ama-reduzierender Heilmittel unterstützt. Besonders geeignet ist zum Beispiel Triphala beziehungsweise Tri-Clean, bestehend aus drei Heilpflanzen aus der Myrobalanen-Gruppe. Bei der Einnahme ist jedoch die kompetente Überwachung eines erfahrenen Ayurveda-Arztes notwendig.
- Auch ein bis zwei Saunabesuche in dieser Zeit sind hilfreich, wobei Trockensauna besser ist als Dampfsauna, da trockene Hitze Kapha stärker reduziert als feuchte. Bitte beachten Sie die beim 14-Tage-Akutprogramm schon beschriebenen Regeln: keine Sauna, wenn Sie sie nicht vertragen, und nicht bei Bluthochdruck sowie Herz-Kreislauf-Beschwerden.

- Als besonders effizientes Entgiftungsverfahren ist auch hier die Panchakarma-Therapie (siehe Seite 133) zu empfehlen. Sie sollte aber in jedem Fall in einer darauf spezialisierten Ayurveda-Einrichtung durchgeführt werden.

Mit dem optimalen Tagesablauf fängt alles an

Der Kapha-Mensch liebt die Struktur, das Geordnete in seinem Leben. Er ist methodisch, ausdauernd und geduldig, arbeitet nicht hektisch und schnell, sondern lässt sich die Zeit, die er braucht. Kapha-Typen lieben den Genuss und auch den Schlaf. Ein überschießendes Vata bringt jedoch im Laufe der Zeit schleichend Vata-Qualitäten wie Unregelmäßigkeit und Unordnung in sein Leben, wodurch der Kapha-Mensch beginnt, sich unwohl zu fühlen. Dem Tag wieder eine klare Struktur zu geben, das muss jetzt sein Motto sein.

- Täglich vor dem Frühstück, am besten in der Kapha-Zeit zwischen 6 und 10 Uhr, ein wenig körperliche Betätigung, zum Beispiel den Sonnengruß (Surya Namaskara, siehe Seite 162), einige Yogaübungen oder Gymnastik machen.
- Regelmäßige Bewegung ist das A und O.
- Nicht zu spät ins Bett gehen. Achten Sie auf ausreichend Schlaf – Ihr positives Lebensgefühl hängt davon ab.
- Meiden Sie tagsüber Nickerchen, ganz besonders nach dem Essen und im Winter, denn das kalt-feuchte Wetter des Winters regt Kapha an. Zudem schwächt der Mittagsschlaf nach einer ausgiebigen Mahlzeit Ihr Agni und baut noch mehr Kapha auf.
- Achten Sie auf eine tägliche Darmentleerung, am besten morgens. Bei Kapha-geprägten Menschen ist die Darmtätigkeit manchmal träge. Darum morgens viel trinken, das regt die Peristaltik (Darmbewegung) an.
- Morgens nach dem Zähneputzen grundsätzlich die Zunge reinigen, am besten mit einem Zungenschaber oder einem Löffel.
- Sollten Sie ein bisschen Zeit haben, massieren Sie Ihren Körper vor einer heißen Dusche fünf Minuten lang mit Rohseidehandschuhen oder einem Luffaschwamm. Wenn Sie kein Übergewicht mehr haben, können Sie sich nach der Trockenmassage noch ein paar Minuten mit Kapha-Massageöl, Mandel- oder gereiftem Sesamöl massieren. 15 bis 30 Minuten einwirken lassen, danach heiß duschen. Wenn Sie werktags nicht dazu kommen, sollten Sie sich wenigstens am Wochenende Zeit dafür nehmen.

Jeder ist, was er isst

Die Ernährung spielt beim Kapha-Langzeitplan eine besonders wichtige Rolle. Regelmäßigkeit und Kapha-beruhigende Nahrungsmittel dienen dazu, bestehendes Übergewicht kontinuierlich abzubauen und die Kapha-Störung langfristig zu kontrollieren. Nach der Ama-Reduktion (siehe Seite 189) sollten Sie Ihre Ernährung umstellen und die nachfolgenden Empfehlungen beherzigen. Gehen Sie dafür Ihre gesamten üblichen Mahlzeiten durch. Können Sie sich als Kapha-Stresstyp erkennen, haben Sie zu viel Kapha angehäuft? Ist Vata durch übermäßige Stressbelastung aus den Fugen geraten? Dann sollten Sie in nächster Zeit unbedingt auf eine Kapha-beruhigende Ernährung achten, ohne Vata dadurch zu stimulieren.

Bringen Sie morgens den Darm in Bewegung. Trinken Sie gleich nach dem Aufstehen ein großes Glas warmes Zitronenwasser mit Honig. Behalten Sie dieses Ritual aus der Ama-Reduktion weiterhin bei.

Am besten wäre es, wenn Sie das Frühstück ausfallen ließen. Sollten Sie das nicht schaffen, auf jeden Fall bis mindestens eine Stunde nach dem Aufstehen warten. Bevorzugen Sie frisches und reifes Obst. Entweder genießen Sie die Früchte pur, als Obstsalat oder mit etwas Joghurt vermischt. Auch ein leichtes Müsli dürfen Sie essen. Das Getreide dafür aber unbedingt kurz aufkochen lassen, sonst können Sie es so früh noch nicht optimal verdauen. Achten Sie darauf, Bananen wegzulassen.

Geeignete Lebensmittel, um Kapha zu senken

Stellen Sie Ihr Mittagessen bevorzugt aus Nahrungsmitteln mit vorherrschend scharfem, bitterem oder herbem Geschmack zusammen. Sie sollten zudem warm, leicht, fettarm oder trocken sein. So verringern Sie Kapha.

- **Milchprodukte:** Warme Magermilch oder verdünnte Vollmilch, Frischkäse in kleinen Mengen, Lassi, Ziegenmilch, Buttermilch
- **Getreide:** Gerste, Hirse, Buchweizen, Mais, Roggen, Hafer, Dinkel, Weizen in kleinen Mengen, weißer Reis (Basmatireis)
- **Gemüse/Salate:** Überwiegend Blattgemüse sowie scharfe und bittere Gemüsesorten: Spinat, Kohl, Wirsing, Mohrrüben, Rote Bete, Stangensellerie, Kohlrabi, Auberginen, Spargel, Rettich, Radieschen, Petersilie, alle Blattsalate, Artischocken, Paprikaschoten
- **Obst:** Äpfel, Birnen, Granatäpfel, Beerenobst, Kirschen, Papayas, Feigen, Pfirsiche, Dörr- und Trockenobst
- **Hülsenfrüchte:** Mungbohnen und alle anderen Hülsenfrüchte außer Sojaprodukte und weiße Bohnen
- **Öle/Fette:** Mandelöl, Maisöl, Sonnenblumenöl, Sesamöl, Senföl und Olivenöl in kleinen Mengen
- **Nüsse/Samen:** Sonnenblumenkerne und Kürbiskerne in kleinen Mengen
- **Süßungsmittel:** Honig
- **Gewürze/Kräuter:** Alle Gewürze außer Salz. Besonders zu empfehlen sind Ingwer, schwarzer Pfeffer, Koriander, Kurkuma, Nelken, Kardamom, Zimt, Kreuzkümmel, Basilikum, Majoran, Zitrone, Lavendel
- **Fleisch/Eier (möglichst wenig):** Hühnchen, Wild in kleinen Mengen, Garnelen, Eier (nicht gebraten)

Ungeeignete Lebensmittel

Generell sollten Sie etwas zurückhaltend bei Nahrungsmitteln mit vorherrschend süßem, saurem und salzigem Geschmack sein, ebenso bei Speisen und Getränken, die kalt, schwer, saftig oder fett sind. Sie regen Kapha an.

- **Milchprodukte:** Käse, Quark, Joghurt, Sauermilch, Dickmilch, Sahne
- **Getreide:** Brauner Reis, große Mengen Weizen oder weißer Reis, neues Getreide
- **Gemüse/Salate:** Gurken, Tomaten, Zucchini, Kürbis, Fenchel, Süßkartoffeln
- **Hülsenfrüchte:** Sojaprodukte, Tofu, weiße Bohnen
- **Obst:** Bananen, Weintrauben, süße Melonen, Wassermelonen, Pflaumen, Orangen, Ananas, Mangos
- **Öle/Fette:** Alle Öle und Fette (Ausnahmen siehe unter empfohlene Nahrungsmittel)
- **Nüsse/Samen:** Alle Nüsse
- **Süßungsmittel:** Zucker, Sirup, Melasse
- **Gewürze:** Salz
- **Fleisch:** Rind- und Schweinefleisch, Lamm, alle Meerestiere

Mittags dürfen Sie schlemmen

Wenn möglich, setzen Sie Ihr Mittagessen zwischen 12 und 14 Uhr an. Essen Sie warm, aber auch ein kleiner Salat ist in Ordnung. Ein Essen, das nur aus Rohkost besteht, ist – außer im Sommer – ungünstig, da es kühlt und auch Vata anregt. Bevorzugen Sie Nahrungsmittel mit vorherrschend scharfem, bitterem oder herbem Geschmack, die warm, leicht, fettarm oder trocken sind – sie verringern Kapha.

Abendessen light

Das Wichtigste ist, dass Sie nicht zu spät essen. Denn jetzt sollten Sie sich mit leicht verdaulichen Mahlzeiten begnügen, zum Beispiel einer Gemüsesuppe; auch Getreide mit Gemüse, das Ihnen schmeckt, ist geeignet. Sollten Sie abends kalt essen, toasten Sie das Brot, dann ist es leichter verdaulich. Fleisch, Wurst, Rohkost, fetter Käse und Joghurt sind am Abend tabu, weil sie zu schwer im Magen liegen. Wenn Sie allerdings aus irgendwelchen Gründen einmal später und schwerer essen, als Sie eigentlich sollten, verzichten Sie einfach am Folgetag aufs Frühstück. Trinken Sie an diesem Tag sehr viel heißes Wasser oder legen Sie sogar einen reinen Suppentag ein.

Sicherlich haben Sie von intermittierendem Fasten gehört. Es ist zurzeit sehr in Mode. Die ayurvedischen Texte schlagen diese Form der Ernährung schon seit Tausenden von Jahren vor. Bei der 16:8-Methode wechseln sich 8 Stunden Nahrungsaufnahme mit 16 Stunden Fasten ab. Das heißt, Sie essen nach 19 Uhr abends nichts mehr und dann erst wieder am nächsten Tag ab 11 Uhr vormittags.

Trinken

Viel trinken ist ein gutes *Rasayana*. Je nach Körpergröße sollten Sie es täglich auf zwei bis zweieinhalb Liter bringen. Ein Liter ist in jedem Fall zu wenig. Die Getränke sollten nicht aus dem Kühlschrank kommen, sondern mindestens Zimmertemperatur haben. Auch kohlensäurehaltige Getränke sind für Sie nicht gut.

Viel heißes Wasser, Ingwerwasser sowie Tees (Kapha-, Brennnessel-, Rotbusch- und Früchtetees) sind geeignet, auch frisch gepresste Obst- und Gemüsesäfte sind empfehlenswert – allerdings nicht mehr abends.

Gesunder Geist im gesunden Körper

Kapha-Menschen gehören nicht zu den bewegungsfreudigsten. Meist verläuft ihr Leben in relativ ruhigen Bahnen. Gerade aber wenn sich Kapha angehäuft hat, ist die Aktivität des Körpers von besonderer Bedeutung. Sie reduziert das Gewicht, regt den Stoffwechsel an, wärmt also, baut damit Kapha ab und stärkt den Kreislauf. Wenn Sie lange Zeit auf Bewegung verzichtet haben, sollten Sie allerdings nur sehr allmählich wieder einsteigen!

Darüber hinaus müssen Sie auf Ihre Gelenke achten, besonders wenn Sie ein paar Kilos zu viel auf die Waage bringen. Als Ausrede kann dieses Argument jedoch nicht gelten. Es gibt Sportarten, die gelenkschonend sind, und diese sollten Sie bevorzugen. Beherzigen Sie folgende Ratschläge:

- Am besten ist es, wenn Sie sich mäßig, aber regelmäßig jeden Tag bewegen. Fangen Sie mit einem täglichen halbstündigen Spaziergang an, steigern Sie die Geschwindigkeit mit der Zeit und bauen Sie so Ihre Kondition langsam, aber systematisch auf.
- Sobald Sie etwas an Gewicht verloren haben und sich belastbarer fühlen, können Sie auch auf andere Sportarten übergehen, die Ihnen Freude machen und bei einem Kapha-Überhang besonders geeignet sind. Dazu gehören: Surya Namaskara (Sonnengruß, siehe Seite 162), Nordic Walking, Übungen mit dem Crosstrainer, Rudern, Schwimmen nur in warmem Wasser, Radfahren, Langlauf, Jogging (auf die Schonung der Gelenke achten und gute Schuhe kaufen), Tennis, Aerobic, Kraftsport und Golfspielen, aber mit flottem Schritt von einem Loch zum nächsten gehen.
- Yoga-Asanas sind besonders gut geeignet, um überschüssiges Vata zu beruhigen.
- Mittelfristig sollten Sie auf ein Sportprogramm von mindestens drei- bis viermal pro Woche à 40 Minuten kommen – wohlgemerkt: ohne sich zu verausgaben!
- Die Kapha-Zeit von 6 bis 10 Uhr am Morgen eignet sich für den Kapha-Stresstypen am besten, um den Körper in Schwung zu bringen.

TIPP: **Achten Sie immer auf Ihr Agni: Nicht zu viel und nicht zu schwer essen. Nicht knabbern oder Süßes naschen, wenn die vorherige Mahlzeit noch nicht verdaut ist. Fühlen Sie sich nach dem Essen energievoll? Dann arbeitet Ihr Verdauungsfeuer gut. Oder sind Sie müde und schwer? Dann haben Sie es überlastet.**

Die Ruhe, die Ordnung schafft

Von den drei Stresstypen fällt es dem Kapha-Stresstyp am leichtesten, zur Ruhe zurückzufinden. Der Kapha-Mensch ist von seiner Veranlagung her ohnehin ein ruhigerer Charakter, der die Dinge des Lebens gelassen und behutsam angeht, wenn er sein Dosha-Gleichgewicht nicht vollkommen verloren hat. Er wird sich daher auch am leichtesten tun, genussvolle und beruhigende Akzente in seinem Leben zu setzen. Worauf aber sollte der Kapha-Reaktionstyp in Bezug auf die fünfte Säule der Ruhe und Lebensfreude besonders achten? Sein gesundes Kapha soll er stärken, ein ausgeufertes Vata beruhigen. Denn um Ruhe und Lebensfreude wieder in vollen Zügen zu genießen, muss der gestresste Kapha-Stresstyp vor allem das aufgebaute Vata beruhigen:

- Möglichst früh ins Bett gehen, die Füße massieren, vielleicht ein Duftlämpchen mit Vata-beruhigenden Düften wie Rose oder Jasmin anzünden, zuvor etwas beruhigende Musik hören, sich keine aufregende Lektüre oder Fernsehsendungen vor dem Schlafen antun und mit bewusst schönen Gedanken einschlafen – all das sind Maßnahmen, die in die richtige Richtung zielen.
- Je tiefer die Ruhe, die ein System erreicht, desto größer ist die Regeneration, also der Ordnungszustand, in den das System gelangt. In größtmögliche Ruhe gelangt ein Organismus durch Yogatechniken. Erst dann kommt der Geist völlig zur Ruhe, verweilt im Zustand reinen Bewusstseins, in völliger Stille. Über diese höchste Form der Ruhe wird es auch dem Körper möglich, in diese maximale Entspannung hinüberzugleiten. Meiner Erfahrung nach ist die einfachste Methode, um diesen optimalen Zustand zu erfahren, die Technik der Transzendentalen Meditation (siehe Seite 104f.). Diejenigen, die sie bereits beherrschen, sollten sie regelmäßig morgens und abends für 15 bis 20 Minuten praktizieren. Ansonsten sollte man sie bei Interesse von einem kompetenten Lehrer erlernen.
- Gönnen Sie sich während des Tages Momente der Entschleunigung, besonders wenn Sie merken, dass Ihr System aus den geordneten Bahnen gerät. Richten Sie Ihre Aufmerksamkeit bewusst auf Veränderungen. Ist Ihr Organismus erschöpft, werden Sie ganz entgegen Ihrer Natur hektisch und nervös werden. Ziehen Sie schon bei den geringsten Anzeichen dafür die Notbremse. Sobald es Ihnen möglich ist: Nehmen Sie sich ganz bewusst zurück, setzen Sie sich bequem hin, schließen Sie Ihre Augen und fühlen Sie in Ihren Körper hinein – ganz leicht und liebevoll. Sie werden schon nach einigen Minu-

ten eine Erleichterung feststellen, die Ihnen guttut, und sich anschließend in der Lage fühlen, mit größerer Ruhe weiterzuarbeiten. Übrigens: Achten Sie während des ganzen Programms darauf, dass Sie nie an Ihre Grenzen geraten.

- Legen Sie Wert darauf, alles ganz bewusst zu tun, Dinge, die Ihnen Freude machen, die Sie erfüllen. Sicher haben Sie sich schon lange keine Zeit mehr für die Muße genommen, sich aber oft danach gesehnt. Leben Sie nicht nur für morgen, sondern im Hier und Jetzt. Vergessen Sie nicht, dass sich das Leben immer nur in der Gegenwart abspielt. Ihr Kapha-Naturell hat Ihnen diese Lebensphilosophie ohnehin in die Wiege gelegt. Warum leben Sie nicht so, wie Sie das Leben empfinden? Natürlich muss man seine Pflicht erfüllen, doch auch das kann eine Freude sein, wenn man die notwendigen Aufgaben mit innerer Ruhe vollbringt.
- Der Kapha-Mensch liebt den Genuss und das Essen. Zelebrieren Sie Ihre Mahlzeiten, doch achten Sie darauf, nicht zu viel zu essen, pflegen Sie Ihr Agni, überfordern Sie es nicht, sonst bauen Sie schnell wieder Ama auf. Halten Sie sich an die Besonderheiten der Kapha-Ernährung.

SARAH ZEIGT, WIE ES GELINGEN KANN

Sarah hat sich in den drei Monaten, in denen sie ihren Kapha-Langzeitplan durchführte, gut erholt. Sie erlernte die Transzendentale Meditation, was sich bei ihrem extrem engen Tagesplan gegenwärtig als äußerst nutzbringend erweist. Sie hält sich morgens und abends zwei TM-Phasen frei, in denen sie auftanken kann. Es sind besondere Zeiten, die nur ihr gehören. Stunden, in denen sie sich nicht mit den Problemen anderer beschäftigt, sondern den Weg nach innen einschlägt. Durch die tiefe Ruhe der Meditation hat sie eine weit größere Empfindsamkeit für sich selbst und die Bedürfnisse ihres Körpers entwickelt. Als Personalchefin hat sie sich fortwährend mit den Belangen anderer zu befassen – eine Aufgabe, die sie sehr ernst nimmt, die ihr jedoch das Gefühl für sich selbst geraubt hat. Das hat sich geändert. Sarah stellte diszipliniert ihre Essgewohnheiten um. Mittags unterbricht sie jetzt auch wichtige Sitzungen, um ihre Essenszeiten einzuhalten. Sie achtet darauf, früher ins Bett zu gehen, und belastet sich vor dem Schlafengehen nicht mehr mit kalorienreichem Junkfood. Am Wochenende versucht sie – sofern es möglich ist –, nicht zu arbeiten und sich auszuruhen. Sie schaffte es sogar, zwei Wochen in den Urlaub zu fahren, was seit drei Jahren schon nicht mehr vorgekommen war. Auch für ihre Partnerschaft wendet sie die Zeit auf, die ihr gebührt, und sie denkt immer wieder über die richtigen Gewichtungen in ihrem Leben nach. Sie reißt das Ruder rechtzeitig herum, wenn sie wieder in alte Verhaltensmuster zurückzufallen droht. Das Ayurveda-Energieprogramm hat ihr wichtige neue Impulse gegeben. Sie weiß heute, dass sie jederzeit auf ein Wissen zurückgreifen kann, das Jahrtausende alt ist. Daraus schöpft sie Vertrauen und Sicherheit. Ihren Freund hat sie mittlerweile ebenfalls für diese Lebensweise gewinnen können, was sehr wichtig ist, um einen langfristigen Wandel der Gesundheitsgewohnheiten zu garantieren.

MANAGEN SIE IHRE ENERGIE, NICHT IHRE ZEIT

Yes, you can, make it happen – auf Ihrem Weg, neue Gesundheitsgewohnheiten langfristig zu etablieren, gibt es ein Tool, ein Werkzeug, das Ihnen wertvolle Dienste leisten kann: Ihr Terminkalender. Egal ob er elektronisch ist, in Leder gebunden oder am Kühlschrank hängt, ich möchte Sie dazu inspirieren, Zeitplanung neu zu denken.

Füllen Sie ihn mit jener wertvollen Ressource, auf die wir in diesem Buch immer wieder zurückgekommen sind: dem Raum dazwischen. Ja, ich empfehle Ihnen, sich freie Zonen in Ihren Kalender einzuplanen, aktiv, regelmäßig und kompromisslos.

Diese 15 Minuten Ruhe im hektischen Tagesablauf etwa, die wir in den vorangegangenen Kapiteln immer wieder besprochen haben. Oder Ihre heilige Zeit, offline mit der Welt und online mit sich selbst zu gehen und 20 Minuten ohne Störung zu meditieren. Der Spaziergang durch den blühenden Park mittags, ganz allein, der Ihnen eine Extradosis Sonnenlicht schenkt. Der Nachmittag, den Sie dafür reservieren, sich einem Projekt zu widmen, das langfristig sehr wichtig ist. Die Stunde, die Sie mit Ihrem Kind im Spielzeugladen verbringen, damit es sich das lang ersehnte Geschenk aussuchen kann. Bauen Sie persönliche, wasserdichte Schotten in Ihren Tag ein, die genauso unverhandelbar sind wie geschäftliche Pflichten. Wenn Sie diesen Rat eine Weile befolgt haben, geschieht automatisch etwas sehr Interessantes: Sie gewinnen einen Überblick und geben den Werten, die wir gemeinsam neu definiert haben, Vorrang. Anliegen von Energievampiren, sinnlose gesellschaftliche Events und zeitraubende Gefallen lehnen Sie so bereits im Voraus ab.

Prioritäten setzen

In vielen Zeitmanagement-Seminaren wird Ihnen beigebracht, Prioritäten zu setzen. Ihre oberste Priorität sollte aber Ihre eigene Leistungsfähigkeit sein, deshalb müssen Sie Ihre Energie, nicht Ihre Zeit managen. Was nützt Ihnen die perfekte Planung, wenn Sie zu müde sind, um sie zu erfüllen? Ihr Zeitmanagement muss Ihnen dienen und nicht Sie Ihrem Kalender. Stehen wichtige Termine an, kann es sinnvoll sein, sich in den Tagen davor Pufferzonen für unvorhergesehene Schwierigkeiten, vor allem aber Ruhephasen einzutragen. Viele meiner Patienten sind derart pflichtbewusst, übrigens ein typisches Pitta-Merkmal, dass Sie einen Faktor außer Acht lassen, der im Fußball »spielentscheidend« genannt wird: Ihre persönliche Ausstrahlung. Ist Ihr Energielevel hoch, sind Sie charismatisch, mitreißend und inspirierend. Nur wenn Sie selbst brennen, können Sie andere begeistern.

Natürlich müssen wir realistisch bleiben und ich weiß nur zu gut, wie voll bestückt die Terminkalender meiner Patienten sind. Deshalb lohnt es sich herauszufiltern, wo man Zeit einsparen oder effizienter arbeiten kann.

Die Planung, die ich Ihnen vorschlagen möchte, basiert auf einer Wissenschaft, die meines Erachtens immer noch nicht richtig gewürdigt wird: die Chronobiologie. Ich habe Sie ja schon auf den Seiten 119 bis 124 näher in diese faszinierende Forschung eingeweiht. Chronobiologen arbeiten interdisziplinär: Biochemiker, Genetiker, Molekularbiologen kooperieren eng mit Psychologen, Neurologen und Endokrinologen.

Unsere innere Uhr, die sich an Tageslicht und Dunkelheit kalibriert, steuert die meisten hoch komplexen Vitalfunktionen in unserem Körper präzise und fein aufeinander abgestimmt. Man kann wirklich sagen: »Trust the timing of your life«, denn auf wunderbare Weise hat die Natur für alles eine richtige Zeit in uns eingeschaltet. Was die Ayurveda-Ärzte, die vedischen *Vaidyas*, seit Jahrtausenden raten, greift diese relative junge Wissenschaft auf. Im Ayurveda spricht man von der Vata-, Pitta- oder Kapha-Tageszeit. In der Chronobiologie von Tagesrhythmen.

Ihre persönliche Powerzeit

Von 10 Uhr morgens bis 12 Uhr mittags zum Beispiel – wie in vielen wissenschaftlichen Untersuchungen nachgewiesen – sind Ihre Aufmerksamkeit und Konzentrationsfähigkeit am höchsten. Das deckt sich mit der vedischen Pitta-Tageszeit (siehe Seite 122). Deshalb macht es Sinn, wichtige Aufgaben auf diesen Tagesabschnitt zu legen. Streng nach dem Prinzip »Win the morning and you win the day«. Lassen Sie sich nicht stören, in diesen zwei Stunden, schalten Sie das Handy auf lautlos, switchen Sie die Mail-Eingangsfunktion aus und verschieben Sie, wenn möglich, weniger anspruchsvolle Aufgaben auf den Nachmittag.

Wenn ich mit meinen Patienten ihren Tagesablauf durchgehe, was für einen ayurvedischen Arzt von großer Bedeutung ist, dann gebe ich ihnen stets die folgende Anregung: Schreiben Sie sich abends, bevor Sie ins Bett gehen, drei wichtige To-do's auf, die Sie dringend erledigen müssen. Das hat signifikante Vorteile. Es gibt dazu spannende Studien aus der Schlafforschung. Sie zeigen, dass aus der Fülle von Aufgaben drei (es können auch vier oder fünf sein) zu priorisieren und schriftlich niederzulegen dem Unterbewusstsein signalisiert, dass diese Aufgaben sicher verwahrt sind. Sie schlafen danach deutlich entspannter. Am nächsten Morgen im Büro arbeiten Sie diese Punkte konzentriert möglichst in der Pitta-Zeit ab. Wichtig ist, dass Sie sich täglich drei (oder mehr) Prioritäten für den Vormittag setzen, die durchgezogen werden müssen, ohne sich von anderen ablenken zu lassen. **Beginnen Sie den Tag aktiv, nicht reaktiv.** Reagieren Sie nicht sofort auf Mails, Anforderungen von Kollegen oder Anfragen. Steuern Sie Ihre Leistungsfähigkeit so, dass Sie Ihre persönliche Hochphase ausnützen. In der Vata-Zeit um 14:30 Uhr ist die Koordination auf ihrem Höhepunkt, Ihre Reaktionen

sind um 15:30 Uhr am schnellsten und Kreislauf sowie Muskeln arbeiten gegen 17:30 Uhr am besten. Ihr Sportprogramm also auf den Nachmittag zu legen, macht es effizienter und energiesparender. Ab Seite 122 können Sie den chronorhythmischen Tagesablauf und die daraus entstehenden Powerphasen noch einmal genauer nachlesen.
Beziehen Sie diese wissenschaftlich wohl dokumentierten Erkenntnisse in Ihr Zeitmanagement mit ein und Sie werden feststellen, dass Sie Ihre Kräfte besser kanalisieren und effizienter arbeiten.

Denken Sie Terminplanung neu

- Fügen Sie die Strategien, die wir neu definiert haben, in Ihren Terminkalender ein.
- Schreiben Sie abends drei Prioritäten auf.
- Beginnen Sie den Tag aktiv, nicht reaktiv.
- Planen Sie persönliche Freiräume ein.
- Bauen Sie Puffer und Ruhephasen vor wichtigen Terminen ein.
- Blocken Sie ungestörte Stunden für langfristig wichtige Aufgaben.
- Nutzen Sie chronobiologische Hochphasen.
- Win the morning and you win the day!
- Verlegen Sie unwichtigere Routineaufgaben auf den Nachmittag.
- Verschaffen Sie sich einen Überblick.
- Lehnen Sie energieaufwendige Events im Voraus ab.

UND WIE STEHT ES JETZT UM IHREN KONTOSTAND?

Sie sind am Ende dieses Buches angekommen. In der Zeit, in der Sie es gelesen haben, haben Sie doch sicher ab und zu Ihr Bankkonto überprüft. Haben Sie dann auch an Ihr Energiekonto gedacht? Haben Sie sich daran gewöhnt, das eine mit dem anderen zu verknüpfen? Wenn Sie heute auf Ihr Energiekonto sehen, stellen Sie dann fest, dass einige Überweisungen eingegangen sind? Stehen Sie energetisch besser da als zu Beginn der Lektüre des Buches? Konnten Sie vielleicht ein paar Tipps umsetzen, die Ihnen sinnvoll erschienen?
In diesem Buch ging es um das kleine Einmaleins des Lebens. Nicht um seine höhere Mathematik. Es ging um das, was jeder von uns in seinem Innersten weiß, was in unserem täglichen Leben aber leider so oft in Vergessenheit gerät. Dieses Buch wollte Sie daran erinnern. **Denn letztlich sind es genau diese kleinen, indes so essenziellen und existenziellen Dinge, die unser Leben erfüllt und glücklich machen.** Sie nämlich sind verantwortlich dafür, dass all

das, was wir erleben, wirklich tief in unser Herz vordringt. Uns wahrhaft berührt. Sie sind das, wodurch unser Leben schön wird. Einfach, weil wir es dadurch anders erleben. **Die Erfahrungen, die uns das Leben schenkt – die winzigen ebenso wie die ganz großen –, mögen die gleichen sein, doch wir nehmen sie anders wahr. Intensiver. Und plötzlich bemerken wir, dass sie ein Lächeln in unser Gesicht zaubern.**

Das Leben ist wie ein Seiltanz. Diese Metapher habe ich am Anfang schon benutzt. Es kommt darauf an, wie sicher und souverän Sie auf diesem Seil des Lebens tanzen. Wie fest verankert Sie in Ihrem inneren Schwerpunkt sind, um all den Böen, Stürmen und Widrigkeiten zu widerstehen, die Sie von vorn, von hinten oder von der Seite oft ganz unvermutet überraschen. **Die Kunst des Lebens besteht darin, den »Raum dazwischen« zu ehren und zu pflegen. Je mehr Sie ihn kultivieren, umso stabiler und gleichzeitig flexibler entwickelt sich die Balance in Ihrem Leben.** Darin verbirgt sich das unschätzbare Geheimnis von innerer Ruhe, von Gelassenheit und Souveränität – erstrebenswerte Qualitäten, die wir uns insgeheim doch alle wünschen.

Sollten Sie in diesem Buch Strategien entdeckt haben, die Sie auf dem Weg dorthin vielleicht weiterbringen, dann möchte ich Sie gerne zum Schluss noch einmal an einen Rat erinnern: Gehen Sie den Weg der kleinen Schritte! Es hat keinen Sinn zu versuchen, das ganze Leben mit all seinen lieb gewonnenen und unliebsamen Gewohnheiten auf den Kopf zu stellen. Das wird nicht funktionieren und wenn doch, dann meistens nur kurz. Starten Sie mit zwei oder drei Veränderungen, die Ihnen leichtfallen. Ersetzen Sie eine schlechte durch eine gute Angewohnheit. Üben Sie sie so lange ein, bis sie zu einem Automatismus geworden ist. Erst dann gehen Sie den nächsten Schritt!

Vielleicht wollen Sie dieses Buch darum nicht gleich in den Schrank stellen, wenn Sie es einmal gelesen haben. Eventuell holen Sie es bei Gelegenheit wieder hervor, wenn Sie zu einem weiteren Schritt bereit oder erneut alten Verhaltensmustern verfallen sind.

In jedem Fall würde es mich freuen, wenn ich ein wenig zu Ihrer persönlichen Energiewende beitragen konnte. Denn es käme doch purer Verschwendung gleich, die Freude, aus der das Leben in seiner Essenz gemacht ist, nur in Ausnahmemomenten genießen zu können. Finden Sie nicht?

»Erreiche den Gipfel der Leere,
bewahre die Fülle der Ruhe,
und alle Dinge werden gedeihen.«

LAOTSE

DANKE

Das Wissen, das in diesem Buch verankert ist, verdanke ich Maharishi Mahesh Yogi. Ich hatte das Glück und Privileg, zehn kostbare Jahre in seiner Nähe verbringen zu dürfen. Diese Zeit hat mein ganzes weiteres Leben geprägt. Dafür bin ich ihm zutiefst dankbar.

Ich danke auch meinen ayurvedischen Lehrern Dr. Vasudev Dwivedi, Dr. Brihaspati Dev Triguna und Dr. Balraj Maharishi, drei herausragenden ayurvedischen Ärzten, die einen großen Beitrag für die Verbreitung des Maharishi Ayurveda in der Welt geleistet haben. Mein Dank gilt ebenso Dr. H. S. Kasture und Dr. J. R. Raju sowie all den anderen außergewöhnlichen ayurvedischen Ärzten, die ihr Wissen und ihre Erfahrung an mich weitergegeben haben.

Mein tief empfundener Dank gilt meiner Frau Annelie und meiner Tochter Cosima, die mich nicht nur mit ihrer Inspiration und ihren Ideen, sondern auch mit ihrer Liebe, ihrer fortwährenden Ermunterung und Geduld beim Verfassen dieses Buches unterstützt haben.

Besonders dankbar bin ich Alice Peterhänsel, die einen maßgeblichen Beitrag zu diesem Buch geleistet und mir bei der Textkonzeption und Realisation mit immensem Fleiß und unermüdlichem Engagement geholfen hat.

Meinen Lektoren Dr. Harald Kämmerer, Sarah Gast und Katharina Lisson danke ich herzlich für ihren Einsatz.

Zu großem Dank verpflichtet bin ich schließlich all meinen Patienten, Vortrags- und Seminarteilnehmern, von denen ich durch meine Tätigkeit fortwährend lerne und die mich Tag für Tag aufs Neue inspirieren.

ÜBER DEN AUTOR

Dr. med. Ulrich Bauhofer ist Arzt, Meditationstrainer, Keynote Speaker, Bestsellerautor und gilt als einer der führenden Ayurveda-Experten außerhalb Indiens. Als erster westlicher Mediziner war er vor 40 Jahren an der wissenschaftlichen Fundierung der jahrtausendealten ayurvedischen Heilkunde beteiligt. Dr. Bauhofer konzipierte und leitete über 10 Jahre die größte Ayurveda-Klinik in Deutschland. Derzeit betreibt er eine ayurvedische Praxis in München, berät Unternehmen in Fragen des Gesundheitsmanagements, hält Vorträge und Seminare. Er ist Vorsitzender der Deutschen Gesellschaft für Ayurveda.

LITERATUR

Aranya, Swami Hariharananda: *Yoga Philosophy of Patanjali*. University of Calcutta. Kalkutta 1977

Bauhofer, Ulrich: *Aufbruch zur Stille*. Lübbe Verlag. Bergisch Gladbach. 8. Auflage 1997

Bauhofer, Ulrich/Bauhofer, Annelie: *Lichtbaden*. Südwest Verlag. München 2018

Bhishagratna, Kaviraj Kunjalal: *The Sushruta Samhita*. 3 Bände. Übersetzt und kommentiert. Chowkhamba Sanskrit Studies. Varanasi, Indien 1981

Briggs, John/F. David Peat: *Die Entdeckung des Chaos*. Carl Hanser Verlag. München/Wien 1990

Csíkszentmihályi, Mihály: *Flow*. Klett-Cotta Verlag. Stuttgart 1992

Gershon, Michael: *Der kluge Bauch*. Goldmann Verlag. München 2001

Gleick, James: *Chaos – die Ordnung des Universums*. Droemer Knaur Verlag. München 1988

Hüther, Gerald: *Bedienungsanleitung für ein menschliches Gehirn*. Vandenhoeck & Ruprecht. Göttingen 2001

Hüther, Gerald: *Die Macht der inneren Bilder*. Vandenhoeck & Ruprecht. Göttingen 2004

Maharishi Mahesh Yogi: *Bhagavad Gita*. Kapitel 1 bis 6. Aus dem Sanskrit übertragen und neu kommentiert. Kamphausen Verlag. Bielefeld 1999

Maharishi Mahesh Yogi: *Die Wissenschaft vom Sein und die Kunst des Lebens*. Kamphausen Verlag. Bielefeld 1998

Nader, Tony: *Menschlicher Körper – Ausdruck des Veda und der Vedischen Literatur*. MVU. Vlodrop, Niederlande 1994

Schrott, Ernst/Schachinger, Wolfgang (Hrsg.)/Bauhofer, Ulrich (Co-Autor): *Handbuch Ayurveda*. Trias Verlag. Stuttgart 2005

Schrödinger, Erwin: *Was ist Leben?* München 1989

Selye, Hans: *Stress. Bewältigung und Lebensgewinn*. R. Piper & Co. Verlag. München 1974

Selye, Hans/Kerner, Fred: *Streß bedroht unser Herz*. Goldmann Verlag. München 1973

Sharma, Priya Vrat: *Caraka-Samhita*. 2 Bände. Übersetzt und kommentiert. Chaukhambha Orientalia. Varanasi, Indien 1981

ADRESSEN UND BEZUGSQUELLEN

Ayurvedische Ärzte

Dr. med. Ulrich Bauhofer
bauhofer@drbauhofer.de
www.drbauhofer.de

Weitere Infos und Adressen erhalten Sie hier:
Deutsche Gesellschaft für Ayurveda e. V.
info@ayurveda-gesellschaft.de
www.ayurveda.de

Wasser

anfrage@misterwater.eu
https://misterwater.eu

Energie

Testen Sie Ihren Energy-Score online:
www.yoou.info

Ayurvedische Produkte, Vitalstoffe und Aromatherapie

Deutschland
Deva Products
info@devaproducts.com
www.devaproducts.com

Österreich
Maharishi Ayurveda GmbH
versand@ayurvedashop.at
www.ayurvedashop.at

Schweiz
Ayur-Veda AG
info@veda.ch
https://veda.ch

Transzendentale Meditation

Deutschland
Transzendentale Meditation Deutschland
info@transzendentale-meditation.de
www.meditation.de

Österreich
Österreichische Gesellschaft für Maharishi Vedische Wissenschaft
info@meditation.at
www.meditation.at

Schweiz
Verein zur Förderung der Wissenschaft der Kreativen Intelligenz
info@meditation-tm.ch
www.meditation-tm.ch

REGISTER

IMPRESSUM

3. Auflage 2025

Neumarkter Straße 28, 81673 München
produktsicherheit@penguinrandomhouse.de
(Vorstehende Angaben sind zugleich Pflichtinformationen nach GPSR)

Hinweis
Die Ratschläge/Informationen in diesem Buch sind von Autor und Verlag sorgfältig erwogen und geprüft, dennoch kann eine Garantie nicht übernommen werden. Eine Haftung des Autors bzw. des Verlags und seiner Beauftragten für Personen-, Sach- und Vermögensschäden ist ausgeschlossen.

Bildnachweis
Fotos: AdobeStock: 70 M. (Thorsten Spoerlein), 70 u. (aussieanouk), 100 (Lightfield Studios), 130 (Jacob Lund), 159 (travelbook), 177 (Kalim), 184 (a.dl); **Library of Congress:** 15 (Orren Jack Turner, Princeton, N.J.); **Science Photo Library:** 13 (Carol & Mike Werner/Visuals Unlimited, Inc.); **Shutterstock:** 70 o. (Martin Fowler), 128 (Jacob Lund); **Unsplash:** 6, 74 (Daniel Mingook Kim), 8 (Alex Azabache), 10/11 (Daniel von Appen), 16 (James Coleman), 24/25 (Ashley Batz), 28 (Aaron Burden), 30 (Caleb Jones), 37 (Anastasia Taioglou), 40 (Erol Ahmed), 42/43 (Andy Beales), 45 (Daniele Levis Pelusi), 49 (Sushil Nash), 52 (Bruno Nascimento), 57 (John T), 58/59 (J Yamuta), 61 (Edgar Chaparro), 65 (Valentin Salja), 66 (Ameen Fahmy), 77 (Sebastian Sammer), 80 (Eutah Mizushima), 84/85 (Ben Weber), 88 (Fallon Michael), 91 (Carolinie Cavalli), 92 (Mike Enerio), 93 (Sven Scheuermeier), 95 (James Fitzgerald), 97 (Kinga Cichewicz), 104 (Samuel Austin), 106, 109, 169 (Brooke Lark), 114 (Mariana Medvedeva), 115 (Oriento), 116 (Yoann Boyer), 118 (Jen P), 119 (Samantha Gades), 121 (Saffu), 124 (Content Pixie), 125 (Dane Wetton), 127 (Wesley Tingey), 131 (Carolyn V), 133 (Ava Sol), 134 (Katherine Hanlon), 138 (Kelly Sikkema), 139 (Almos Bechtold), 142 (Juliet Furst), 144 (Jessica Ruscello), 145 (Thewonderalice), 146/147 (Daniel Schludi), 151 (Stil), 153 (Sebastian Staines), 156 (Chelsea Shapouri), 163 (Josh Hild), 164 (Becca Tapert), 173 (Anthony Tran), 178 (Janine Joles), 180 (Ray Hennessy), 189 (Ella Olsson), 197 (Pablo Heimplatz)
Grafiken: Christian M. Weiss

Bildredaktion: Annette Baur
Projektleitung: Sarah Gast
Lektorat/Korrektorat: Katharina Lisson und Susanne Schneider, München
Umschlaggestaltung: Veruschkamia, Vera Schlachter, München, www.veruschkamia.de, unter Verwendung eines Fotos von Puria Ravahi
Innenlayout: Sandra Albert, Hamburg
Herstellung: Marleen Janzen
Satz: Dr. Alex Klubertanz, Garmisch-Partenkirchen
Reproduktion, Druck und Bindung: Alföldi Nyomda Zrt., Debrecen

Printed in Hungary

MIX
Papier | Fördert gute Waldnutzung
FSC® C010328
FSC www.fsc.org

Penguin Random House Verlagsgruppe FSC® N001967
ISBN 978-3-517-09977-4

www.suedwest-verlag.de